低效工业用地整治的
思路与实践 以嘉兴市为例

马惠玲　陈卫琴　晏　伟　洪　波等◎著

华中科技大学出版社
http://press.hust.edu.cn
中国·武汉

图书在版编目(CIP)数据

低效工业用地整治的思路与实践：以嘉兴市为例 / 马惠玲等著. -- 武汉：华中科技大学出版社，2024.7. -- ISBN 978-7-5772-1088-9

Ⅰ.F321.1

中国国家版本馆CIP数据核字第2024DQ4610号

低效工业用地整治的思路与实践
——以嘉兴市为例
Dixiao Gongye Yongdi Zhengzhi de Silu yu Shijian
——yi Jiaxing Shi Wei Li

马惠玲　陈卫琴
晏　伟　洪　波　等著

策划编辑：易彩萍
责任编辑：简晓思
封面设计：张　靖
责任校对：易彩萍
责任监印：朱　玢

出版发行：华中科技大学出版社(中国·武汉)　　电话：(027)81321913
　　　　　武汉市东湖新技术开发区华工科技园　　邮编：430223
录　　排：华中科技大学惠友文印中心
印　　刷：武汉科源印刷设计有限公司
开　　本：710mm×1000mm　1/16
印　　张：12.5
字　　数：230千字
版　　次：2024年7月第1版第1次印刷
定　　价：98.00元

本书若有印装质量问题，请向出版社营销中心调换
全国免费服务热线：400-6679-118　　竭诚为您服务
版权所有　侵权必究

编 委 会

马惠玲	陈卫琴	晏 伟	洪 波	王建龙
严 伟	盛维忠	张国平	周贤宾	罗长海
尤剑锋	赵建刚	陈 恳	张洁莹	甄延临
黄佳海	管蓓蓓	何良将	裴 武	李佳俊
盛 洁	庹先金	管晨曦	瞿嗣澄	侯 松
王迎英	赵 璇	曹秀婷	苏 亮	王林忠
单新华	翟 鑫	陈艳玲	任瑞芳	徐慧浩
郭文超	俞 峰	潘 龙	李 安	徐天真
周晓然	周志浩	莫赵俊	葛 欢	王 操
鲍燕妮	仲玲华	毛华佳	史琴燕	李嘉奇
戚朝阳	沈小松	骆初嘉	甄福雷	白洪罗
徐继华	钟 熠	谢霖丽	戴明明	曹善浩
朱龙孝	汤悦凯	卫星月	徐曼书	马宇超
陆一博	吴 昀	李 静	叶进灼	欧阳伦丰
柏 云	李继涛	陈丽霞	杨 珺	焦宇翔
宋鑫芮	田玉芮	王诗逸	游 晨	徐旗阳

目 录

1 城镇化进程中的工业用地 ……………………………………………… 1
　1.1 快速城镇化下的产业空间发展趋势 ……………………………… 1
　1.2 产业空间演进中的城市低效工业用地 …………………………… 9
　1.3 低效工业用地整治的创新路径 …………………………………… 14
2 嘉兴市工业用地分析 …………………………………………………… 17
　2.1 宏观目标:促进工业用地节约集约高效利用 …………………… 17
　2.2 微观举措:构建工业用地健康水平分级管理体系 ……………… 20
　2.3 未来方向:工业用地健康管理的创新性与重难点 ……………… 46
3 嘉兴市工业园区低效工业用地整治实践 …………………………… 59
　3.1 嘉兴市工业园区现存困境 ………………………………………… 60
　3.2 城南产业园更新模式 ……………………………………………… 66
　3.3 嘉善大云工改工模式 ……………………………………………… 72
　3.4 嘉善西塘存量更新模式 …………………………………………… 81
　3.5 城北片区产业和空间提升模式 …………………………………… 90
　3.6 嘉兴科技城产业和空间提升模式 ………………………………… 97
4 平湖市低效工业用地整治实践 ……………………………………… 104
　4.1 平湖市工业用地现状与存在的问题 …………………………… 104
　4.2 平湖市工业用地整治提升专项规划 …………………………… 109
5 海盐县低效工业用地整治实践 ……………………………………… 142
　5.1 海盐县工业用地现状与存在的问题 …………………………… 142
　5.2 海盐县工业用地"低散乱污"整治提升专项规划 …………… 148
6 结语 …………………………………………………………………… 173
　6.1 嘉兴市低效工业用地整治的价值与意义 ……………………… 173
　6.2 嘉兴市低效工业用地整治的经验总结 ………………………… 177
　6.3 嘉兴低效工业用地整治实践的启示 …………………………… 186

1 城镇化进程中的工业用地

我国城镇化进程的迅速推进在带动经济发展和社会进步的同时,与有限的产业空间资源间产生了尖锐的矛盾。其中,工业用地作为生产经营活动的必要载体,其日益加剧的供需矛盾逐渐成为城市可持续发展中不容忽视的难题。一方面,城市人口的快速增长和对住宅用地需求的不断上升,导致工业用地在城市空间中的比例受到压缩。在当前农用地转化为建设用地政策的严格限制下,新的工业用地难以在短时间内有效扩充。另一方面,我国城市内现存大量低效利用的存量工业用地,由于缺少有效的管理和退出机制,土地资源的浪费现象严重,城市产业结构的调整和升级受到限制。随着我国经济进入后工业化时代,传统的人口红利逐渐消失,城市间的竞争愈发激烈,如何保持工业产业在城市经济中的合理比重,推动城市产业的现代化转型与升级,成为各地政府面临的重要课题。

1.1 快速城镇化下的产业空间发展趋势

1.1.1 中国产业空间发展现状

1. 建设用地增长特征

在过去 70 年的发展进程中,我国由高速增长阶段逐步过渡至高质量发展阶段。尽管我国国土面积居世界前列,但是人口基数庞大造成的国民平均用地面积相对世界其他国家较低的问题,已然成为城镇化水平快速推进的制约因素。据国家统计局公开数据,自中华人民共和国成立起,城镇化率由最初的 10% 增至 2023 年的 66.16%,这一变化充分说明着社会经济结构的根本转型。随着经济的持续增长,城市建设用地扩张速度亦显著提升,从而给土地资源造成巨大压力,客观上揭示出发展过程中面临的多重挑战。据《2022 年城乡建设统计年鉴》,我国建成区面积达到 63676.4 平方千米,较 1981 年的 7438.0 平方千米扩张近十倍。2022 年我国人均城市建设用地面积超过 135 平方米,远超发展中国家甚至发达国家的平均水平,即 83.3 平方米和 84.4 平方米[①]。

---

① 赵慧宇.低效工业用地评价与转型策略研究[D].天津:天津工业大学,2021.

针对这一问题,我国已开始逐渐调整城镇发展策略,由以往的快速扩张模式转向更加注重内涵发展与质量提升的新阶段。这一转变主要体现在土地资源的合理规划与高效利用上,重在强调土地的节约、集约利用,进而优化土地资源配置。在此背景下,吸收和借鉴西方发达国家在城市规划与土地利用方面的经验显得尤为重要。西方国家在存量土地有效利用和可持续发展策略方面的实践,为我国提供了重要的参考。整体而言,面对城镇化进程中工业用地面临的挑战,我国正处于从量变到质变的关键转折点。深化土地制度改革,优化土地资源管理,结合国际经验与国内实际,有望推动我国实现城镇化的高质量、可持续发展,为建设生态文明社会奠定坚实基础。

2. 工业用地数量与空间特征

在我国城镇化进程中,工业用地的发展状况展现出若干显著特征,这些特征既映射出工业用地管理与利用面临的现实挑战,亦指引着未来改革与调整的路径。

首先,工业用地在城市建设用地中所占比例显著偏高。依照《城市用地分类与规划建设用地标准》(GB 50137—2011)的明确规定,工业用地在城市建设用地总量中的占比在 $15\%\sim30\%$。然而,在大多数城市中,该比例显著超过了规定的范围,显示出工业用地的扩展速度可能已经远远超越城市综合规划的初衷和预期。这种趋势不仅表明工业发展与城市规划之间存在协调性缺失问题,而且可能导致土地资源的低效利用和城市功能布局的严重失衡。这一现象不仅需要政策制定者和城市规划者的高度关注,还需要实施更加科学合理的规划和管理措施,以促进土地资源的合理利用,确保城市发展的可持续性与和谐性。此外,对于超出规定比例的工业用地进行科学的整理和优化,既可以缓解城市建设用地的压力,也有助于进一步为城市发展提供空间,从而形成更优的城市空间结构。

其次,工业用地的价格普遍显著低于商业用地及住宅用地的价格。依据中国国土勘测规划院发布的《2020 年全国城市地价动态监测分析报告》,当年全国主要城市的商服用地和住宅楼面地价的平均价格分别为 7140 元每平方米和 8640 元每平方米,相较之下,工业用地的平均价格仅为 834 元每平方米,与商业用地和居住用地的地价水平形成了巨大的差距。这种价格差异暴露出工业用地定价机制中隐藏的潜在问题。低廉的工业用地价格可能促成土地资源的过度开发和利用效率下降,同时减少地方政府通过土地财政手段获得的收入,进而对城市可持续发展及其财政支持能力造成不利影响。面对这一挑战,政府部门及相关机构须对现行工业用地定价机制进行深入审视和调整,以促进土地资源合理利用,确保地方政府财政稳定,支持城市持续健康发展。此外,优化工业用地定价机制将激励企业提高土地利用效率，推动产业升级，为城市经济高质量发展提供坚实支撑。

最后，工业用地的结构布局显现出诸多不合理性。早期工业用地的开发往往未能采纳全面细致的规划，导致其结构与布局难以符合当前开发区转型升级的广泛需求。在某些城市中，旧工业区的持续存在不仅损害城市形象，还限制城市功能向多样化方向发展。与发达国家相比，我国在公共用地比例方面的相对不足，更加凸显出工业用地规划与利用策略中存在的优化与改进空间。这一现状促使政策制定者与城市规划者须采取有效措施，进行工业用地的结构调整与布局优化，以提高工业用地的使用效率，并促进城市功能的均衡布局，为城市可持续发展奠定必要基础。

3. 城镇低效用地特征与整治现状

在当前城镇化进程中，低效用地的广泛存在成为土地资源管理和城市规划面临的一项重大挑战。随着城市对建设用地需求的日益增长，原有的增量供应模式已难以满足城市发展需求，我国因此转而聚焦于对存量土地的优化和再利用。然而，城镇中的存量建设用地普遍面临着利用效率低下的问题，尤其是在产业开发区域以及城乡规划中预定改变用途、不再用于工业的区域表现得尤为明显。此外，符合国家产业政策调整要求、即将淘汰或已禁止的产业用地，以及因停工或不符合环保、安全生产标准的工厂用地，也成为低效用地的典型代表。

这类低效用地的存在，不仅仅是土地资源浪费的直接体现，更是城市规划与发展效率不协调的反映。低效用地问题的核心在于用地结构的不合理性、空间布局的无序性以及土地产出效率的低下性，这些因素共同作用，导致了土地资源未能得到有效的利用。从更深层次分析，低效用地不仅影响土地资源的优化配置，还对城市的整体发展造成负面影响。例如，土地资源的浪费直接加剧城市的用地紧张和人地矛盾，进而引发交通拥堵、住房供应紧张和生态环境退化等一系列问题，在很大程度上制约了城市可持续发展的步伐。

面对建设用地增幅过快以及工业用地利用粗放浪费现象，政府在政策法规层面提出了一系列整治措施和指导原则。这些措施旨在有效调控土地利用，优化土地资源管理，确保土地利用的高效与可持续。如2008年国务院印发的《全国土地利用总体规划纲要（2006—2020年）》强调严格控制建设用地规模的重要性，明确提出限制建设用地增长的要求，通过控制建设用地总量引导土地资源优化利用。2013年，国土资源部发布《关于开展城镇低效用地再开发试点的指导意见》，提出"加强城镇低效用地再开发规划统筹，有效推进城镇低效用地再开发利用"的意见，并确定内蒙古、辽宁、上海、江苏、浙江、福建、江西、湖北、四川、陕西为试点省份，为全面推进低效用地整治提供了实践经验和策略方向。

2014年,国土资源部出台《节约集约利用土地规定》,针对工业用地利用新模式明确具体态度,提出包括先出租后出让、缩短出让年期等出让新方式,同时对以土地换项目、先征后返等变相减免土地出让金额的行为作出明确禁止,避免土地出让过程中的不规范行为。2023年,自然资源部颁布《关于开展低效用地再开发试点工作的通知》,针对北京等43个试点城市,提出落实积极稳步推进城中村改造的有关要求,以国土空间规划为统领,推动城乡发展从增量依赖向存量挖潜转变,以期解决我国当前存在的存量建设用地布局散乱、利用粗放、用途不合理等问题。

1.1.2 工业用地政策演变历程

自新中国成立以来,我国工业用地使用制度历经四个阶段的历史变迁,表现为土地制度在计划经济向市场经济转型大背景下的缩影,总体上遵循市场化、法制化的演化模式和变革进程[1]。

1. 行政划拨(1954—1987年)

新中国成立伊始,我国积极推进社会主义工业化进程。其间,城市工业发展和国有企业扩张对土地资源的需求日益增长。为了快速提升我国工业化水平,同时确保土地资源得到有效利用,避免其闲置从而造成浪费,中央政府于1954年颁布《关于对国营企业、机关、部队、学校等占用市郊土地征收土地使用费或租金问题的批复》。该文件明确,对于经政府批准占用的市郊土地,无须向土地使用者征收土地使用费和土地租金,基于的考虑是这样的做法并不会实质性增加国家收入,反而可能无端提升企业生产和运营成本,增加国家预算,进而带来更多的行政手续。

这一阶段的土地使用政策,标志着我国工业用地进入了行政划拨和无偿、无期限使用阶段。在这一城市发展阶段和土地出让模式下,工业土地流动受到严格限制,工业用地转让成为不被允许和保护的行为,政府以此确保土地资源被集中用于支持国家工业化的目标。在当时的历史条件下和经济发展阶段中,上述行动具备一定的合理性,因其有助于集中资源以加速推进工业化进程,特别是在资本积累不足、需要政府强力推动经济发展的背景下。

在社会主义建设初期,我国采取行政无偿划拨的方式向工业项目供地,这一措施为工业投资提供了广阔的发展空间,有效地支持了城市工业企业的蓬勃发展,加速了社会主义工业化的步伐。这种供地方式在当时确实为国家的工业

---

[1] 刘昊.工业用地市场化配置的政策演进、关键问题和改革路径[J].经济体制改革,2023(03):99-107.

化建设提供了重要的物质基础,帮助我国迅速完成了从农业社会到工业社会的转型。然而,随着改革开放的深入推进,原有的工业用地无偿使用制度开始暴露出其局限性和弊端。行政划拨无偿供地的做法,虽然在短期内能够加快城市工业项目的投资、建设和运营速度,但却对市场在资源配置中的基础性作用视而不见,长远来看,制约了土地资源作为生产要素合理流动的可能性。这种做法容易导致工业用地的无序扩张、土地闲置和低效利用,造成土地资源不容忽视的巨大浪费。更重要的是,这一制度还意味着地方政府对通过土地使用权转让获得的潜在收入的放弃,这直接减少了城市基础设施建设和公共服务投入的资金来源,影响到城市的有机更新和持续健康发展。缺乏资金来源的城市难以在教育、医疗、交通等公共服务领域进行必要的投入,影响居民的生活质量和城市的综合竞争力。

2. 协议出让(1988—2006年)

1988年我国对《中华人民共和国土地管理法》的修订,为土地供给方式带来根本性的变革,这一版《中华人民共和国土地管理法》首次明确提出"国家依法实行国有土地有偿使用制度"的国有土地使用原则,同时说明土地使用权在依法情形下允许转让,这一改革标志着国有土地使用权进入了市场化、法治化的新阶段。此后,国务院于1990年出台的《中华人民共和国城镇国有土地使用权出让和转让暂行条例》进一步明确土地使用权通过获得的法律框架,土地使用权出让具体可通过协议、招标、拍卖三种方式。此外,该条例特别说明工业用地出让最高年限为50年,以及允许工业用地依法作出转让、抵押和出租行为,此类规定为我国当前土地市场的形成和发展奠定了基础。

《中华人民共和国土地管理法》的1988年修订版和后续法规的逐步出台、实施,充分表明过去的无偿、无期限、不可流动的工业用地制度正式结束,标志着我国工业用地供给方式迈出市场化转型的重要一步。此后,工业用地协议出让成为工业用地供给的基本方式,而中央政府和地方政府也开始尝试通过招标、拍卖等方式公开出让国有土地使用权,增加了土地交易的透明度和公平性。特别是2002年国土资源部出台的《招标拍卖挂牌出让国有土地使用权规定》,虽然这一规定主要针对商业用地等第三产业经营性用地发挥作用,但其实践为工业用地的市场化出让提供了重要参考,对土地使用权市场的活跃和土地资源配置效率的提升具有重要促进作用。

实施工业用地协议出让政策,对地方政府财政收入的增长产生了积极的现实影响,为国家整体城市化与工业化提供了宝贵的资金支持,同时在一定时期内明显提高了工业用地的利用效率。然而,这种出让方式仍然带有显著的行政色彩,土地资源配置的关键作用未能由市场发挥,进而导致一系列问题的出现。

具体而言,工业用地通过协议出让容易导致资源的低效使用和投机性交易的出现,伴随而来的还有寻租行为的增多,这些因素共同作用,可能导致国有资产流失。我国工业化和城镇化发展的初始阶段,这些问题可能尚不显著。但随着工业活动规模不断扩大、工业用地需求飞速增长,土地特别是工业用地的供给与需求矛盾日益尖锐。在这一背景下,协议出让方式的种种弊端开始逐渐显现,不仅影响土地资源的高效合理利用,还可能对经济的健康发展造成不利影响。

3. 招拍挂出让(2007—2014年)

面对城市建设用地快速膨胀、工业区域无序扩张及土地使用违规等挑战,2006年,国务院采取行动,通过发布《国务院关于加强土地调控有关问题的通知》,引入一系列创新措施以强化土地管理。该通知正式确立工业用地出让最低价标准,并强制要求通过招标、拍卖及挂牌等方式进行工业用地的出让,旨在通过这些控制手段来规范土地市场,提高土地使用的效率与合理性。紧随其后,国土资源部出台相关通知,如《国土资源部关于发布实施〈全国工业用地出让最低价标准〉的通知》和《国土资源部 监察部关于落实工业用地招标拍卖挂牌出让制度有关问题的通知》,共同制定和形成工业用地出让的具体执行标准和操作指南,确保政策顺利落地和执行。上述政策的实施不仅有效促进了土地资源的合理有效配置,同时为工业发展提供了规范化、市场化的土地供应环境。

此外,依托于《中华人民共和国物权法》和《招标拍卖挂牌出让国有土地使用权规定》等先行法规,2007年国土资源部进一步强化法规框架,发布《招标拍卖挂牌出让国有建设用地使用权规定》,细化土地出让的程序和规则。这一系列政策和规定的推出标志着我国对工业用地管理的重大调整,不仅在法律层面上对土地市场的规范性进行强化,也推动着实践中土地利用效率的提高,为我国的城市化和工业化进程提供了坚实稳定的支撑,有效缓解了土地供需之间的紧张关系。

以招拍挂方式供应工业用地,在增强市场的资源配置核心作用、有效提升土地利用效率、满足企业对土地资源的合理需求以及为地方政府创造可观财政收入等方面成效显著。该制度依托市场经济基本原则——公开、公平、公正,有效遏制土地市场中的腐败和寻租等不正当行为,减少人为因素对工业用地市场的不当干预。招拍挂制度代表工业用地一级市场的重要改革,同时提出市场运作中需进一步优化的领域。尽管该制度在提升市场透明度、提高资源配置效率方面取得了显著成效,但在土地转让二级市场衔接及工业用地退出机制建立方面存在待改进之处。工业用地通常以50年期限出让,而许多企业的生命周期远短于此,导致土地供需关系突出。此外,工业用地在二级市场价格异常高涨,导致有实际需求的企业难以获得必要的发展空间。大量存在的低效工业用地,不仅浪费宝贵的土地资源,也对地方城市产业升级和经济结构调整构成障碍。这些问题指向未来工业用地管理和市场运作中需要关注和解决的关键领域,要求政策制定者和管理机构进一步完善相关制度,优化土地市场结构,促进经济持续健康发展。

4. 弹性出让(2015年以后)

招拍挂方式为企业提供工业用地时,固定的出让年限让土地使用权和转让权变得不足以应对经济社会发展的复杂变化。因此,采纳多样化土地供应策略,适应各种产业和项目的特定需求,通过划拨、出让、出租等多种手段或结合先租后让等模式,构建工业用地供给的多元化架构,成为新的趋势。2015年国土资源部与相关部委共同发布《关于支持新产业新业态发展促进大众创业万众创新用地的意见》,强调新产业项目用地可以通过租赁、先租后让、租让结合等灵活出让方式进行。北京、上海、浙江、广东等地区积极制订政策,探索先租后让、长期租赁、弹性年期出让等多样土地供给策略,旨在为新产业和新业态的发展提供更加灵活的土地使用解决方案,促使经济创新转型,满足企业多变的土地需求,开拓更广阔的发展前景。

在推动工业土地供应模式创新的同时,构建工业用地出让与其未来经济贡献之间联系的机制,成为土地市场化改革的关键环节。2014年,国家发展和改革委员会联合国土资源部选定阜新、嘉兴、芜湖、梧州作为工业用地市场化改革试验点,目的在于形成土地配置与产业项目绩效相结合的新机制。2017年,浙江省在德清县实施"标准地"试验,此举要求企业在获得土地时,对于投资强度、税收贡献、能耗和排放标准、容积率等关键指标承担具体承诺。2018年,浙江省进一步出台文件推行"标准地"制度,该制度获得国务院的认可,而后逐步在广东、四川等地区推广应用。这一系列政策以市场原则为引导,将企业的生产经营绩效与土地使用权直接挂钩,促使企业在生产过程中提高效率、注重环保,为地方经济的持续增长和产业结构的优化升级提供充足动力,标志着我国工业用地管理迈入以效率、透明度和可持续性为核心的新阶段。

1.1.3 新型城镇化背景下的工业用地活化趋势

在中央政府和地方政府的存量工业用地活化政策演进过程中,存量工业用地开发利用模式正在经历从被动式更新向主动式升级的根本转变。旧城区改造往往因物理条件老化和功能退化而启动,以往的改造项目分布呈现出相对分散的态势。而随着新型城镇化进程的加速推进,特别是在长三角等经济活跃区域,由于建设用地指标变得更加紧张,经济增长与土地供应之间的矛盾愈发显著,工业用地再利用的内部和外部动力显著增强。此时,存量工业用地的再开发不再仅仅局限于物质层面的更新,而转化为一项涉及产业升级、城市功能布局优化、生态环境改善及政府治理能力现代化的主动升级战略,体现出我国对新时代土地资源高效合理利用的追求,以及对城市未来发展方向的深度思考和积极布局。

此外,存量工业用地更新改造中各方利益主体参与和多元合作特征突显,低效工业用地再开发在新型城镇化的背景下突破以往的政府单一主导模式,向多元利益共享的新阶段逐步迈进。这一转变源于对旧工业区改造挑战的深刻理解,尤其是在面临多样化利益主体诉求时,诸如开发商、原产权人及政府等不同角色之间的需求和目标可能存在差异,传统的改造模式已无法有效协调和彻底满足多元化利益需求。随着新型城镇化理念的不断深化及地方政府在实践中的积极探索,工业用地的再利用模式开始呈现出多样性。除政府直接推动外,市场主体之间的协作改造项目愈发常见,原产权人参与开发改造的案例也逐步增多[①]。再开发模式的多样化为工业用地的高效再利用开辟新途径,通过引入开发商和原产权人等多方力量,充分挖掘市场和社会潜能,促进合作共赢局面的形成。这种合作机制的建立和完善在平衡经济效益与社会责任的同时,为城市可持续发展注入新活力,推动产业升级和城市结构优化,展现出新型城镇化道路下工业用地再利用的复杂性和系统性。

近年来,地方政府在存量工业用地再利用方面展现出创新和多样的实践模式。相较于以往零星、无序的再开发尝试,地方政府试图采取组织有序和目标明确的策略,如通过改组或成立专门的部门和机构,将存量工业用地的有效再开发视作促进区域、城市发展及产业转型的战略任务。这种变化反映出地方政府对新型城镇化理念的积极响应和落实,同时也基于对本地实际情况的深入分析和理解,不断探索适合当地发展的新策略。如上海的低效工业用地"减量化"战略、广州的"三旧"改造政策和深圳的"城市更新"计划等,均为地方实践的典范,在促进存量工业用地高效利用、推动城市空间优化重组和产业结构升级转型等方面发挥重要作用。这些地方性实践成果为工业用地活化路径在全国推进提供了宝贵的经验和启示。在存量工业用地再利用领域,地方政府自下而上的积极探索不仅展示出对中央政策的有效响应,更在许多方面领先于中央政策的制定和指导,显示出地方的能动性力量。

---

① 谭永忠,何巨,李楠.新型城镇化背景下存量工业用地再利用的创新路径[J].吉首大学学报(社会科学版),2020,41(05):48-55.

1.2 产业空间演进中的城市低效工业用地

1.2.1 城市工业用地低效利用现状

在新增工业用地面临短缺问题的同时,存量工业用地的低效利用现象也日益凸显。20世纪90年代起,我国实行工业用地有偿出让政策,其出让年限通常设定为50年。时至今日,政策已实行30余年,大部分出让的工业用地尚未到期,而其中相当一部分存量工业用地正处于低效利用的浪费状态。

首先,在当前的经济发展背景下,一个不容忽视的现象是,众多存量工业用地掌握于那些位于产业链底端、依托粗放经营策略的中小型企业之中。这些企业在资源整合能力及技术创新方面通常展现出较为有限的潜力,从而导致其所占用的工业用地在容积率、建设率及亩(1亩=666.7平方米)均税收等关键技术和经济指标上表现欠佳。这种状况不仅显现出企业自身发展的局限,亦表明存量工业用地在提高土地利用效率、促进经济增长方面的巨大潜力尚未得到有效发掘。因此,这部分土地未能充分实现其潜在的经济价值,从而对于促进区域产业升级与经济结构优化构成一定程度的制约。

其次,在我国经济发展进程中,部分企业因种种原因逐渐退出市场竞争,然而,鉴于缺乏系统可行的工业用地退出机制,这些土地便由原有产权人转而用于出租。但是,工业用地的出租市场面临着管理不足的问题,导致后续租赁企业的产业类型及发展层次难以匹配当地产业发展的需求和步伐。这一现象不仅未能为区域经济发展注入新的活力,反而可能加剧土地浪费,导致低端产业聚集,加剧城市管理的复杂性。现行土地政策与市场实际需求之间存在脱节,亟须各级政府和相关机构制定更加灵活的土地管理规则,探索低效工业用地有偿退出机制,确保工业用地使用与地区产业政策相契合,促进城市经济的健康和可持续发展。

再次,在我国经济发展的初期阶段,经济基础尚且薄弱,多数企业规模较为有限,工业企业承租的工业用地规模也相应偏小。加之企业获得土地的时间节点不一致,工业用地利用在时间和空间双维度上均呈现零星分散分布态势,为当前建设用地统一规划与工业用地效能最大化带来诸多挑战。近年来,地方政府对存量工业用地的提质增效问题予以密切关注,并将老旧工业区的改造及低效工业用地的整顿视作突破土地资源限制、促进经济结构转型的关键策略。例如,广东省内众多效率低下的存量工业用地主要集中于村级工业园区,这些建设用地普遍归村集体所有,其产权相对集中,为实施连片综合开发改造创造了条件。通过政府征收、合作改造等多样化途径,既可协调多方利益,又能保证在较广范围内快速推进改造工作。相较而言,浙江省的存量工业用地大多由个人或企业持有,土地碎片化程度较高,单块面积较小,这使得统一收储或连片开发改造策略的实施面临更为复杂的挑战。因此,地方政府需要依据地域内产权结构与土地使用状况的具体分异制定差异化的策略,以适应各自经济发展的特定要求。

1.2.2　城市产业空间发展问题与低效工业用地再开发困局

1. 新增产业空间供给不足,存量用地升级迫切

随着经济快速发展及城市化进程加速,产业用地需求日渐攀升。首先,经济增长伴随产业结构升级及多元化,诸如高新技术产业、信息技术服务业等新兴领域快速壮大,对用地质量与位置提出更高标准。产业升级带动高标准工业园区、研发中心及办公空间需求增长,促进产业用地需求扩张。其次,城市化加速导致人口向城市聚集,不仅提升了住宅及公共设施的用地需求,也促进了服务业的发展,增加了商业、办公等产业的用地需求。城市化亦推动基础设施建设加速,如交通网络建设需占用大量土地。最后,在全球化趋势下,跨国公司全球布局与资源整合激化优质产业用地竞争。中国作为全球制造业与服务业的重要基地,面临国内外市场需求,产业用地需求不断提升。

然而,受土地资源有限、环保规定严格及城市规划限制等因素影响,适用于产业发展的土地资源日益紧缺,这一挑战在全国众多城市普遍存在,尤其经济发达地区与大城市更为突出。以深圳市为例,该市陆地总面积1997平方千米,其中近半数用地归入基本生态控制线,可开发总用地仅有1004平方千米。在如此有限的空间内,深圳市现有工业用地面积仅221平方千米,相较于北京、上海、广州等其他大城市要低得多,产业用地整体规模有限。根据2022年深圳市国土空间规划统计数据,深圳市当前可用于建设的新增用地总体容量约为80平方千米,仅达到用地规模总量的8%左右,充分说明当前深圳市新增产业用地空间的有限性。深圳市光明区尽管是市域内新增建设用地较多的辖区,但在2016年至2021年的5年间,其产业用地年供应量由56公顷减至17.5公顷,年均降低13.75%。面对仍在增长的产业空间需求,产业用地供给压力不言而喻,深刻反映出深圳市乃至全国更广范围内在推动产业升级与经济发展过程中遭遇的产业空间约束难题。

城市空间内存量用地的低效利用成为缓解用地紧张困境的可能突破口。历史上的城市规划往往是在当时的经济社会背景下进行的,随着时间的推移和社会经济的发展,一些规划已经不能再适应当前的发展需求。例如,部分老旧工业区位于城市中心区域,随着城市的扩张和产业结构的调整,这些区域的产业功能已经难以匹配城市发展新方向,但由于规划布局的限制和土地使用权相关问题的制约,这些区域难以进行功能转换和空间再利用,因而成为低效用地。此外,由于过去的规划可能并未充分考虑城市整体功能布局的合理性,导致部分城市区域功能单一,生活、工作、休闲空间分布不均,城市基础设施建设与现代城市需求不匹配,同样可能降低土地利用的整体效率。仍然以深圳市为例,作为国内产业发展的领跑者,深圳市在土地利用效率方面虽然超越全国平均水准,但与某些国际城市相比,差异仍然显著。2020年,深圳市工业用地每平方千米产值仅达到43.4亿元,而东京市2007年的相应指标已有176亿元,新加坡2019年也达到165亿元,深圳市在土地产出效益方面存在较大提升空间。进一步分析深圳的用地强度,发现深圳市工业用地容积率均值约为1.3[①],远未达到《深圳市城市规划标准与准则》所规定的普通工业用地基准容积率3.5的标准,可见深圳市工业用地节约集约化程度较低,从而明确指向其对土地资源高效利用和产能提升的迫切需求。

2. 新增产业用地开发成本低廉,存量用地再开发成本高昂

在我国特有的城乡二元土地制度框架下,农用地转为建设用地的过程由政府主导,几乎未涉及市场及其他利益团体,致使政府在土地初级市场扮演了绝对的需求方及占据了垄断地位。这种制度安排使得政府拥有决定性的权力,能够单方面确定土地征收的价位、地理位置及规模。《中华人民共和国土地管理法》中对"公共利益"概念广泛而不明确的定义,进一步为政府广泛的征地行为提供了便利,甚至可能导致土地征用权的不当行使。因此,城镇建设用地供应过量的现象愈发明显,土地资源紧张的状况不断加剧,导致土地的低效利用或者闲置问题突出。相较于对现有建设用地进行再开发,我国新增建设用地的开发成本相对较低,这种成本结构倾向使得政府在土地供应决策上偏好于新增建设用地。其中,较低的新增建设用地有偿使用费征收标准成为低成本的重要因素。与地方政府以低成本获取土地的做法形成对比的是,有偿土地使用制度实际上允许政府以更高的价格出让土地,这极大地激励了地方政府大规模供应土地的决策动机。特别是在工业用地的分配上,为了吸引投资以促进地区经济增长,多个地区通过低价供地策略竞争引资,促成了企业在缺乏明确开发计划的情况下,大规模囤积土地,引发工业用地开发效率低下。土地的实际价值与市

---

① 淮文斌,陈雪梅,蒋真,等.存量时代下盘活低效产业空间的实施路径——以深圳市龙华区为例[J].规划师,2022,,38(11):124-131.

场价格的显著差异及潜在的高回报促使土地使用者倾向于囤地、圈地,导致"大量占地、少量建设"或"占地不建"的局面。市场主体基于最大化利益的原则,可能推迟土地开发的最佳时机,而非立即投入建设,这再次加剧了存量工业用地的闲置与浪费,体现出土地资源高效管理与利用的潜在危机。

我国城市存量工业用地的再开发困难有如下原因。政府面临的首项难题便是对低效工业用地的准确界定,这一难题直接妨碍了对闲置土地的有效回收。此外,企业所持有的长期土地使用权在初期规划阶段未设立针对低效工业用地退出的清晰机制,从而使得工业用地的再开发及其转型升级面临诸多阻碍。在严格的土地用途管控和城乡规划体系的制约下,按照原规划转换工业用地用途的尝试变得异常困难,这无疑增加了低效工业用地再利用的难度。从成本与收益角度出发,存量工业用地再开发涉及的多方利益主体及其错综复杂的产权格局,加之以往缺乏针对性的再开发政策和指南,造成再开发过程中极为昂贵的交易成本。即使低效工业用地的再开发得以执行,对于一些需要时日培育的新兴产业,其经济效益亦需若干年甚至更长时间才能显现。在此情况下,与从新增工业用地利用中获得的直接收益相比,政府推动存量工业用地再开发的积极性较弱。原因之二在于,尽管《闲置土地处置办法》早已实施,但地方政府在执行中因地方经济利益的牵绊而难以达成预期的成效,同时缺少有效的土地后续集约利用监督体系。虽在供地环节对容积率和建筑密度等指标进行了初步审核,但企业和开发商一旦获得土地使用权,相关部门对其后续利用的管理和制约有限。某些开发商利用政策漏洞,采取拖延施工的手段避免缴纳土地闲置费和地价增值税,从而实现其囤积土地的目的,这些做法无疑加重了存量工业用地再利用的困难程度。

3. 工业用地节约集约利用政策失调

我国当前的工业用地节约集约利用政策框架仍然存在不合理之处[①]。

第一,政策措施在精细化、针对性及操作性方面的不足显而易见。2012 年,《国土资源部关于大力推进节约集约用地制度建设的意见》的发布,虽然为节约集约用地制度体系提供了必要的基础框架,但该文件更多地以总结既往政策为主,而未能在此基础上提出创新的、具体的、务实的工业用地节约集约用地政策。

第二,现行的节约集约用地政策体系在关注焦点上已然出现某种程度的偏颇,即将主要精力投入国有建设用地上,而对于集体建设用地的相关政策措施则略显单薄。尽管我国已在国有建设用地范围内建立起一套相对成熟且可行

---

① 高魏,马克星,刘红梅.中国改革开放以来工业用地节约集约利用政策演化研究[J].中国土地科学,2013,27(10):37-43.

的节约集约用地政策体系,确立了清晰的政策方向和政策目标,但对于集体建设用地范围,政策制定似乎并未给予足够的重视和考量。这种状况不仅反映出现有政策在涵盖范围方面的不足,也暗示着一个更为广泛的问题,即在推动土地资源节约集约利用的大背景下,如何平衡和协调国有建设用地与集体建设用地的管理和利用,以达成土地资源管理公平和效率的共存。

第三,目前实施的节约集约用地政策主要集中于规划内园区的全部国有建设用地,而对于园区外的土地,相应的节约集约用地政策和措施则存在明显不足。事实上,园区外的土地往往具有更为复杂的用途和功能,在推动地区经济发展、维持生态平衡等方面扮演着重要角色。这样的政策分野可能导致园区外土地的利用效率未得到充分发挥,节约集约利用的理念也未能在更广阔的领域内得到有效推行,不仅限制了土地潜在的经济价值和社会效益的发挥,也可能导致生态环境的退化甚至破坏。

第四,虽然实施区域差别化用地政策的要求已在现有政策中明确提出,但是当前各地方的节约集约用地政策细则仍未能完全体现出差别化管理的理念,揭示出了现有政策框架在适配不同地区土地利用的独特需求与特征上具有局限性。考虑到我国广阔的地理范围,各地区在自然条件、经济发展水平、产业结构及城市化进程等方面天然地存在差异,这些差异要求土地利用政策具备更高的灵活性和针对性。

第五,工业用地节约集约利用政策在整个法律体系中处于相对较低的位置,各项措施与标准之间的协同性也不尽如人意。依靠各相关部门发布的通知和标准来规范工业用地的节约集约利用,在法律体系中缺乏足够的权威性。不仅如此,节约集约用地相关的法律法规由不同部门在不同时间点制定,缺少统一性和协调性,时而还出现相互矛盾的情形,进一步增加了政策实施的复杂度。

1.2.3 低效工业用地成因分析

首先是空间规划不合理。工业用地布局不合理的问题主要在开发区总体规划及用地企业内部管理两方面显现。宏观上,开发区在建设之初就缺乏长期规划与全局思考,仓促扩张及引入开发商,导致工业用地与供地策略不相匹配、产业结构单一等问题。区域内早期引进的生产企业,由于没有得到有针对性的用地指导,未能将企业需求与用地供应有效协调,这间接妨碍了企业的发展,导致企业因用地不足而迁移或面临土地闲置问题,影响用地效率。开发区偏好选择少数产业,如化工、食品等,忽略特色与经济环境,以优惠政策吸引低端制造业入驻,促成同质竞争,不利于特色产业链形成。微观上,企业内部因生产技术更新、规划调整及经营策略变化,原布局不再符合当前生产需求,导致厂房闲置。这不仅损害了企业的经济效益,也削弱了整体工业用地的有效利用,再次突出合理布局与集约化使用工业用地的迫切需求及其重要性。

其次在于转型动力缺失。大部分低效工业用地获得土地使用权较早,所需的土地成本相对较低。其中许多企业经营者因市场竞争力不足,部分已停止生产。一般而言,这类企业期望被政府收购或高新技术企业入驻,从而借土地使用权转让获利,这进一步减弱了企业主动转型升级的动力,同时促成囤地、圈地现象形成。区域管理机构在收购低效工业用地时面临巨额资金要求,由于依赖收购储备转型用地的策略,政府承受巨大的资金压力。管理机构还承担招商引资、日常管理等职责,面临资金和人力资源的双重压力。尽管管理机构有意借助市场力量,但是市场利益主导的开发商缺乏全局视野,偏向个人利益,对收益较低的公共设施建设关注不足。在推进转型升级过程中,管理机构需在众多利益之间找到平衡点,往往不得不牺牲部分公共利益项目,如公共服务设施和基础设施建设,以满足资本市场需求。在保障资金支持的前提下,如何协调多方利益并保护公共利益,成为低效工业用地转型升级亟待关注的焦点。

1.3 低效工业用地整治的创新路径

1.3.1 低效产业空间盘活机制

活化低效产业空间要求部署一系列全面的管理策略。在宏观视角下,突出政府的规划与协调职能,通过综合考量规模控制、空间优化、时间规划和产业定向等关键因素,保障产业空间的升级进程既符合总体发展目标,又实现空间利用的最优化和产业聚集的高效益。在中微观视角下,采用多样化的策略确保各类低效产业空间能够向高效能产业转化,完成高标准的项目部署和实施。

在推进存量工业用地的高效再利用过程中,必须重视与现行城市规划体系的密切衔接。综合考虑学术界的深入研究,建议在继承现有城市规划结构的基础上,通过补充策略、精准调整及策略性"镶嵌",积极将城市更新与土地再开发的管理要求融入城市规划之中,确保存量工业用地的再开发项目与城市的法定规划,特别是控制性详细规划,能够有效且主动地相互衔接。依托现行规划框架的导向,应当制定出具体的专项规划和年度实施计划,详细界定再开发项目的具体规模、发展定向以及开发的具体强度等关键事项。同时,必须引入以市场动态和土地使用管理为导向的策略,将土地开发控制作为核心目标,从而有效应对规划指导与市场规律、土地使用管理之间的分离状况。此外,应当摒弃那些不考虑地块实际状况而制定的规划设计条件,正视并尊重各利益团体的发展需求,充分考虑到特定活动的独特性和多元利益追求的合理性。在坚守总体规划的基本要求和控制性指标的前提下,让土地使用单位和企业有机会参与控制性详细规划的制定过程。这样的参与模式更贴合企业的实际用地需求,还能提升土地使用的效能,同时避免了因频繁调整控制性详细规划而产生的不便与困扰,为存量工业用地的再开发与城市规划体系的和谐融合提供了可行之道。

1.3.2 多元利益主体合作机制

活化存量资源较之于未开发地块的出让建设展现出更强的复杂性,牵涉到诸如意向征询、权属确认、规划审核、利益均衡以及拆迁协商等多个阶段,这一系列环节自成一套客观流程。为了加快产业空间的构建和供应,建议促进政府机构、市场参与者和原有业主的协同参与。针对不同地域的土地资源与产业空间属性,应设计多元化的参与途径,清晰界定各方的参与规则、实施方式、条件约束、利益分配方案及协作架构,倡导各参与主体之间的互助合作。通过这种多方协作机制,可以有效地集中力量,促使低效产业空间迅速转型更新,保障产业空间供应在数量匹配、类型多样及时间持续等方面的优化。

积极倡导社会各界主体参与工业用地的再活化过程,实施差异化策略应对各类工业用地,旨在发掘再利用的创新路径与方向。对城市核心区域散落的陈旧工业用地,可探索由政府领衔的收购策略、产权所有者的自我更新,或是与市场力量联手进行共同开发,重点转向"退二进三",即将这些地块转化为文化创意及其他生活服务业。对于位于工业园区的用地,园区管理者或实力雄厚的企业可主导这一转型过程,其间园区应提供政策上的扶持,例如增设容积率激励、激活闲置用地等,目的在于促进开发效能和产出能力的提升,同时保证与园区的整体产业布局保持协调。对分布在乡村的工业用地而言,随着2019年《中华人民共和国土地管理法》的修订,将农村集体经营性建设用地纳入市场的障碍正在逐步消除,这预示着城乡工业用地市场一体化的建立,因此应当鼓励企业通过自发再开发、租赁转让或合作开发等方式,唤醒工业用地的再开发动力。此外,在跨主体合作的框架下,重视维护原产权人的权益,构建利益共享的新机制,公正调配政府、土地原使用者、开发方之间的利益。政府应将通过工业用地再开发获得的净收益按既定比例返还给地块原使用者或原农村集体,专用于其持续发展。同时,在开发实施阶段,开发商可以与国资企业携手,分摊风险,共享成果,确保工业用地再开发过程中实现多方利益的均衡与增长。

1.3.3 工业用地有偿退出机制

在处理表现欠佳、未能达到园区规定标准、产品与工艺水平显著落后,或对环境安全构成潜在威胁的工业企业时,制定一套清晰的撤出机制显得尤为重要。在这个过程中,应实施以"政府指导、企业主动参与"为方针的退出战略。当出现工业用地规划条件更改的问题时,企业应主动向相关规划及自然资源管理部门提交详尽的改革提议。经过严格的审查和批准后,企业将获得通过签订更新的出让合同、调整现有合同协议或重新签订合同等多种方式完成补缴土地出让金或其差异部分的权限,从而实现从原有工业用地的有序撤离。

政府在这一过程中扮演的是提供政策动力和明确未来发展蓝图的角色,确保在工业用地的重新规划和城市的综合更新中,不仅公共服务设施的配比得以优化,而且社会公共利益受到全面维护。这一策略的实施,旨在深化土地资源的合理利用,确保城市更新行动的连续性,促进工业用地的高效再部署,为城市的持续发展提供坚实基础。这种模式不仅对提高土地利用效率发挥积极影响,也为企业提供转型升级的契机,同时保证城市规划的整体连贯性与社会效益的最大化,标志着我国向更加可持续与包容的城市发展模式迈进。

2 嘉兴市工业用地分析

作为中国浙江省的重要城市之一,嘉兴市近年来在经济发展和城市化进程中展现出了显著的活力和潜力。随着制造业的快速发展,城市对工业用地的需求日益增长,工业用地分析不仅关系到嘉兴市未来的产业布局和经济结构调整,同时也是实现区域经济可持续发展的关键因素。因此,深入分析嘉兴市工业用地的现状、面临的挑战与发展机遇,对于优化资源配置、促进产业升级、加快新旧动能转换具有重要意义。本章通过对嘉兴市工业用地使用情况的详细考察,评估其在支持地方经济发展中的作用,从而为政策制定者提供科学依据和参考建议,以期为嘉兴市乃至更广泛地区的产业布局优化与经济结构调整提供借鉴和参考,助力地方经济的高质量发展。

2.1 宏观目标:促进工业用地节约集约高效利用

2.1.1 上层战略指导

1. 国家号召:存量时代,土地开发利用节约集约利用势在必行

国土资源部在 2015 年 5 月发布了《国土资源部办公厅关于开展低效工业用地调查清理防止企业浪费土地的函》。在这份文件中,国土资源部首次提出"低效工业用地"的概念,并对其做出明确的定义。低效工业用地指的是那些现状投入产出强度、容积率、建筑密度、产业类型、生产运行状况等未达到产业和城镇发展需求,但仍有较大调整利用空间的非闲置用地。这些用地虽然目前并未被闲置,但由于其利用效率较低,存在着巨大的浪费。

为了推动低效工业用地的有效利用,国土资源部在 2016 年 11 月发布《关于深入推进城镇低效用地再开发的指导意见(试行)》。该指导意见提出了促进城镇更新改造和产业转型升级,优化土地利用结构,提升城镇建设用地人口、产业承载能力的目标。这一举措旨在通过再开发低效用地,推动城镇的可持续发展,建设和谐宜居的城镇。

为了进一步推动土地的节约集约利用,自然资源部在 2019 年 7 月修正《节约集约利用土地规定》。该规定提出,地方自然资源主管部门可以根据本地实际,制定和实施更加节约集约的地方性建设项目用地控制标准。这一举措旨在通过制定更加严格的用地控制标准,推动土地的节约集约利用,提高土地利用效率。

为了进一步规范工业项目用地的管理,自然资源部在2023年5月发布修订后的《工业项目建设用地控制指标》。该指标明确了新建、改建、扩建工业项目用地的规模和用地效率的评价标准。根据这一指标,各地在审批工业项目用地时,将严格按照《工业项目建设用地控制指标》及相关工程项目建设用地指标进行核定,以确保工业用地的合理利用和高效利用。

综上所述,自然资源部通过发布一系列政策文件,逐步推动低效工业用地的调查清理和再开发工作,促进土地的节约集约利用。这些举措不仅有助于优化土地利用结构,提高土地利用效率,还有助于推动城镇的可持续发展,建设和谐宜居的城镇。同时,这些政策也为各地制定更加严格的用地控制标准提供了指导,为推动土地的高效利用提供了有力保障。

2. 省级号召:"亩均论英雄"与数字化改革携手,引领空间高质量发展

作为中国经济的重要省份,浙江省一直在积极探索和实践土地节约集约利用的方式和方法。在过去的几年中,省政府及相关部门相继出台了一系列政策措施,以推进土地的节约集约利用,为浙江省的可持续发展提供了坚实的支撑。

早在2016年2月,浙江省政府就已发布《浙江省土地节约集约利用办法》。该文件对开发区(园区)和用地准入要求的重要性作出强调,即在符合相关规划的前提下,适度提高工业建设项目用地的投资强度、容积率和单位用地投入产出比。这一措施旨在优化开发区(园区)和产业集聚区的土地资源配置,确保土地资源的高效利用。

为了进一步推动土地的节约集约利用,浙江省政府在2018年1月发布《浙江省人民政府关于深化"亩均论英雄"改革的指导意见》。该文件提出推进"亩产效益"综合评价和资源要素市场化配置改革,旨在加快"低产田"的改造提升,并建设综合评价大数据平台。这一改革不仅有助于提升土地的生产效益,还有助于实现资源要素的市场化配置,进一步推动浙江省经济的可持续发展。

随着时间的推移,浙江省对土地节约集约利用的探索不断深入。2021年3月,浙江省委全面深化改革委员会发布《浙江省数字化改革总体方案》。该方案呼吁打造一批跨部门多业务协同应用,为社会空间的所有人提供全链条、全周期的多样、均等、便捷的社会服务,为社会治理者提供系统、及时、高效的管理支撑。数字化改革的推进,为浙江省土地节约集约利用提供了新的思路和手段。

2021年5月,浙江省自然资源厅发布《浙江省"数字国土空间"建设方案》。该方案指出,为治理端和服务端特定对象解决特定需求提供整体方案,开展特色应用场景建设,合理构建自然资源业务管理与协同应用新生态。这一方案的实施,将进一步推动浙江省土地节约集约利用的数字化、智能化发展。

2021年10月,浙江省政府发布《浙江省新一轮制造业"腾笼换鸟、凤凰涅槃"攻坚行动方案(2021—2023年)》。该方案以规上制造业企业、实际用地3亩以上的规下制造业企业为重点开展排查,摸清企业用地、用能等情况,建立高耗低效整治企业清单,实行闭环管理。同时,开展"两高"项目评估检查,对不符合要求的"两高"项目进行坚决处置。这一行动方案的实施,有助于推动浙江省制造业的转型升级,实现土地资源的优化配置和高效利用。

2021年12月,浙江省自然资源厅发布《关于全面推进城镇低效用地再开发工作的若干意见(修改征求意见稿)》。该意见提出,"亩产论英雄、集约促转型"的发展理念得到深入贯彻,建设用地节约集约利用水平得到全面提高。低效用地包括布局散乱、用途不合理、基础设施陈旧、房屋质量存在安全隐患的城镇建设用地等。这一意见的实施,将推动浙江省城镇低效用地的再开发工作,进一步提高土地资源的节约集约利用水平。

浙江省在土地节约集约利用方面进行了积极的探索和实践。通过出台一系列政策措施、推进数字化改革、构建新生态等方式,浙江省不断提高土地资源的节约集约利用水平,为可持续发展提供了坚实的支撑。未来,浙江省将继续深化土地节约集约利用的改革探索,为实现经济社会的可持续发展作出更大的贡献。

2.1.2 嘉兴市战略目标

嘉兴市以习近平新时代中国特色社会主义思想为指导,积极贯彻落实国家级、省级战略部署,逐步提升工业用地利用水平。以供给侧结构性改革为主线,按照"规划先行、破立并举、提高效率"原则,聚焦工业领域"查、拆、治、退、整、转、提"七字诀,全面实施工业用地全域治理,加快"低散乱污"园区的整合提升,推动"低散乱污"用地的腾退盘活,为打赢新一轮制造业"腾笼换鸟、凤凰涅槃"攻坚行动提供坚强的土地要素保障。到2022年底,在全面摸底的基础上,依据空间规划和产业布局规划,对各类园区产业空间布局进行全面优化,推进数字化改革场景建设,力争在效益提升、转型升级、节约集约、风貌改善等方面取得明显成效。

《关于开展深化工业用地市场化配置改革试点实施方案的通知》是嘉兴市政府于2015年9月发布的一项重要政策。该通知明确了对工业项目投资强度、建设强度、容积率、亩均产出、能耗、环境容量等指标进行综合评价排序的要求。这一政策的实施,旨在优化工业用地资源配置,提升土地利用效率,促进工业经济高质量发展。

为了进一步推动工业经济转型升级,嘉兴市政府在2021年1月发布了《关于印发深化工业企业绩效综合评价加快资源要素优化配置实施方案的通知》。该通知进一步明确工业企业绩效评价指标,包括亩均税收、亩均工业增加值、研发经费占主营业务收入比重、单位能耗工业增加值、单位排污权工业增加值和全员劳动生产率。这些指标的设定,旨在全面评估工业企业的综合绩效,引导企业加强自主创新,提高资源利用效率,降低能耗和减少污染排放。

为了加快传统产业的转型升级,嘉兴市政府于2021年3月发布《嘉兴市传统产业"两高一低"企业整治提升专项行动方案》。该方案针对传统产业中的规上工业企业亩均税收连续三年10万元(含)以下和规下工业企业亩均税收连续三年3万元(含)以下的企业,分行业、分阶段、分批次进行改造提升。对于改造提升无望的企业,将加速腾退,为优质企业腾出发展空间。

为了坚决打赢制造业"腾笼换鸟、凤凰涅槃"攻坚战,嘉兴市委、市政府发布《大排查除隐患保平安促转型坚决打赢制造业"腾笼换鸟、凤凰涅槃"攻坚战实施方案(2021—2023年)》。该方案牢牢抓住安全生产底线,深入实施淘汰落后、创新强工、招大引强、质量提升四大专项行动,旨在打造长三角一体化发展新增长极"金名片"。

为了进一步推动工业领域"低散乱污"用地的整治工作,嘉兴市自然资源和规划局、嘉兴市经济和信息化局于2021年12月联合发布《关于印发〈开展工业领域"低散乱污"用地全域整治指导意见〉的通知》。该通知强调,要深入贯彻落实省、市新一轮制造业"腾笼换鸟、凤凰涅槃"攻坚行动方案和嘉兴市"低散乱污"园区整合提升攻坚行动方案等部署要求,发挥国土空间规划的牵引作用,推动工业领域"低散乱污"用地整治工作,促进制造业高质量发展。

2.2 微观举措:构建工业用地健康水平分级管理体系

2.2.1 嘉兴经济技术开发区产业空间评估背景

嘉兴市国土空间总体规划编制进入关键时期,从"十四五"减量发展的大趋势来看,未来如何优化存量用地、盘活低效用地已经成为保持空间可持续发展的唯一途径。2020年3月,嘉兴市政府发布的《嘉兴市人民政府办公室关于实施嘉兴新制造"555"行动的若干意见》聚集产业链现代化,打造高质量产业集群;聚集产业基础再造,增强制造业核心优势;聚集制造方式转变,推进传统产业再升级。2021年3月,嘉兴市政府发布的《嘉兴市传统产业"两高一低"企业整治提升专项行动方案》,明确提出针对传统产业中高能耗、高排放、低产出的企业以及"低散乱污"企业(作坊)(简称"两高一低"企业),实施力度更大、方法更新的集中整治攻坚行动,着力推进产业结构调整和优化升级,加快构建高质量的现代产业体系,促进全市资源利用效益全面提升,实现工业经济高质量发展。

在存量时代背景下,工业用地增量有限,未来嘉兴市的发展要向存量要空间。目前,嘉兴存量产业片区企业分布密集且类别繁多、零散不集聚。为进一步有效盘活存量资源空间,充分激发工业投资新活力,要抓紧嘉兴市存量工业用地评估规划工作,全面推进城市高质量发展先行示范。

同时嘉兴市落实国土空间总体规划和相关专项规划要求,主动应对做好发展方向的呼应和空间资源的匹配。统筹整理工业土地,治理清退低效企业,推进工业用地"二次开发",推动低效工业土地全域治理。开展全面摸底调查,将市级存量工业用地上图入库。对市区范围内70.54平方千米存量工业用地进行了全面梳理摸排。通过开展一"地"一梳理、一厂一调研工作,调查工业用地面积、建筑年代、市政设施、开发利用状况、投入产出水平、用途改变、产权登记和环境污染情况。根据土地证所有权、厂房产权、税收效益和企业生产等情况进行定位、定量和分类上图。通过摸清底数、分清产权、评估效益,按照亩均增加值、容积率、配套设施、环保安全等指标建立"低散乱污"园区企业用地数据库,切实做到家底清、情况明、位置准、数量实。

嘉兴经济技术开发区位于嘉兴市的主城区,是一个典型的城市型开发区,创建于1992年8月,是浙江省政府首批批准设立的省级经济开发区。2010年,嘉兴经济技术开发区正式升格为国家级经济技术开发区,并与同年设立的省级嘉兴现代服务业集聚区和嘉兴国际商务区实现三区合一、合署办公,成为全市先进制造业、现代服务业发展和城市化发展的重要平台。至此,开发区、国际商务区全区规划控制面积110平方千米,委托管理城南、嘉北、塘汇、长水四个街道,辖区总人口超37万人。2014年2月,以嘉兴经济技术开发区(国际商务区)为核心区的嘉兴经济技术开发区深化整合提升方案获浙江省政府同意批准,总面积达284.8平方千米。

整合后的嘉兴经济技术开发区实力大为增强,已荣获"中国经济营商环境十大创新示范区""浙江省十佳开放平台""对外贸易十强开发区""利用外资十强开发区""浙江省美丽园区示范园区"等称号,连续8年在全省国家级经济技术开发区考核中名列第二,2021年在国家级经济技术开发区综合发展水平考核中列第19位。

经过30年的发展,嘉兴经济技术开发区取得了令人鼓舞的成绩,为全市经济社会发展作出了积极贡献,主要体现为以下五大方面。

1. 对外开放的排头兵

坚持开放带动,经济国际化程度不断提高。目前嘉兴市已累计引进日韩、欧美、港澳台等40多个国家和地区的680多家外商投资企业,其中投资规模超过1000万美元的项目有228个,投资规模超1亿美元的重大项目有30个,已落户日本日立、美国雅培、荷兰飞利浦、德国采埃孚等世界500强企业投资的项目有38个。

2. 融入长三角一体化的先行地

坚持"接轨大上海、融入长三角、面向全世界"理念,紧紧抓住"一带一路"建设、长三角一体化、长三角G60科创走廊建设等重大机遇,把产业对接作为全面接轨上海的核心来抓,在产业转移、平台建设、城市管理等重点领域加快与上海的无缝对接,全区80%以上重大产业项目均来自上海。

3. 经济发展的增长极

坚持科学发展,全区综合实力不断增强,已形成较强的产业基础,装备制造业、汽配产业已具规模,高端食品产业、电子信息产业发展态势良好,专业市场、现代物流、科技金融、总部经济、软件研发等现代服务业发展强劲;"2+4"产业平台能级全面提升,"2"即2大主平台(嘉兴高铁新城、嘉兴先进制造业基地),"4"即4大专业平台[浙江长三角高层次人才创新园(嘉兴智慧产业创新园)、浙江中德(嘉兴)产业合作园、嘉兴国际金融广场、嘉兴马家浜健康食品小镇]。

4. 城市建设的生力军

坚持把城市现代化作为加快发展的总动力,全区累计投入建设资金近千亿元,区域内基础设施不断完善,建成区面积达75.7平方千米,将中心城市向西、北、南扩展,有力地拓展了中心城市的发展框架。同时,强化生态建设,发展社会事业,注重统筹发展,加强和谐创建,一个特色鲜明、功能完备、宜居宜业的城市新区正在日益崛起。

5. 体制机制的创新区

坚持"小政府、大社会"的管委会体制,尤其是开发区、现代服务业集聚区、国际商务区实行三区合署体制,充分发挥国家级开发区的体制机制优势,实现资源共享,强化精简高效、精干有力的发展格局,打造嘉兴经济社会发展的重要平台。

2.2.2 工业用地调查

1. 嘉兴市存量工业用地评估规划

1）规划内容

落实国土空间总体规划和相关专项规划要求,主动应对做好发展方向的呼应和空间资源的匹配。统筹整理工业土地,治理清退低效企业,推进工业用地"二次开发",推动低效工业土地全域治理。

开展全面摸底调查,将市级存量工业用地上图入库。对市区范围内70.54平方千米存量工业用地进行了全面梳理摸排。通过开展一"地"一梳理、一厂一调研工作,调查工业用地面积、建筑年代、市政设施、开发利用状况、投入产出水平、用途改变、产权登记和环境污染情况。

根据土地证所有权、厂房产权、税收效益和企业生产等情况进行定位、定量和分类上图。通过摸清底数、分清产权、评估效益,按照亩均增加值、容积率、配套设施、环保安全等指标建立"低散乱污"园区企业用地数据库,切实做到家底清、情况明、位置准、数量实。

2）成果形式

初步思路、中间成果、评审成果等各阶段交流成果按甲方要求提供。最终成果包括文字材料、规划设计图纸、PPT汇报材料。其中文字材料为《嘉兴市存量工业用地评估规划》,规划设计图纸具体包括区位图、现状图、管理单元划分图纸等,两者均须统一装订为20套A4规格软精装本的纸质版材料,而电子版材料则需按照相对应的格式提供2套(文字为doc格式,主要图纸为DWG格式,其他图纸为JPG格式)。

2. 工作历程

在项目启动中,市自然资源和规划局与各分局、部门的负责人进行了深入交流,确保项目目标和任务明确、责任到位。随着会议的圆满结束,项目正式进入实施阶段。具体工作历程如图2.1所示。

资料收集是整个项目的基础。为了确保数据的准确性和完整性,市自然资源和规划局与经济和信息化局、统计局、市委组织部等十多个部门进行了紧密对接。各分局及部门科室的资料收集工作有条不紊地进行,为后续的试点调研提供了坚实的数据支撑。

试点调研是项目推进中的关键环节。团队成员深入企业一线,通过实地走访、座谈交流等方式,深入了解企业的实际情况和需求。这种"解剖麻雀"的工作方法使得团队能够更加精准地发现问题,为后续的工作方案讨论提供了有力

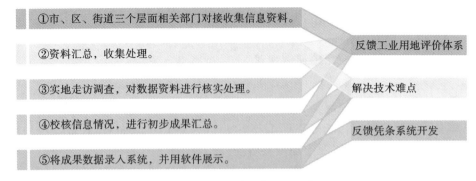

图 2.1 工业用地调查工作历程图

支持。

试点总结阶段,团队结合部门及实地入企调研数据,开展了数据录入工作。在汇总整理工作难点及初步成果的同时,团队还针对实际情况修正了指标体系和算法路径。经过三轮市自然资源和规划局及分局初步成果汇报工作,项目的推进方向更加明确,也为后续的工作奠定了坚实基础。

在指标反馈成果入库阶段,团队结合试点工作的开展情况,对三张清单、评价指标体系以及系统平台开发进行了全面总结。经济技术开发区试点经验的反馈,为项目的全面铺开提供了宝贵经验。同时,团队还同步完成了调查成果数据的系统平台录入工作,标志着项目取得了阶段性成果。

2.2.3 评价指标体系构建

1. 数据选择原则

1)数据权威性

在构建嘉兴市工业用地调查指标体系的过程中,选择正确和权威的数据源是至关重要的首要步骤。权威性原则确保研究的基础数据不仅准确无误,而且具有可信度,可以为后续分析提供坚实的基础。首先,数据权威性强调数据来源的重要性。一般而言,这类数据主要来源于市局各部门,如统计局、经济和信息化局、自然资源和规划局等,由上述部门负责收集、汇总和发布与嘉兴市工业用地相关的数据。其次,为了确保数据的权威性和精准性,必须进行充分的校核。校核过程包括对数据的来源进行验证,确保数据收集的方法科学,以及对数据的真实性和可靠性进行评估。这一过程可能涉及对比不同来源的数据,分析数据收集的时间点和方法,以及评估数据发布机构的信誉和权威性。权威性高的数据能够提供更为准确的工业用地现状分析、趋势预测和政策建议。同时,使用经过校核的权威性数据还能增强报告的说服力,使报告的结论和建议更容易被政府部门、企业以及其他利益相关者接受和采纳。总之,数据权威性原则是嘉兴市工业用地调查及指标体系构建研究的基石,保证研究工作从一个坚实可靠的数据基础出发,为后续的分析和结论提供有力的支撑。

2)数据可获取性

可获取性要求在构建嘉兴市工业用地调查及指标体系时,所选数据在可靠和权威之外,也应当是容易获得和可动态追踪的。这意味着在选取数据时,必须确保数据来源具备公开、透明和易于接触的特征。这不仅涉及数据的初次获得,而且要求在整个项目周期内任何时候需要验证、更新或是深入分析时数据访问都具有可能性。数据的可获取性对于确保项目顺利推进至关重要。首先,它使项目团队能够迅速地访问和使用数据,避免在数据收集阶段潜在的时间延误危机。其次,数据来源可追踪有助于提升整个调查工作的透明度和群众信任度,所有利益相关者均可验证数据的来源,理解数据背后的收集和处理方法,从而对研究成果和建议措施持更加肯定的态度。实现数据可获取性的关键策略包括利用公开数据库、政府发布的报告、行业研究以及与行业内部专家和机构的合作。此外,采用先进的数据收集技术,如云存储和区块链,可以进一步确保数据的可访问性和可追溯性,从而为研究提供一个坚实和可靠的数据基础。

3)数据重要性

数据重要性原则在嘉兴市工业用地调查指标体系构建中扮演核心角色,其关键在于保证所选数据与评价体系之间存在直接相关性,从而保证评价的科学性和有效性。换句话说,每一项数据的选择都应当基于其对于整体研究目标的贡献度,确保所选数据对于理解、评价和优化嘉兴市的工业用地策略具有直接且明显的意义。在实操过程中,研究团队需要深入分析哪些指标最能反映嘉兴市工业用地使用的现状、趋势,以及潜在的发展机会和挑战。通过识别例如土地利用效率、工业产出比等关键指标,研究团队能够聚焦于最具影响力的数据,从而提高评价体系的针对性和实用性。进一步来说,数据重要性原则还要求研究团队在数据收集和分析过程中,能够持续评估数据的相关性和贡献度,相关部门和研究人员需要定期回顾和调整所采用的指标,确保它们仍旧紧密地与评价体系的目标对齐。此外,随着研究进展和外部环境的变化,某些数据的重要性可能会上升或下降,因此,灵活地调整数据选择以适应这些变化是确保评价体系科学性和实时性的关键。总体而言,通过将数据重要性作为选择原则之一,研究人员能够确保工业用地调查的指标体系构建既专注于最关键的评价维度,又能够灵活应对研究过程中出现的新情况和挑战,从而为决策提供更加准确和有价值的信息。

2. 数据概况与算法逻辑

嘉兴市的工业用地调查项目通过广泛而深入的数据收集工作,涵盖宗地信息、开发强度信息、企业信息、合同履约信息、建筑物信息、空间规划信息、投入产出信息及安全风险信息等 8 个维度,收集数据总计 129 项。上述数据的全面收集在体现调查深度和广度的同时,确保项目分析的全面性和多角度考量性,从而为嘉兴市工业用地的评估与发展规划提供坚实的数据基础。随后,这些数据经过细致的研判和筛查,被策略性地二次分类为基础项数据(53 个)、附加项数据(40 个)和暂缓收集项数据(36 个)。此举基于数据的重要性、可用性及对当前研究阶段的贡献度,不仅对资源分配做出优化,同时对调查工作的效率和针对性进行提升。通过这样的方法论,项目团队能够在聚焦对嘉兴市工业用地评估与决策最为关键的数据的同时,保留对附加数据的考量余地,为未来调查方向的深入挖掘留出必要空间。

基础项数据的选取和应用是为了直接支撑数据上图和指标体系评价的需要。基础项数据之中包含 8 个"一票否决"指标,作为评价体系中至关重要的部分,它们具有直接决定某个项目是否能够继续进行或一个特定的工业用地是否符合设立和发展的标准的能力,其特殊作用不言而喻。这一机制设置有助于确保评价过程的严格性和公正性,表现出嘉兴市政府对于特定关键性条件的不妥协。附加项数据作为补充角色,为基础项数据提供必要的信息填充。在基础项数据已经满足基本评价需求的情况下,附加项数据可作为备选或补充,丰富和深化评价内容。附加项数据在必要时可以提供额外的信息支持,帮助解释或验证基础评价结果,增加评价过程的深度和广度,使得整体的评价体系更加全面和细致。暂缓收集项数据的特点在于数据权威性高但采集难度大。这表明,尽管这部分数据对于全面了解和评价嘉兴市工业用地具有重要价值,但由于数据获取的复杂性,可能需要花费大量额外的时间和资源来对此类数据进行收集和处理。这种分类方法考虑到实际操作中的可行程度和效率优化,使得研究团队可以优先处理那些更容易获取和分析的数据,同时不忽视长期收集过程中可能获得的深入见解。

嘉兴市工业用地评价体系的构建过程采用一种高度结构化和层次分明的方法,将 X 个基础项数据整合为 Y 个基础指标项,并通过特定算法形成多级评价结果(图 2.2)。算法的核心在于多级"指标仓"体系的构建,它自上而下依次包括"一票否决"/"一级指标仓""二级指标仓""三级指标仓"等,其中级别的数量根据实际需求决定。这样的结构化安排允许对工业用地的评价进行细化和分层,使得评价结果更加精确和有针对性。在实际应用中,特定的算法将被用于处理和分析通过这些多级指标仓筛选和加权的数据,以生成嘉兴市工业用地的评价结果。这种算法的设计和应用是评价体系的关键,它需要能够处理复杂的数据关系,同时保持足够的灵活性以适应不同评价需求和更新的数据输入。

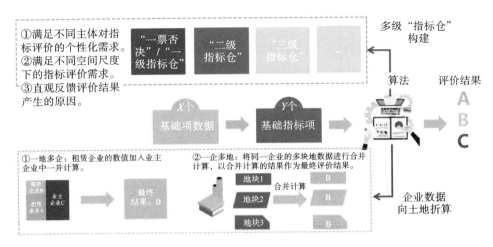

图 2.2 指标体系算法逻辑

多级"指标仓"的构建体现出管理者对评价体系设计的深思熟虑,为确保评价过程的适应性和灵活性,"指标仓"设置应满足三个原则。第一,满足不同主体对指标评价的个性化需求。考虑到不同的利益相关方(比如政府部门、开发商、环保机构等)可能对于工业用地的评价有着不同的侧重点和需求,通过设置多级指标,可以为这些不同的利益主体提供定制化、多元化的评价结果,从而保证各方关切均得到充分考虑。第二,满足不同空间尺度下的指标评价需求。工业用地的评价可能需要从宏观到微观多个层面进行考察。例如,宏观层面更为关注整体的土地利用效率和环境影响,而微观层面则侧重于特定用地的建设标准和运营安全。多级"指标仓"能够提供从宏观到微观不同尺度的评价工具,以满足工业用地评价的综合需要。第三,直观反馈评价结果产生的原因。通过明确地将评价结果与对应的指标层级关联起来,可以使评价结果的解读变得更加直观,有助于识别导致特定评价结果的具体因素,便于采取相应的优化措施。

企业数据向特定地块折算的过程可以分为两种情况进行考虑。在"一地多企"的场景中,评价体系考虑到单个地块可能同时由多家租赁企业共享使用。这种共享使用情况在工业用地评价中并不少见,且对数据处理提出了特别的要求,即所有在该地块运营的租赁企业的数据必须汇总并加入地块的业主企业数据中,以便于综合反映地块的总体运营状况。对于"一企多地"的场景,即单个企业管理或运营多个地块的情况,评价体系的目的转变为理解和衡量一个企业在整个城市范围内的土地利用效率。为此,需要对企业在不同地块的运营数据进行综合收集并将这些数据合并计算,最终形成一个代表企业整体土地利用效率的评价结果,在简化数据处理的同时,使得评价结果能够全面反映企业在不同地块的运营情况,已成为对企业广泛运营能力的综合评估。总之,通过这样精心设计的数据处理流程,嘉兴市工业用地评价体系能够有效应对复杂多变的企业－土地利用模式。评价结果不仅有助于提供对单个地块或企业的深入洞见,而且在更大的范围内,通过反映不同企业和地块之间的互动,为实现资源的优化配置和土地的高效利用提供可能性。

3. 五大指标体系

嘉兴市工业用地调查和评价指标可被细化为五大类,具体包括投入产出评价指标体系、开发强度评价指标体系、履约评价指标体系、国土空间规划适宜性评价指标体系和安全风险评价指标体系。

1)投入产出评价指标体系

投入产出评价指标总计29项,包括基础项指标8项、附加项指标8项、暂缓收集项指标13项。

(1)基础项指标

基础项指标从不同角度描绘了企业和工业用地的经济、环境和社会绩效,共同构成了一个综合评价企业及其土地利用效率的多维度框架。作为数据上图指标体系评价的基石,它们的评定结果将直接影响到工业用地的综合评价成绩。基础项指标的内涵阐释如下。

①亩均税收。作为投入产出评价指标之一,亩均税收对于衡量工业用地的财政贡献至关重要。每亩土地所能创造的税收总额是政府衡量该地块经济活动效益和土地利用效率的重要参数。较高的亩均税收意味着较高的经济产出和企业的良好盈利能力,它可以激励地方政府优化土地规划和产业布局。

②单位能耗工业增加值。作为在单位能源消耗下所产生的工业经济价值的揭示指标,单位能耗工业增加值是评估企业节能减排水平、推动能效提升和可持续发展战略的重要依据。低能耗、高产出是工业发展的理想状态,表明企业能在消耗最少资源的前提下创造最大经济价值。

③研发经费占主营业务收入比重。这一比重能直观反映企业对创新和研发的投资强度和重视程度。企业的研发投入是推动技术进步和维持竞争优势的关键,这个比例的高低通常与企业的长期发展潜力密切相关。它不仅能促进产品和服务的创新,而且构成企业应对市场变化和行业挑战的基础。

④全员劳动生产率。这是一个衡量员工平均产出效率的指标,较高的劳动生产率通常意味着企业的员工能力强、生产管理有效和技术水平高。它能为评价企业的人力资源管理、操作效率和员工激励机制提供重要的视角。

⑤亩均工业增加值。这一指标反映土地资源在工业生产中的产出效率,直接关系到土地资源的合理配置和产业升级。较高的亩均工业增加值表示在有限的土地资源上能创造更多的经济价值,这对土地资源紧张的城市显得尤其重要。

⑥单位排污权工业增加值。这一指标聚焦于环境成本对经济增长的影响,强调在符合环保标准的前提下企业所能创造的经济价值,促使企业更加注重清洁生产和污染控制,推动企业在实现经济增长的同时减少对环境的负面影响。

⑦人才项目。在知识经济时代,企业的竞争优势很大程度上取决于对高技能人才的培养和吸收。通过人才项目的成功实施,企业可以增强其创新能力和市场适应性。

⑧上市股改。这一指标反映了企业治理结构和资本运作的成熟度,通常意味着企业管理层面的透明度提升和市场化改革的深入。这一过程有助于企业获得资本市场的资金支持,为企业的扩张和持续发展提供动力。

(2)附加项指标

附加项指标在基础数据已足够支撑评价时提供更多的信息和维度,在投入产出评价指标体系中同时揭示企业的当前表现、市场竞争力和未来发展潜力,具体指标和代表含义如下。

①耗电量。作为工业活动的基本输入之一,耗电量提供企业生产活动规模和能源效率的信息。耗电量的多少能够指示出企业在生产过程中的能源消耗水平,对于衡量企业在节能减排和绿色发展方面的表现具有显著意义。在评价体系中,耗电量的优化指向企业如何有效利用资源,提高能效,减少环境足迹。

②工业增加值。这一指标是指在生产活动中所创造的价值,扣除原材料成本和服务消耗后的净输出,是衡量企业生产效率、盈利能力和产出效益的重要指标。工业增加值的高低能直接反映企业在将原料转化为成品过程中的增值能力,为政策制定者和投资者提供企业价值和成长潜力方面的参考。

③营业收入。这一指标是指企业在正常运营活动中产生的总收入,它是企业规模和市场影响力的重要体现。在投入产出评价指标体系中,营业收入的大小能够揭示企业在市场中的竞争地位和行业内的影响力,同时也反映出企业产品或服务的市场接受度。

④近三年的绩效评价结果(具体包括2019年、2020年、2021年测定类别和分数)。这一指标能够展示企业在连续几个会计年度的综合表现趋势。这些数据有助于揭示企业业绩的稳定性和发展趋势,是理解企业长期发展轨迹和预测其未来表现的重要依据。绩效评价结果分析对于投资者、管理者和决策者来说是制定策略和改进措施的关键参考。

⑤实缴税收总额。作为反映企业为政府财政所作贡献的直观指标,实缴税收总额测度企业在特定会计期间向政府实际缴纳的税款总和,是衡量和评估企业经济活动规模和盈利能力的重要指标。

⑥亩均技改强度。这一指标是指在单位工业用地上进行技术改造的投入

强度,其反映企业在技术升级和创新方面的投资力度,是企业提升产品竞争力、降低生产成本和提高生产效率的表现。在投入产出评价指标体系中,亩均技改强度是评估企业未来潜力和可持续发展能力的重要因素。

(3)暂缓收集指标

投入产出评价指标体系中的暂缓收集项指标具体包括污染物排放、创新培育主体、发明专利、单位排放增加值、研发投入、亩均销售、人才当量密度、示范企业和重点项目、研发机构建设、单位碳排放增加值、单位电耗税收、质量品牌以及当年度完成技改投资。

上述数据的收集和整理交由嘉兴市经济和信息化局牵头负责。在对企业进行分类的基础上,经济和信息化局按照企业规模——规上和规下企业——提供不同的指标集以供分析对比。对规上企业,即年主营业务收入达到规定标准以上的企业,由于其对经济的贡献较大,因此收集的数据指标更为全面。这些指标包括单位的详细名称、所在地域、统一社会信用代码、行业分类代码、2020年的税收实际贡献、不含延缴的税收、主营业务收入、工业增加值、研发投入金额、能耗总量、排污权持有量以及从业人员人数等总计12项,由此深入了解规上企业在财务、运营、创新、环境责任和人力资源方面的具体情况,以便进行细致的评价和决策分析。对规下企业,即年主营业务收入未达到规定标准的企业,经济和信息化局提供的数据相对简单,主要包括单位的详细名称、所在地域、统一社会信用代码、行业分类代码、2020年的税收以及国土面积等6项指标,反映出对规下企业的基本财务和土地使用情况的关注,虽然数据量较小,但仍提供了评估其经济贡献和土地利用效率的必要信息。

整体来看,经济和信息化局提供的数据相对权威,较为准确。由于部分企业存在分公司,所以存在实际宗地面积与测算土地面积不一致的问题。针对数据不一致的情况,嘉兴市随即展开工业用地面积实地调研,特别是针对凯米光学(嘉兴)有限公司。经济和信息化局的数据显示,凯米光学的亩均测算土地面积为64.63亩(约43087平方米),但国土部门提供的不动产发证面积(工地批准土地面积)和实际土地面积均为30.3亩(20200平方米),明显小于经济和信息化局的数据。在深入调查后,有关部门了解到凯米光学除了拥有的两宗地,还租赁了其他厂房,面积共有2100平方米,约合3.15亩。这使得其总使用面积累计至60.5亩(约40333平方米),与经济和信息化局提供的数据相差4.13亩(约2753平方米),大致可以持平。可见细致的核实工作对于确保土地面积数据的准确性非常必要,因为它直接关系到土地资源的有效管理和规划。

投入产出评价指标体系的具体评价方法如图2.3所示。首先,评价体系根据企业的多个特定指标进行数据收集,具体指标选取如前所述。其次,工业企

图 2.3　投入产出评价指标体系评价方法

业绩效的综合评价结果以企业的各指标值与指标基准值之比和权重的乘积之和为基础,将其值与相应加减分的总和作为工业企业的最终绩效。特别地,在权重配置中,规上企业和规下企业有不同的标准。对规上企业,亩均税收的权重为 0.25～0.3,单位能耗工业增加值的权重为 0.05～0.15,研发经费占主营业务收入比重的权重为 0.1～0.2,单位排污权工业增加值的权重为 0.1～0.2,亩均工业增加值的权重为 0.25～0.3,全员劳动生产率的权重为 0.05～0.1。对规下企业,仅考虑亩均税收这一项指标,因此亩均税收的权重值取为 1。在投入产出评价指标体系评价方法中,考虑人才项目和上市股改两个加减分项。对于人才项目,企业在近三年内引育人才申报入选"两院"院士或相当级别人才(由市委人才办认定,下同)、国家级引才计划或相当级别人才、浙江省引才计划或相当级别人才、市领军人才或相当级别人才的,分别加 6 分、4 分、2 分和 1 分;对于上市股改,上市(挂牌)加 1 分,资本市场股改加 0.5 分,规范性股改加 0.3 分,新设股份或一般性股改加 0.2 分。此后,将企业数据向土地折算,特定地块的折算过程和操作方式如前文所述。

在这一评价结果的框架下,嘉兴市将规上企业和规下企业按照总得分自高而低进行排序,并根据排名的百分比将其分成 A、B、C 三个等级。对于规上企业,A 级代表总得分位于前 15% 的企业,这个等级的企业具备优秀的经济、社会和环境影响,在多个评价指标上均有出色的表现,其综合效益和贡献在所有规上企业中属于顶尖水平。B 级包含总得分位于 16%～90% 的企业,这是一个较宽的范围,覆盖全部中上至中下表现的规上企业,显示这些企业在综合评价中的中等地位。C 级则是总得分位于 91% 以下的规上企业,这些规上企业在评价体系中的表现相对较差,可能需要在某些关键的评价指标上进行改进。对于规下企业,评价标准更为严格。A 级仅为总得分位于前 5% 的企业,这表明只有极少数表现卓越的中小企业能够达到这个等级,它们在相应的指标上表现得非常出色。B 级是总得分位于 6%～80% 的企业,大部分规下企业在此级别,反映规下企业的整体水平。C 级则是总得分位于 81% 以下的企业,以此标识需要进一步提高的规下企业。值得注意的是,一旦亩均税收未达到基准值,无论其他指标表现得如何优秀,均不被允许列入 A 级,反映出税收贡献对经济效益评估的关键作用。2020 年执行的各指标标准(即基准值)如表 2.1 所示。

表 2.1 投入产出评价指标基准值(2020 年)

指标	单位	基准值
亩均税收	万元	46
亩均工业增加值	万元	220
单位能耗工业增加值	万元	2.5
研发经费占主营业务收入比重	%	4
单位排污权工业增加值	万元	700
全员劳动生产率	万元/(人·年)	40

注:规下工业企业亩均税收标准按照实际排序决定。

2)开发强度评价指标体系

开发强度评价指标总计 8 项,据其含义可分为投资强度信息指标、容积率信息指标和其他信息指标三类,总共包括基础项指标 6 项、附加项指标 1 项、暂缓收集项指标 1 项。

(1)投资强度信息指标

投资强度信息指标包括固定资产投资强度(不含土地出让金)和技术改造投资两项指标,两者均为基础项指标。

①固定资产投资强度。这一指标具体包括厂房、设备以及地价款。其中,厂房和设备的投资额是按照项目建成并进入正常生产时的建造和购置成本计算,它能反映企业为保持生产运营所做的长期资本支出。地价款则是根据土地合同中约定的成交金额进行计算的,其代表企业获取土地使用权所做的一次性支付。需要注意的是,本次评价的固定资产投资不包括土地出让金。

②技术改造投资。这一指标亦称"更新改造投资",指的是企业为更新固定资产或进行技术改造所投入的资金,包括购买新设备、升级现有设备或引入新技术以提高生产效率和产品质量所进行的投资。

根据统计部门的分类资料,固定资产投资和技术改造投资通常分为三个部分来统计,即计划总投资额、自项目开始建设以来累计完成的投资额以及在统计年度内完成的投资额。

(2)容积率信息指标

容积率信息指标包括容积率、容积率省控制行业上限和容积率省控制行业下限三项指标。其中,容积率和容积率省控制行业下限为基础项指标,容积率省控制行业上限为附加项指标。

①容积率。这一指标是城市规划和建筑设计中的基本概念,其衡量的是建筑物的总建筑面积与其占用的土地面积之间的比例关系,是一个直观地反映项目土地空间利用效率的指标。具体来说,容积率高,表示土地利用强度高;相反,容积率低,则表示土地利用较为粗放。然而,对于城市建设而言,容积率并非越高越好。容积率的基本计算公式是项目总建筑面积除以项目总用地面积。其中,项目总建筑面积按城市规划有关建筑面积的计算规则计算,项目总用地面积是指项目用地红线范围内的土地面积。在容积率的计算过程中,有一些特殊规定需要注意。例如,如果建筑物的层高超过了8米,那么在计算容积率时,该层建筑面积需要加倍计算。

②容积率省控制行业上限/下限。设定容积率的控制限额目的在于确保工业用地开发强度的适宜性,让工业用地既不过于密集,也不过于稀疏。上限是为了防止建筑过于密集,影响城市的通风、采光、美观以及居民的生活质量。下限则是为了避免土地资源浪费,确保土地利用效率。嘉兴市工业用地开发强度评价的行业控制容积率获取遵循以下步骤:首先根据市场监督管理局经营范围划分特定工业企业所属的行业;其次参照《浙江省工业等项目建设用地控制指标(2014)》获取分行业控制容积率,例如农副食品加工业的容积率下限为1.0,纺织服装、服饰业的容积率下限为1.2,而石油加工、炼焦和核燃料加工业的容积率下限为0.5。

(3)其他信息指标

其他信息指标包括空置厂房建筑面积、单位GDP耗地量和用而未尽面积,其中空置厂房建筑面积和用而未尽面积属于基础项指标,单位GDP耗地量属于暂缓收集项指标。

①空置厂房建筑面积。这一指标是衡量工业用地利用效率的直接指标。较高的空置率可能表明土地资源的浪费,或者工业区的规划超出了市场需求。从经济角度看,长期的空置还可能导致资本固化,增加企业的运营成本。嘉兴市工业厂房空置率采取实地入企调研方法,有助于精确识别"一地多企"等复杂情况,充分保证调研数据的准确性和可用性。

②单位GDP耗地量。这一指标表示产生单位国内生产总值所需要的土地面积。作为衡量经济发展与土地利用关系的宏观指标,单位GDP耗地量越大,土地利用效率越低,经济产出相对于土地投入较少;反之,单位GDP耗地量越小,土地利用效率越高。对于追求可持续发展的城市规划和土地管理来说,减少单位GDP耗地量是一个重要目标。

③用而未尽面积。这一指标指的是已经开发但尚未充分利用的土地面积，可能包括已经建设但未完全使用的建筑物或土地，有助于反映土地资源的实际利用情况。用而未尽土地可能是由于规划调整、市场变化或其他经营决策导致的，其对于评估土地使用效果和指导土地资源的再开发具有实际意义。

开发强度评价指标体系的具体评价方法与投入产出评价指标体系的评价方法类似，具体如图2.4所示。首先，评价体系从企业的多个特定指标进行数据收集，具体指标选取如前所述。其次，工业企业绩效的综合评价结果以企业的各指标值与指标基准值之比和权重的乘积之和为基础，将其值与相应加减分的总和作为工业企业的最终绩效。在权重配置中，开发强度评价指标体系评价方法不区分使用土地的企业类型，统一设置固定资产投资强度权重为0.75，容积率权重为0.25。在加减分方案中，考虑技术改造投资、空置厂房建筑面积和用而未尽面积三项指标。对有技术改造投资情况的，在总得分中增加行业平均分的10%；对有空置厂房情况的，总得分扣除行业平均分的10%；对有用而未尽土地情况的，总得分扣除行业平均分的10%。此后，将企业数据向土地折算，特定地块的折算过程和操作方式如前文所述。

图2.4　开发强度评价指标体系评价方法

在这一评价结果的框架下，嘉兴市将全部地块总得分自高而低进行排序，并根据排名的百分比将其分成A、B、C三个等级。A级代表总得分位于前15%的企业，这个等级的企业具备较高的土地利用强度，其土地资源配置效率在所有地块中属于优秀水平。B级包含总得分位于16%~90%的地块，作为一个较宽的范围，覆盖全部中上至中下表现的地块，显示其在土地开发强度评价中的中等地位。C级则是总得分位于91%以下的企业，这些企业在评价体系中的表现相对较差，需要改变其粗放的土地利用模式，适当提高土地利用效率。值得注意的是，只要固定资产投资强度和容积率这二者之一未达到基准值，无论其他指标表现如何优秀，均不被允许列入A级；只要企业存在技术改造投资，其所占地块无论其他指标表现如何，均不再列入C级。2020年执行的各指标基准值根据细分行业决定，参考文件包括自然资源部《工业项目建设用地控制指标》《浙江省工业等项目建设用地控制指标2014》《嘉兴市工业用地经济技术指标研究》和《嘉兴市城市规划管理技术规定》。

3) 履约评价指标体系

履约评价指标总计28项，根据工业用地类型可分为土地出让合同约定信息指标和标准地合同约定信息指标两大类，总共包括基础项指标16项、附加项指标3项、暂缓收集项指标9项。

嘉兴市工业用地土地管理和规划根据宗地的开发条件和基础设施配套情况，将其划分为"标准地"和"非标准地"两大类，以此规范土地市场，优化土地资源配置，确保土地使用的高效性和合理性。"标准地"通常指的是在国土空间规划内，已经明确划定为城镇开发边界范围内并具备供地条件的可出让国有建设用地。这些国有建设用地在新建工业项目前，必须完成如下一系列准备工作：首先是区域评价，即对特定国有建设用地进行必要的环境评价和市场评价等，以评估土地使用的可行性和效益；其次是设定控制指标，明确土地使用的各种控制性指标，如容积率、建筑密度、绿地率等；最后是基础设施条件保障，确保相应国有建设用地已经具备完备的基础设施，如通水、通电、通路、土地平整等，从而确保项目可以顺利动工开发。相对地，"非标准地"则是尚未完成上述所有准备工作的土地区域，这些土地可能位于城镇开发边界之外，或虽然位于城镇开发边界之内，但基础设施配套尚未完善，无法立即进行开发。对于投资者和开发商而言，选择"标准地"通常能够降低项目前期的准备工作量，加快开发进程，并且降低一定的开发风险。同时，"标准地"的配套基础设施齐全，有助于吸引企业入驻，促进区域经济发展。

"标准地"模式在国土空间规划和工业用地管理中扮演着重要角色，其核心在于通过区域评价和控制性指标的双重筛选，确保土地出让和后续开发活动符合可持续发展的要求。区域评价作为预先的筛查机制，涵盖了对该区域环境容量、资源承载力和文化遗产保护等多方面的综合评估。这一过程不仅评价土地使用的生态影响，同时考量土地开发可能对地区防洪、排涝等公共安全方面的影响，以及土地开发对于地下矿产资源的潜在影响。在区域评价的基础上，控制性指标的设定为土地利用提供明确的量化标准，如固定资产投资强度、亩均税收、单位能耗标准、单位排放标准和容积率等。这些指标具体量化土地利用的经济效益、能源效率和环境影响，指导企业合理规划投资和生产活动，帮助政府部门监管和引导土地资源的高效合理使用。

(1) 标准地履约评价指标体系

嘉兴市标准地出让始于2018年，自此之后，部分宗地开始按照标准地进行出让。在履约评价指标体系中，标准地合同约定信息指标包括基础项指标8项（约定亩均税收、实际亩均税收、约定单位能耗增加值、实际单位能耗增加值、约定单位排放增加值、实际单位排放增加值、约定亩均投资、实际亩均投资)和暂缓收集项指标4项(约定固定资产投资强度、实际固定资产投资强度、约定研发经费占主营业务收入比重、实际研发经费占主营业务收入比重)。可见,对于履约评价体系而言,约定指标与实际指标的对比起着至关重要的作用,它们既是评价企业是否遵守合同的手段,也是衡量企业经营绩效和土地利用效率的重要方法。其中,基础项指标概念和内涵如下。

①约定/实际亩均税收。约定亩均税收是企业在取得土地使用权时,基于其业务模型和市场预测所作出的每亩土地预期税收贡献承诺。这一承诺往往与地方政府的财政收入目标和区域经济发展计划密切相关。实际亩均税收则体现土地实际财政贡献,它能够反映企业的财务健康状况以及企业所在区域的商业活力。税收的实际数额若与约定数额存在较大偏差,可能需要政府或企业进一步探究原因,如市场动态变化、企业经营策略调整或行业发展趋势影响等。

②约定/实际单位能耗增加值。约定单位能耗增加值描述的是企业在土地购置协议中承诺的单位能源消耗下预期能创造的经济价值,其衡量企业预计的能效和生产效率。实际单位能耗增加值则基于企业实际运营数据计算得出,反映企业在实际能源消耗情况下的经济产出。约定单位能耗增加值与实际单位能耗增加值的对比可以揭示企业在能源使用上的效率变化。当前,随着绿色经济政策的推行和节能减排标准的日益严格,单位能耗增加值指标的重要性更为凸显。如果实际单位能耗增加值超出了约定单位能耗增加值,则表明企业需要在能源管理和生产工艺上进行优化。

③约定/实际单位排放增加值。约定单位排放增加值指的是企业在土地出让时对环保承诺的一部分,即在创造单位经济增加值时预计的最大排放量,通常与环境保护标准和企业的绿色承诺相关。相对应地,实际单位排放增加值则是企业在实际经营活动中单位经济产出所伴随的环境排放量。类似地,约定单位排放增加值与实际单位排放增加值的关系向政府和公众展示了企业对环保的承诺是否得到了落实。这不仅涉及企业是否遵守法律法规,也关系到企业的社会责任和公众形象。

④约定/实际亩均投资。约定亩均投资与实际亩均投资分别表示企业在土地开发初期所承诺的每亩土地的投资额和实际的每亩土地投资额。约定亩均投资与实际亩均投资的比较可有效反映企业在项目实施过程中的资金管理能力。资金是否得到有效利用以及投资是否达到预期的发展目标都是评估企业财务管理成功与否的重要指标。实际亩均投资低于约定亩均投资,可能表明项目执行效率高,或者表明项目在实施中存在节约成本的空间;而实际亩均投资高于约定亩均投资,则可能意味着项目成本超支,或者是因为市场变化出现额

外的投资机会。

标准地履约评价指标体系的具体评价方法如图2.5所示。首先,评价体系构建两级"指标仓"。其中,"一票否决"指标仓由是否按期开工竣工、是否存在闲置土地和是否未按期缴纳土地出让金三项指标构成,二级指标项由容积率是否达标、亩均税收是否达标、亩均投资是否达标、单位排放增加值是否达标和单位能耗增加值是否达标五项指标构成。关于土地闲置的认定可遵循以下标准:第一,在取得建设用地批准文件以后,连续满1年或者超过1年未动工开发建设的;第二,超过土地使用权出让合同约定的动工开发日期1年(含1年)未动工开发建设的;第三,已动工开发建设,但开发建设的面积占应开发建设总面积不足三分之一的或者已投资额不足25%,且未经批准终止开发建设1年以上(含1年)的。相关部门根据上述指标进行工业用地各宗地数据收集。此后,将合同履约综合评价结果向土地折算,特定地块的折算过程和操作方式如前文所述。履约评价同样将工业用地分为A、B、C三个等级,但分级方式较投入产出评价指标体系和开发强度评价指标体系有所不同。在履约评价指标体系评价方法中,倘若"一票否决"指标仓内指标存在至少一项不达标,直接认定为C级;倘若"一票否决"指标仓内指标全部达标,但二级指标项内存在至少一项不达标,则认定为B级;倘若"一票否决"指标仓和二级指标项内全部指标均达标,方可最终认定为A级。

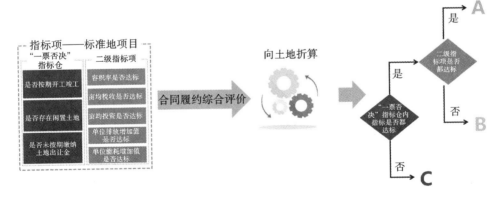

图2.5 标准地履约评价指标体系评价方法

(2)非标准地履约评价指标体系

对非标准地的履约评价采取另一套体系,根据土地出让合同约定信息相关指标评估。土地出让合同约定信息相关指标包括基础项指标8项(约定容积率、实际容积率、约定开工时间、实际开工时间、实际开工期限、约定竣工时间、实际竣工时间、开发建设期限)、附加项指标3项(出让金金额、出让合同电子监管号、出让时间)和暂缓收集项指标5项(约定投入、实际投入、约定产出、实际产出、是否有违反控制性指标行为)。

①基础项指标的内涵和意义如下。

a.约定/实际容积率。约定容积率是在土地开发前,根据土地使用规划和建筑设计预设的总建筑面积与总土地面积的比值。它反映项目预期的土地使用强度和开发密度,通常用来确保开发项目与城市规划协调一致,防止过度建设或资源浪费。实际容积率则是在建设完成后实际测量得出的数据,显示出项目实施中土地利用的真实情况。如果实际容积率大幅低于或超过约定容积率,可能意味着项目实施与原计划有偏差,或者在建设过程中遇到预料之外的挑战。

b.约定/实际开工时间。约定开工时间指土地使用合同中商定的项目动工日期,其通常是项目进度计划的起始点。实际开工时间则是项目实际开始施工的日期。开工时间的延误可能会影响整个项目的进度,增加成本,并且可能影响开发商的信誉和合同的履行。

c.实际开工限期。这一指标通常指从实际开工日期开始到项目实际进入建设状态所经历的时间长度,表示项目启动的效率。

d.约定/实际竣工时间约定竣工时间是合同中规定的项目完工日期,它是衡量项目进度和效率的一个重要时间节点。实际竣工时间则是项目实际完工的日期,如果这一日期早于或符合约定竣工时间,则意味着项目提前完成或按时完成。

e.开发建设期限。这一指标是指项目从开工到竣工的整个时间跨度,包括施工和所有其他必要活动的时间。这个期限内的时间高效利用是项目成功的关键。在工业用地履约评价中,这些时间节点和期限的对比用于评价项目的进度管理能力和开发效率。它们对于确保项目符合规划目标、最大化投资回报、避免不必要的延误成本以及促进区域经济发展具有重要的意义。遵守约定时间表不仅关系到开发商的商业信誉,也可能涉及合同的法律责任。

②附加项指标主要用于确保工业用地出让交易的透明性,其具体内涵和意义如下。

a.出让金金额。这一指标是指企业为获取工业用地的使用权而支付给政府的费用。这个金额通常基于土地的位置、大小、预期用途和市场条件来确定。出让金金额的大小不仅反映土地市场的价值,并且能体现企业对于未来项目的财务承诺。在履约评价中,出让金金额是衡量企业资金实力和项目投资意愿的一个指标,也是政府财政收入的重要组成部分。

b.出让合同电子监管号。这一指标是一个独特的识别码,用于跟踪和管理土地出让合同。这个电子监管号保证合同信息易于获取和不可篡改,从而提高土地管理的效率和透明度。在履约评价中,通过出让合同电子监管号,相关监管机构能够方便地访问合同内容,监督企业是否遵守合同规定,进而评价企业的履约情况。

c. 出让时间。这一指标指的是土地使用权交给企业的具体日期。这个时间点标志着企业开始对土地进行开发建设的权利和义务。在工业用地履约评价中,出让时间是评价企业按时开工和竣工的基准点。从出让时间开始,企业需在合同规定的期限内完成土地开发和项目建设,以确保履行合同承诺,促进区域经济发展。

非标准地履约评价指标体系的具体评价方法如图 2.6 所示。首先,评价体系构建重点确定土地开工竣工情况和容积率是否达标两大评价方向。相关部门根据前文所述指标进行工业用地各宗地数据收集。此后,将合同履约综合评价结果向土地折算,特定地块的折算过程和操作方式如前文所述。履约评价将工业用地类似地分为 A、B、C 三个等级,倘若全部指标项均不达标,则直接认定为 C 级;倘若全部指标项中有一项不达标且至少有一项达标,则认定为 B 级;倘若指标项内全部指标均达标,方可最终认定为 A 级。

图 2.6　非标准地履约评价指标体系评价方法

4) 国土空间规划适宜性评价指标体系

国土空间规划适宜性评价指标总计 7 项,包括基础项指标 6 项[是否处于国家、省、市批准的开发区范围内,是否符合土地利用总体规划用途,相邻地块现状用途(是否满足邻避要求),是否处于市政府批准的产业平台范围内,是否符合国土空间规划详细用途,是否符合园区业态]和暂缓收集项指标 1 项(是否纳入"低散乱污"整治提升专项规划),评价过程并未涉及附加项指标。其中,各项基础项指标的内涵和意义如下。

(1) 是否处于国家、省、市批准的开发区范围内

此指标对土地是否位于国家和地方政府认定及支持的开发区内作出核实。开发区的设立以促进特定经济活动、吸引投资、促进就业和技术发展为目标。土地位于开发区内，意味着相应工业项目将享有政策支持和优惠条件，有利于项目的顺利推进和成功实施。

(2) 是否符合土地利用总体规划用途

此指标检查确保土地的预定开发用途与区域或城市的总体规划保持一致。符合总体规划的项目更易获得规划和建设的批准，项目的合法性得以保障，同时有助于维持城市发展的整体协调性和功能区的合理布局。

(3) 相邻地块现状用途（是否满足邻避要求）

考虑到工业开发可能对周围环境造成的影响，此指标评估工业项目是否考虑到对周边居民和环境的潜在影响，进而确保工业用地与周边地块的兼容性，防止不适宜的工业活动靠近敏感区域，如学校或医院。满足邻避要求有助于保证居民的生活质量，避免环境污染和社区冲突。

(4) 是否处于市政府批准的产业平台范围内

此指标验证土地是否位于市政府推动下的特定产业平台内，这类平台通常旨在发展特定产业链，促进技术创新和产业升级。项目的定位与所在产业平台的目标一致，能够更好地整合资源，提升区域的产业竞争力。

(5) 是否符合国土空间规划详细用途

此指标旨在核实工业项目是否与更为具体的国土空间规划相契合，审查包括土地利用分类、开发强度等基本规划要求。符合细化规划有助于确保土地资源的高效利用，避免资源浪费和生态环境破坏，促进土地使用的科学性和合理性。

(6) 是否符合园区业态

园区业态指标检查项目是否与所在工业园区或产业园区的整体产业定位和业态规划相符。与园区规划一致的项目更容易融入园区的整体发展框架中，实现资源共享，促进产业集聚和链条完善。

国土空间规划适宜性评价是一个复杂而全面的过程，旨在确保土地开发活动与国家、省、市的发展战略和空间规划保持一致。根据上述各项基础项指标的内涵可知，控制性详细规划审查和产业导向是研判工业项目与土地利用是否契合的重要原则。

控制性详细规划审查指对控制性详细规划的细致审核，以确保工业用地开发项目的设计和预期用途符合国土空间规划的详细要求和限制，涵盖对建筑密度、建筑高度、绿地率、容积率等控制性指标的严格审查（图 2.7）。通过控制性

图 2.7 嘉兴经开试点区域控制性详细规划审查示意图

详细规划审查,可以有效防止工业用地过度开发,避免不合理的土地利用模式,促成有序的城乡发展和环境保护。此外,控制性详细规划审查还确保项目与周边环境的和谐共处,例如通过邻避原则的应用,避免将污染性或噪声大的工业项目设置在居民区附近,从而保证居民的生活质量。

产业导向则是指在土地开发前对项目的产业属性和经济贡献进行评估,以确保项目符合当地产业发展战略和政策导向。这涉及对是否处于国家、省、市批准的开发区范围内,是否符合市政府批准的产业平台范围内,以及是否符合园区业态等指标的考量。产业导向有助于指导土地资源向高附加值、高技术含量和低资源消耗的产业集聚,推动经济结构优化和产业升级。通过产业导向的实施,可以吸引和培育符合区域发展定位的核心产业和优势企业,增强区域的经济竞争力。

同时,控制性详细规划审查和产业导向还要求项目符合土地利用总体规划和国土空间规划的详细用途,这包括但不限于是否符合土地利用总体规划用途、是否符合国土空间规划详细用途等。这样的要求确保每一片工业用地的开发都是在对城市长远规划负责的前提下进行的,充分考虑了土地资源的可持续利用和社会经济发展的需要。

国土空间规划适宜性评价指标体系的具体评价方法如图 2.8 所示。首先,评价体系构建两级"指标仓"。其中,"一票否决"指标仓由是否符合国土空间总体规划、是否符合国土空间详细规划、是否纳入产业负面清单三项指标构成,二级指标项由是否处于国家、省、市批准的开发区范围内,是否处于市政府批准的 14 个产业平台范围内,是否满足低效用地再开发规划要求三项指标构成。在"一票否决"指标仓内指标认定中,对是否符合国土空间总体规划和是否符合国土空间详细规划指标的考察应当参考《浙江省国土空间用途管制规则(试行)》

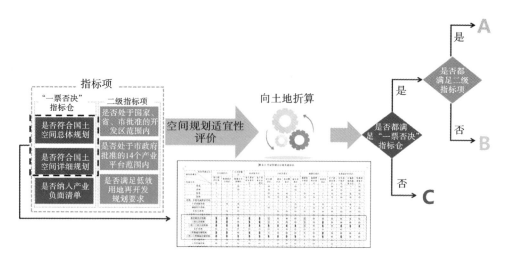

图 2.8　国土空间规划适宜性评价指标体系评价方法

中用途管制分区地类兼容等要求;对是否纳入产业负面清单应当同时参考国家发展和改革委员会发布的《产业结构调整指导目录(2019年本)》中的淘汰类和所属园区产业规划负面清单。此后,将国土空间规划评价结果向土地折算,特定地块的折算过程和操作方式如前文所述。国土空间规划评价体系类似地将工业用地分为 A、B、C 三个等级,在国土空间规划评价方法中,对"一票否决"指标仓内指标存在至少一项不达标的,直接认定为 C 级;对"一票否决"指标仓内指标全部达标,但二级指标项内存在至少一项不达标的,认定为 B 级;对"一票否决"指标仓和二级指标项内全部指标均达标的,最终认定为 A 级。

5)安全风险评价指标体系

安全风险评价指标总计 17 项,包括基础项指标 3 项、附加项指标 12 项、暂缓收集项指标 2 项。

(1)基础项指标

①违法建筑类型(土地违法、规划违法、其他)。违法建筑指未依法取得规划许可或者未按照规划许可内容建设的建筑物和构筑物,以及超过规划许可期限未拆除的临时建筑物和构筑物,包括城镇开发边界内的违法建筑(以下简称城镇违法建筑)和城镇开发边界外的违法建筑(以下简称乡村违法建筑)。

②是否涉及建筑物和构筑物安全。该指标的核心是确保任何开发活动不会对现有的建筑物和构筑物的结构安全造成威胁,同时保证新建设施的安全性符合国家和地方的安全标准。建筑物和构筑物安全的评估可能包括结构安全性、消防安全性、使用功能安全性、与周边环境的兼容性、长期维护和耐久性等方面。

③处置方式[拆除、补办(处罚后)、没收、关闭、其他]。根据我国现行法律法规,城镇违法建筑有下列情形之一的,应当认定为国土空间规划法律法规规定的无法采取改正措施消除影响,由自然资源主管部门责令限期拆除(含局部拆除,下同),依法处以罚款:第一,未依法取得建设工程规划许可,且不符合城镇详细规划的强制性内容或者超过规划条件确定的容积率、建筑密度、建筑高度的;第二,超过建设工程规划许可确定的建筑面积(计算容积率部分)或者建筑高度,且超出《浙江省城乡规划条例》规定的合理误差范围的;第三,在已竣工验收的建设工程用地范围内擅自新建、搭建,或者利用建设工程擅自新建、搭建的;第四,存在建筑安全隐患、影响相邻建筑安全,或者导致相邻建筑的通风、采光、日照无法满足国家和省有关强制性标准的;第五,侵占城镇道路、消防通道、广场、公共绿地等公共设施、公共场所用地的;第六,其他应当认定为无法采取改正措施消除影响的情形。自然资源主管部门应当将违法建筑不能实施拆除的认定向社会公示,并报本级人民政府决定;对于可能严重影响相邻建筑安全而不能实施拆除的情形,由自然资源主管部门根据其委托的具有相应建设工程设计或者建设工程质量检测资质的单位的鉴定结论作出认定。

在嘉兴市的违法建筑认定实践中,经常面临的一个问题是厂区内存在大量的生产和生活附属设施,这些设施往往没有正式的建设许可证,导致官方记录的发证建筑面积与实际建筑面积出现不一致的情况,其中实际建筑面积普遍大于发证建筑面积。通过对凯米光学(嘉兴)有限公司等企业的现场调研和踏勘,相关部门明确这类生产、生活附属设施并不应该被视为违法建筑。此种认定对于如何定义和处理未经许可的建筑提出较大挑战,尤其是在企业普遍存在类似情况的背景下。因此,决定这些附属构筑物是否算作违法建筑的标准需要进一步明确,确保实际操作过程中存在一个统一且公正的评判标准。此外,当发证数据、地形图以及工程竣工验收记录之间存在差异时,如何进行违法建筑认定的问题同样需要被纳入讨论范围。这种差异产生的原因多样,包括记录更新不及时、建设过程中出现设计变更,或是建设标准发生变化。因此,在处理这类问题时,需要一个综合考虑各种因素的方法,既要确保遵守城市规划和建设法规,又要考虑到企业的实际情况和操作过程的合理性。这要求相关部门之间加强沟通与协作,通过详细的现场审核、历史记录比对和与企业的深入对接,来准确判断和妥善处理这些差异,以确保城市管理的公平性和有效性。

(2)附加项指标

①违法用地时间/违法建筑时间。作为揭示违法行为历史长度的指标,违法用地时间和违法建筑时间对于评估违法建设的潜在危害具备一定重要性。长期存在的违法建筑可能因缺乏合规的安全设计和建设标准而产生严重的安

全隐患。

②经度和纬度。这两项指标提供建筑的准确地理位置信息,使得安全评估可以考虑到地理环境因素,如洪水风险区和地震高发区,以及违法建筑对周围建筑物和公共设施的潜在影响。

③土地性质(国有、集体)。在我国的土地二元所有制背景下,不同的土地性质在法律上享有不同的保护和管理原则,因此土地性质对于制定合理的违法用地处置策略具有参考意义,它将直接影响到违法用地的整治和违法建筑的拆除策略。

④用地分类。我国现行的土地利用类型分类标准依据国家标准《土地利用现状分类》(GB/T 21010—2017),将土地利用类型分为耕地、园地、林地、草地、商服用地、工矿仓储用地、住宅用地、公共管理与公共服务用地、特殊用地、交通运输用地、水域及水利设施用地、其他土地等12个一级类和73个二级类,适用于土地调查、规划、审批、供应、整治、执法、评价、统计、登记及信息化管理等。正确识别用地类型是进行安全风险评估的基础,特别是在涉及转变土地用途或可能影响土地生态平衡和农业生产的情况下。

⑤违法建筑面积和违法建筑用途。这两项指标直接关系到违法建设对土地利用和环境的影响程度。较大面积的违法建筑或其特定的用途,如工厂或仓库,可能对周边环境和公共安全构成更大风险。

⑥处置面积和违法用地面积。这两项指标反映违法占用土地的规模以及需要采取整改措施的紧迫性。处置这些违法用地是恢复土地合法使用和保障公共安全的必要步骤。

⑦是否涉及生产安全和是否涉及消防安全。这两项指标与人员安全和财产安全直接相关。涉及这些问题的违法建筑需要被优先考虑处理,以防止潜在事故的发生,确保人员生命安全和健康。

安全风险评价指标体系的具体评价方法如图2.9所示。首先,评价体系构建重点确定是否属于土地违法和是否涉及建筑违法或其他违法事项两大评价内容。相关部门根据前文所述指标进行工业用地各宗地数据收集。此后,将安全风险综合评价结果向土地折算,特定地块的折算过程和操作方式如前文所述。安全风险评价将工业用地分为A、B、C三个等级,一级指标项均具有一票否决权,倘若至少存在一项一级指标项不达标,则直接认定为C级;倘若全部一级指标达标,但至少存在一项二级指标项不达标,则认定为B级;倘若指标项内全部指标均达标,则最终认定为A级。

4. 工业用地调查和评价成果内容

嘉兴市工业用地调查和健康评价最终采用"1+1+1"形式的调查成果展现

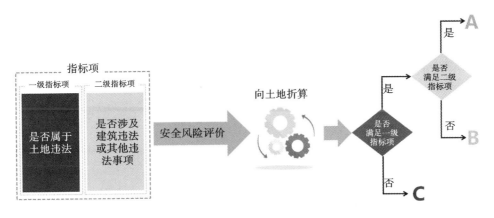

图 2.9 安全风险评价指标体系评价方法

方法,有助于确保信息的全面性和系统性,从而有效地支持土地利用的决策和管理。具体而言,"1+1+1"调查评价成果涵盖一个宗地数据库、一个园区数据库和一张高效用地数据信息采集表,每个部分都承担着不同的功能和作用。

首先,宗地数据库的建立是为了收集和整理关于各宗地的详细信息,包括宗地的位置、面积、用途、权属情况等基本属性,以及更为具体的使用状态、开发强度等数据。这个数据库作为工业用地调查的基础,为后续的分析和评价提供准确的底数支持。通过系统地记录宗地信息,可以形成详细的底图,这对于理解当前土地利用状况、指导土地资源的合理配置和高效利用具有重要意义。

其次,园区数据库的构建旨在更好地展示和理解嘉兴市范围内各个工业园区的空间分布和特征。创建园区矢量图层,一方面可以清晰地展示园区的地理位置和范围;另一方面,园区矢量数据包含的如产业导向、园区级别、配套设施等更多维度的信息,有助于分析园区之间的相互关系、产业集聚效应以及园区对周边区域的影响,为园区规划和产业发展策略的制定提供科学依据。

最后,建立高效用地数据信息采集表,系统地收集和分析影响工业用地效率的关键指标。这一部分通过宗地基本信息表、企业信息表以及评价指标信息表三个子表格的形式,全面地展示宗地的具体使用情况、入驻企业的运营状况以及土地利用效率等数据。这样的信息采集和整理工作,使得工业用地调查指标体系更加完善,为评价工业用地的高效利用建立详细的数据支撑,同时也为优化土地资源管理、促进产业升级提供有力的信息基础。

总而言之,"1+1+1"形式的数据展现方法通过建立宗地数据库、园区数据库以及高效用地数据信息采集表,形成一个多维、系统化的工业用地调查和评价体系,既有助于准确把握工业用地的现状和特点,又对指导未来的土地开发和产业布局具有重要的参考价值。

2.3　未来方向：工业用地健康管理的创新性与重难点

2.3.1　工业用地健康管理的创新性与应用性总结

1. 对于嘉兴市工业领域"低散乱污"用地全域整治工作

随着工业化的快速发展，工业用地的管理和利用成了一个重要议题。为了实现土地的高效利用和部门的协同治理，嘉兴市政府提出了建设工业用地数字治理场景。

1）工业用地数字治理场景的建设

为了推进工业用地的高效利用，嘉兴市需要整合并提升现有的"低散乱污"园区，并对低效用地进行整治。在这个过程中，数字化改革成了一个有力的工具。通过运用数字化改革理念，开发建设工业用地数字治理场景和应用。其中，工业用地健康码成了一个重要的依托，它能够形成以开发区（园区）、镇（街）、县为单位的评价体系。

2）工业用地创新机制的探索

在推进工业用地数字治理的同时，嘉兴市还需要探索工业用地的创新机制。按照"以减保增、增减挂钩、进出平衡"的原则，探索对减量化区域的奖励机制。此外，创新型产业用地（M0）和更新用地的规划条件也需要得到深入研究。通过全面提高容积率和开发强度，可以更好地利用现有的工业用地。同时，探索工业项目用地全生命周期管理机制也是必不可少的。

3）工业用地全域治理政策体系的建立

为了支持工业用地的数字治理和创新机制，嘉兴市需要建立工业用地全域治理政策体系。这个体系应该坚持问题导向，研究制定工业全域治理扶持政策。例如，对于企业实施提容行动，如翻建、加层、扩建等，以提高工业用地容积率的，不征收土地价款。同时，对于企业闲置土地分割转让的，各级自然资源和规划部门在严格审核的基础上，按有关规定给予办理相关手续。此外，根据《浙江省新一轮制造业"腾笼换鸟、凤凰涅槃"攻坚行动方案（2021—2023年）》的要求，在符合国家有关规定的前提下，各地还可以在土地出让收入中提取一定比例作为"腾笼换鸟"专项经费，用作盘活工业用地等的资金保障。

工业用地数字治理场景的建设与探索是一个复杂而重要的任务。通过整合现有资源，运用数字化改革理念，可以实现工业用地的高效利用和部门的协同治理。同时,通过探索创新机制和建立全域治理政策体系,可以为工业用地的可持续发展提供有力支持。

2. 对于嘉兴市工业用地健康码项目

1)双循环驱动,推动工业用地高效治理

在经济发展中,政府与企业的协同合作至关重要。为了更好地促进经济发展和提高资源配置效率,近年来嘉兴市政府提出了双循环驱动的策略,该策略主要聚焦于政府与企业两大主体,通过构建循环模式来推动双方的高效互动(图 2.10)。

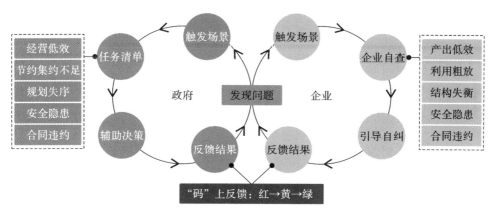

图 2.10 双循环示意图

对于政府而言,双循环驱动意味着实施一种"发现问题－触发场景－任务清单－辅助决策－反馈结果"的循环模式。政府在经济发展中扮演着重要的监管和引导角色。通过这种模式,政府能够及时发现经济发展中的问题,如经营低效、节约集约不足、规划失序、安全隐患以及合同违约等。这些问题一旦被发现,政府会迅速触发相应的场景,制定相应的任务清单。这些任务清单旨在解决上述问题,促进经济的健康发展。政府还会根据任务清单进行辅助决策,确保决策的科学性和有效性。最终,政府会根据双循环驱动的效果进行反馈,体现在工业用地健康码的颜色上,由红色到黄色最后到绿色,象征着问题的逐步解决和经济的持续发展。

对于企业而言,双循环驱动同样具有重要意义。企业需要积极参与到双循环驱动中来,实施"发现问题－触发场景－企业自查－引导自纠－反馈结果"的循环模式。在这个过程中,企业首先要主动发现问题,包括产出低效、利用粗放、结构失衡、安全隐患以及合同违约等。一旦发现这些问题,企业需要迅速触发相应的场景,进行自我检查和自我纠错。企业自查是双循环驱动中的关键环节,它能够帮助企业发现自身的不足和问题,并及时进行调整和改进。通过自查和纠错,企业可以提高自身的运营效率、产品质量和市场竞争力。同时,企业也需要根据双循环驱动的效果进行反馈,为政府的决策提供有力的数据支撑和参考。

双循环驱动策略的实施不仅需要政府的引导和监管,更需要企业的积极参与和配合。政府和企业需要共同构建一种协同发展的新模式,实现资源共享、优势互补和互利共赢。通过双循环驱动策略的实施,政府和企业可以共同解决经济发展中的难题和挑战,推动经济实现高质量发展和可持续发展。

双循环驱动策略是一种全新的政府与企业协同发展模式,它通过构建循环模式来推动政府和企业的高效互动与共同发展。通过实施双循环驱动策略,政府和企业可以共同解决经济发展中的难题和挑战,推动经济实现高质量发展和可持续发展。同时,双循环驱动策略的实施还需要加强政策支持和引导,确保策略的有效实施和取得实效。

2)政企联动,构建新型低效工业用地整治流程

过去的工业用地整治存在不少问题和短板。一方面,部门之间的协同不足,导致问题呈现出碎片化的特点,难以形成系统性的解决方案。另一方面,整治效率较低,往往是从上至下发起整治行动,问题的发现和解决速度迟缓。此外,整治结果的反馈时效慢,难以集中呈现,企业面临较大的压力,常常疲于应对突击检查。

然而,随着时代的进步和治理理念的更新,项目组构建了一种新型的低效工业用地整治流程(图2.11)。这一流程强调政企联动,实现政府部门对企业的有效监督,并鼓励企业直接向政府反馈问题。这种模式的出现,为工业用地整治带来了新的机遇和挑战。

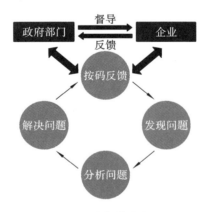

图 2.11 政企联动流程图

首先,部门协同的问题得到了有效解决。通过整合各部门的问题,形成协同治理的机制,使整治行动更具针对性和实效性。这种协同作战的方式有助于

打破部门壁垒,形成合力,共同推进工业用地整治工作。

其次,整治效率得到了显著提升。在政企联动模式下,政府和企业共同发力,形成"双核"驱动,为整治行动提速增效。政府部门提供政策支持和监管指导,企业则积极响应,主动配合,共同推动整治工作的深入开展。

再次,反馈时效得到了明显改善。通过按"码"反馈的方式,企业可以及时向政府反映问题,政府也能够迅速作出响应,加快处置问题的速度。这种及时反馈的机制有助于形成闭环管理,确保整治工作的顺利进行。

最后,引导自治也是新型整治流程的一大亮点。政府鼓励企业及时对问题进行自我纠正,培养企业的自治意识和能力。这种自治机制的建立有助于激发企业的内在动力,形成自我约束、自我管理的良好氛围。

新型低效工业用地整治流程通过政企联动的方式,有效解决了过去整治工作中存在的问题和不足。通过部门协同、提高效率、及时反馈和引导自治等措施,为工业用地整治工作注入了新的活力和动力。相信在未来的发展中,这种新型整治流程将发挥更加重要的作用,推动工业用地整治工作不断迈上新台阶。

3)按地评价,构建工业用地健康水平评价体系

嘉兴市一直致力于提升工业用地的利用效率和效益。近年来,该市创新性地提出并实施了一项重要的评价制度——"五位一体"工业用地健康水平评价体系(图2.12)。这一体系通过综合考量多个维度,旨在全面、客观地评估工业用地的运营状态和发展潜力,为城市的可持续发展提供有力的支撑。

图 2.12 工业用地健康评价体系

首先,投入产出作为评价体系的重要一环,直接反映了土地的经济效益水平。在这一环节,嘉兴市通过深入分析土地利用的产出效益以及企业的投资回报率,有效促进了土地的集约化利用。这种评价方式不仅有助于发现土地利用中存在的问题,也为政府决策提供了科学依据,推动了产业结构的优化升级。

其次,开发强度是评价工业用地节约集约程度的关键指标。嘉兴市在评价过程中注重考察土地的容积率、建筑密度等关键参数,以衡量土地的利用效率和节约程度。通过这一评价,嘉兴市成功引导企业合理利用土地资源,减少了土地资源的浪费,实现了土地资源的优化配置。

再次,在合同履约方面,嘉兴市强调企业的诚信经营和投产履约情况。通过建立完善的履约监管机制,嘉兴市确保了企业按照合同规定进行投产,有效保障了土地资源的利用。同时,这也为企业之间的公平竞争创造了良好的环境,促进了工业用地的健康发展。

另外,在空间规划适宜性方面,嘉兴市充分发挥了空间规划的引领作用。通过科学规划工业用地的布局和功能分区,嘉兴市确保了工业用地的合理分布和高效利用。这种规划方式不仅有利于提升城市的整体形象,也为企业的长远发展提供了有力保障。

最后,安全风险评价是"五位一体"工业用地健康水平评价体系中不可或缺的一环。嘉兴市高度关注土地上存在的"两违"现象(即违法用地和违法建设),通过严格的风险评估和监管,确保了工业用地的安全稳定。这一评价环节不仅保障了人民群众的生命财产安全,也为城市的可持续发展奠定了坚实基础。

因此嘉兴市通过搭建"五位一体"工业用地健康水平评价体系,全面提升了工业用地的利用效率和效益。这一评价体系不仅为政府决策提供了科学依据,也为企业的长远发展创造了有利条件。相信在未来的发展中,嘉兴市将继续深化这一评价体系的应用和实践,为城市的可持续发展注入新的动力。

4)分级响应,配套制定工业用地健康水平分级与管理办法

嘉兴市一直致力于优化其工业用地管理,以实现经济、环境和社会的协调发展。为了更好地进行工业用地管理,嘉兴市采取了分级响应的策略,并配套制定了工业用地健康水平分级与管理办法(图 2.13)。这一创新性的做法旨在通过对工业用地的健康水平进行分级,并采取相应的管理措施,推动工业用地的高效利用和可持续发展。

首先,嘉兴市对工业用地的健康水平进行了科学的评估。评估过程综合考虑了土地的使用效率、环境质量、安全状况等因素,并据此将工业用地划分为不同的等级。这种分类方法不仅有助于政府部门对工业用地进行精细化管理,还能为企业提供明确的用地标准和指导。

2 嘉兴市工业用地分析

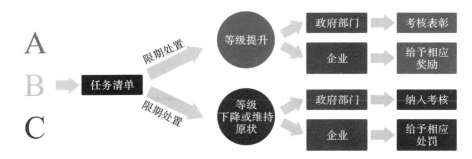

图 2.13 分析响应管理图

其次,嘉兴市根据工业用地的健康水平等级,制定了相应的管理措施。对于"等级提升"的工业用地,政府部门会给予考核表彰,并鼓励企业加大投入,进一步提升用地的健康水平。同时,政府还会给予相关企业相应的奖励,以激励其持续提高工业用地的利用效率和环境质量。这种正向激励机制有助于激发企业的积极性和创造力,推动工业用地向更高水平发展。

而对于"等级下降或维持原状"的工业用地,政府部门则会将其纳为考核对象,并加强对这些用地的监管和管理。同时,政府还会给予相关企业相应的惩罚,如采取罚款、限制生产等措施,以督促其整改问题,提高用地的健康水平。这种惩罚措施能够起到警示和威慑的作用,防止企业对工业用地的不当利用和破坏。

最后,嘉兴市还通过加强政策宣传和培训,提高政府部门和企业对工业用地健康水平分级与管理办法的认识和理解。政府部门会定期组织培训和交流活动,分享先进的管理经验和技术手段,推动企业加强自我管理和自我约束。同时,政府还会加强对工业用地管理政策的宣传和推广,增强全社会的环保意识和用地效率意识。

嘉兴市通过分级响应的策略和工业用地健康水平分级与管理办法的制定,实现了对工业用地的精细化管理和可持续发展。这种管理模式不仅提高了工业用地的利用效率和环境质量,还激发了企业的积极性和创造力,推动了地方经济的持续发展。同时,嘉兴市还通过加强政策宣传和培训,提高了政府部门和企业对工业用地管理的认识和理解,为未来的工业用地管理提供了有力保障。这一经验对于其他城市在工业用地管理方面也具有一定的借鉴意义。

5)统一基底,实现工业用地相关数据数字化、空间化

嘉兴市在推进城市现代化进程中,高度重视各部门之间的协同合作,以实现更高效的城市管理。为此,嘉兴市协调了 12 个关键部门,包括市政务数据资源管理办公室、市统计局、市自然资源和规划局、市市场监督管理局、市发展和改革委员会、市生态环境局、市经济和信息化局、市税务局、市科技局、市消防救

援支队、市建设局和市人力资源和社会保障局,共同完成了一项重要任务——构建嘉兴市工业用地健康码系统。

这一系统的建立,是基于对各类数据的深度整合和高效利用。首先,通过基底统一的方式,嘉兴市将这些部门所掌握的空间数据进行了整合,包括影像数据、地形数据、地理实体、空间规划等。这些空间数据为城市规划和建设提供了重要的参考依据,有助于实现城市资源的优化配置和高效利用。其次,嘉兴市还进一步创新,对非空间数据进行了空间化处理,包括企业信息、合同履约信息、经济类数据、安全类信息、环保类数据等。这一举措不仅丰富了数据资源,还使得各类数据之间能够相互关联、相互印证,提高了数据的可信度和利用价值。

经过精心设计和周密部署,嘉兴市成功地将总计129项数据统筹进了工业用地健康码系统。这一系统通过运用大数据、云计算等现代信息技术手段,实现了对工业用地信息的全面监控和动态管理。系统能够实时反映工业用地的使用状况、环境状况、安全状况等信息,为政府决策提供了有力支持。

嘉兴市工业用地健康码系统的建立,不仅提高了城市管理的智能化水平,还为推动城市经济高质量发展提供了有力保障。未来,随着技术的不断进步和应用场景的不断拓展,相信这一系统将在城市管理和服务中发挥更加重要的作用。

2.3.2 工业用地健康管理的重难点

1. 行政协调:跨部门协同难度大

该综合性调研项目规模庞大,涉及多达12个部门的紧密协作,这要求项目组不仅具备高超的组织能力,还需要出色的跨部门沟通能力。考虑到涉及的调研数据项超过100个,数据的收集、整理和分析工作都显得尤为复杂和烦琐。行政协调的难度相对较大,需要在确保数据准确性和完整性的同时,还要兼顾各部门之间的利益平衡和沟通效率。

在数据收集方面也面临着多种类型的挑战。根据调研要求,项目组需要收集的数据类型丰富多样,可以大致划分为宗地信息、企业信息以及参考图层信息等三类。

宗地信息包括但不限于工业园区范围线、标准地详细信息、批后监管系统数据、地籍详细资料以及宗地产业类型等关键信息。这些数据的准确性和完整性对于后续分析至关重要。

企业信息方面的收集工作同样重要。项目组需要全面了解企业的评价信息、基本信息、违建情况、人才项目、产业类型以及可能的拆迁情况等多项内容。

这些信息的搜集工作需要具备细致入微的观察力和严谨的数据处理能力。

此外,参考图层信息的收集也是不可或缺的一部分。这类信息包括1∶500地形图、0.5米级卫片以及地理实体等高精度数据。这些数据将为后续的分析工作提供重要的地理背景和空间信息,使得最终的研究结果更具针对性和实用性。

2. 部门业务、分工及管理流程:信息标准和延迟

违建认定一直是城市工业用地管理和规划中的一大难题。由于发证数据、地形图、工程竣工验收等多个环节存在差异,许多违建的认定存在延迟性。

1)发证数据不一致

在违建认定过程中,发证数据的不一致是一个普遍存在的问题。由于历史原因,许多老企业的办公厂房并未办理相关证件,因此在进行违建认定时缺乏有效依据。以嘉兴市依瑞金属制品有限公司为例,该企业作为一家老企业,其办公厂房因历史原因未办理相关证件,给违建认定带来了困难。

2)地形图与实际不符

地形图作为城市规划的重要依据,对于违建认定也具有重要意义。然而,在实际操作中,地形图与实际地形存在差异,导致违建认定出现偏差的情况屡见不鲜。针对这种情况,相关部门需要对地形图进行核实和更新,以确保违建认定的准确性。

3)工程竣工验收不严格

工程竣工验收是确保建筑工程质量的重要环节,也是违建认定的关键依据。然而,在实际操作中,由于验收标准不严格、监管不到位等原因,一些违章建筑得以通过验收。面对这种情况,相关部门需要加强对工程竣工验收的监管力度,提高验收标准,确保违章建筑无法通过验收。

在经济信息化数据领域,嘉兴市工业用地健康管理面临着一些新的挑战和变化。特别是在2020年,经济信息化数据统计的方式发生了重大调整。为了更准确地反映企业的经济活动状况,采用统一的企业名称进行填报。然而,这也带来了一个问题,即很多企业在多地设有分支机构或生产设施,导致在数据录入时需要按照宗地面积进行比例切分。

这种切分方式虽然在一定程度上解决了数据重复和交叉的问题,但也增加了数据处理的复杂性。因为宗地面积的确定、比例的计算以及数据的分配都需要进行精确的计算和核实,否则就可能导致数据的失真和误导。

此外,市场监督管理局也面临着一些信息更新的问题。许多企业已经搬迁或注销,但市场监督管理局系统中依然保留着这些企业的信息,这就导致了信息的滞后和不准确。为了解决这个问题,市场监督管理局需要加强与企业的沟通和联系,及时了解企业的最新动态,并对系统中的信息进行及时更新和维护。

3. 数据标准、最终评价关联问题

在当今经济快速发展的背景下,企业固定资产投资额和空置率成为评估区域经济发展和房地产市场健康状况的重要指标。然而,在实际调研中,项目组却发现这两类数据的获取异常困难,且存在诸多挑战。

1)企业固定资产投资额:数据获取的挑战

企业固定资产投资额是衡量一个地区经济活力的重要指标,其反映了企业在扩大生产规模、提高生产效率方面的投入。然而,要获取这一数据并非易事。这往往需要深入企业之中,进行详尽的调研。这不仅涉及企业的商业秘密,还涉及数据的真实性和准确性。因此,如何合法、有效地获取企业固定资产投资额,成为摆在我们面前的一大难题。

2)空置率:难以落地的评估标准

空置率作为衡量房地产市场健康程度的重要指标,其高低直接影响着房地产市场的稳定性和健康发展。然而,在实际调研中,我们发现空置率的评估存在诸多难点。首先,如何准确定义空置房屋,就是一个需要深入探讨的问题。其次,空置率的计算还涉及消防安全、生产安全等多个方面,这些因素都增加了空置率评估的难度。

3)宗地、企业与建筑物的关联问题

在调研过程中,我们还发现宗地、企业与建筑物之间存在复杂的关联问题。这不仅涉及数据的准确性,还涉及数据的完整性和一致性。例如,在调研的16宗土地和20家企业中,我们发现部分企业已经拆迁,而与之关联的建筑物信息难以获取。此外,建筑物的编号、层数等信息也需要与企业和宗地进行匹配和核对。这些问题的存在,使得数据获取的工作变得异常烦琐和复杂。

4)解决之道:深入调研与技术创新

面对上述挑战,项目组需要采取一系列措施来加以解决。首先,深入企业进行实地调研,挖掘企业的经营数据和建筑物信息。这需要内外业结合,细致到每一栋建筑、每一层楼。其次,利用现代技术手段,如大数据、人工智能等,提高数据获取的准确性和效率。

2.3.3 工业用地健康管理的保障措施

1. 浙江省工业用地保障措施

1)组织保障

为确保本次调查工作的有效实施和按时完成,各级组织实施单位须从内部责任强化、要素保障、工作方案制定、周密组织实施、质量控制以及资源配置等方面进行全面考虑。

首先,各级单位应明确内部职责,强化团队协作精神。通过合理分工和明确的责任链,确保每个成员都能够承担起相应的责任,为调查工作的顺利进行奠定坚实的基础。

其次,积极做好要素保障工作。这包括根据各地的实际情况,制定详细的工作方案,确保调查工作的针对性和实效性。同时,要合理安排作业人员,保障投入生产的软硬件设备就位,为调查工作的顺利进行提供必要的物质和技术支持。

最后,在组织实施过程中,质量控制是至关重要的一环。各级单位应建立完善的质量控制体系,确保调查数据的准确性和可靠性。通过对各环节数据成果的检查和记录,及时发现和纠正问题,提高调查工作的整体质量。

2) 质量保障

为了进一步提高调查数据的准确性,本次调查严格实行内业检查与外业核查相结合的制度。通过内外业结合的方式,既能够确保调查数据的全面性和细致性,又能够及时发现和纠正数据中的问题,从而提高调查数据的质量和可靠性。

在内业检查方面,各级单位应加强对调查数据的审核和分析,确保数据的完整性和准确性。同时,要建立完善的数据管理系统,对调查数据进行分类、存储和分析,为后续的决策提供有力的数据支持。

在外业核查方面,各级单位应加强对调查区域的实地踏查和核实。通过实地踏查和核实,能够更加准确地了解调查区域的实际情况,为调查数据的准确性和可靠性提供有力的保障。

3) 数据安全保障

在调查实施过程中,各级组织实施单位应高度重视数据安全保障工作。通过严格落实各项保密制度,采取内外网隔离、明确保密要点、涉密设备监控、人员保密培训等一系列具体措施,切实保障本次调查涉密技术的安全,维护本次调查数据、成果的版权。

同时,各级单位还应加强对调查数据的备份和存储管理。通过建立完善的数据备份和存储机制,确保调查数据的安全性和可靠性。在数据备份和存储过程中,应采用加密技术和其他安全措施,防止数据被非法获取和篡改。

浙江省从组织保障、质量保障和数据安全保障等三个方面对工业用地健康管理进行全面加强。通过构建坚实的调查工作体系、严格实行内外业结合的检查制度以及严密防范数据安全风险等措施,确保调查工作的顺利进行和调查数据的准确可靠。这将为后续的决策提供有力的数据支持,为推动相关领域的发展提供坚实的基础。

2. 嘉兴市整体工业用地保障措施

1)形成工作合力

开展工业领域"低散乱污"用地全域整治工作,是一项复杂而重要的系统工程。这项工程不仅涉及环境保护和资源合理利用的问题,还关系到地方经济的可持续发展和社会稳定。根据省、市新一轮制造业"腾笼换鸟、凤凰涅槃"攻坚行动的决策部署,嘉兴市必须坚持以"条抓块统、市县一体"为原则,全面推动整治工作的深入开展。

为了确保整治工作的顺利进行,各县(市、区)政府、嘉兴经济技术开发区(国际商务区)管理委员会、嘉兴港区管理委员会必须统一部署,形成工作合力。各县(市、区)自然资源和规划部门、经济和信息化部门要切实履行领导职责,精心组织,周密安排,确保整治工作有序进行。同时,市自然资源和规划部门、经济和信息化部门要加强指导和支持,为整治工作提供有力的保障。

在整治过程中,要坚持问题导向,紧盯"低散乱污"用地这一核心问题,采取切实有效的措施加以解决。一方面,要加强对"低散乱污"用地的排查和清理,坚决淘汰落后产能,推动产业转型升级。另一方面,要加大对环保设施建设和环境治理的投入力度,提高资源利用效率,促进绿色发展。

2)完善推进机制

在当前数字化浪潮下,工业用地的智能化管理显得尤为重要。为了全面提升工业用地的效率和价值,各地正积极推进工业用地数字化场景智控体系的建设。通过这一体系,不仅能够实现对工业用地的实时监控,还可以有效优化资源配置,提高土地利用效率。

在智控体系的建设过程中,各地遵循"定整治区块、定整治类型、定整治数量"的工作要求,确保了整治工作的精准性和有效性。这种工作方式使得每一块工业用地都得到了充分的关注,确保整治工作有的放矢。

为了保障整治工作的顺利推进,各地还建立了任务清单化、工作举措具体化和攻坚销号节点化的推进机制。这种机制使得整治工作更加具有可操作性和可衡量性,确保了各项任务能够按时、按质完成。

同时,法治化和市场化的手段也被广泛应用于整治工作中。通过加强法律法规建设,确保了整治工作的合法性和规范性;而市场化的手段则能够激发市场主体的活力,推动工业用地的有效利用。

在整治工作的推进过程中,各地还注重建立和完善全市工业全域治理和低效用地整治的考评机制。这一机制不仅能够对整治工作进行全面、客观的评估,还能够进一步落实地方的主体责任,确保整治工作的深入开展。

通过工业用地数字化场景智控体系的建设和整治工作的推进,各地正努力打造高效、智能的工业用地管理模式,为工业发展注入新的活力。

3)营造良好氛围

随着社会的不断发展,城乡规划的引领和推进已成为现代城市建设的重要组成部分。在这个过程中,嘉善西塘等地通过腾退整治,成功地实现了城市的有机更新和可持续发展。为了更好地推广这些成功经验,应该充分利用传统传媒和新媒体,大力宣传报道这些地区的典型引领作用,为全市营造浓厚的舆论氛围。

首先,传统媒体如电视、报纸等,具有覆盖面广、影响力大的特点。可以通过这些媒体,将嘉善西塘等地的腾退整治工作呈现给广大市民,让更多的人了解到这些地区在规划引领下的巨大变化。同时,还可以通过专题报道、访谈等形式,深入挖掘这些地区的成功经验,让更多的人了解到这些地区是如何在腾退整治中实现城市有机更新和可持续发展的。

其次,新媒体如互联网、社交媒体等,具有传播速度快、互动性强的特点。可以通过这些媒体,将嘉善西塘等地的腾退整治工作传播到更广泛的受众群体中,让更多的人了解到这些地区的典型引领作用。同时,政府部门还可以通过互动平台与市民进行实时交流,收集他们的意见和建议,作为今后工作的参考。

在推进工作中,还应注重挖掘工业领域"低散乱污"用地全域整治工作的典型案例、先进经验、创新举措。这些案例和经验不仅可以为今后的工作提供借鉴和参考,还可以为其他地区的整治工作提供有益的启示。同时应该对这些案例进行深入分析和总结,形成一批可复制、可推广、可借鉴的有效做法,为全省的工业用地整治规划工作注入新的动力。

3. 嘉兴市工业用地健康码项目保障措施

为了进一步推动工业用地的高效利用和可持续发展,嘉兴市引入了工业用地健康码项目。该项目通过数字化手段对工业用地进行健康评估,确保土地的合理利用和管理。下面将详细介绍嘉兴市工业用地健康码项目的保障措施,以期为该项目的顺利实施提供有力支持。

一是完善政策法规体系。为确保工业用地健康码项目的顺利实施,嘉兴市首先完善了相关政策法规体系。政府部门出台了一系列政策文件,明确了工业用地健康码的管理原则、评估标准、操作流程等。同时,加强对政策法规的宣传和培训,确保相关部门和企业充分理解并执行这些政策法规。

二是建立健全评估机制。嘉兴市建立了完善的工业用地健康码评估机制。通过引入第三方评估机构,对工业用地的环境、资源利用、经济效益等方面进行全面评估。评估结果将作为健康码的依据,为政府决策和企业投资提供参考。此外,评估机制还注重数据的收集和分析,为政府制定更加科学合理的土地利用政策提供依据。

三是强化监管和执法力度。为确保工业用地健康码项目的有效实施,嘉兴市加大了监管和执法力度。政府部门建立了严格的监管制度,对工业用地的使用情况进行定期检查。同时,加大对违法、违规行为的处罚力度,确保土地资源的合理利用。此外,还鼓励公众参与监督,提高项目的透明度和公信力。

四是加强技术支持和培训。嘉兴市注重工业用地健康码项目的技术支持和培训。政府部门与高校、科研机构等合作,引入先进的评估技术和方法。同时,加强对相关人员的培训,提高他们的专业技能和素质。这些措施为项目的顺利实施提供了有力保障。

五是促进信息共享和协同合作。为了提升工业用地健康码项目的管理效率,嘉兴市积极推动信息共享和协同合作。政府部门与企业、第三方评估机构等建立了信息共享平台,实现了数据的实时更新和共享。此外,还加强了与周边城市的合作,共同推动区域工业用地的合理利用和管理。

六是实施动态监测与评估。嘉兴市工业用地健康码项目不仅关注初始评估结果,还注重实施过程中的动态监测与评估。通过定期检查和评估,及时发现和解决土地利用过程中出现的问题。同时,根据评估结果调整政策措施和管理方案,确保工业用地的持续健康发展。

七是引导社会资本参与。为吸引更多社会资本参与工业用地健康码项目,嘉兴市政府制定了一系列优惠政策。例如,为投资工业用地的企业提供税收减免、贷款优惠等政策支持。这些措施不仅降低了企业投资成本,还激发了社会资本参与项目的积极性。

嘉兴市工业用地健康码项目的保障措施涵盖了政策法规、评估机制、监管执法、技术支持、信息共享、动态监测和社会资本参与等多个方面。这些措施共同构成了项目顺利实施的有力支撑,为嘉兴市工业用地的合理利用和管理提供了有力保障。随着项目的深入推进,相信嘉兴市将在工业发展方面取得更加显著的成就。

3 嘉兴市工业园区低效工业用地整治实践

在中共二十大报告中,习近平总书记强调推动高质量发展,构建优势互补、高质量发展的区域经济布局和国土空间体系,这不仅是推进中国式现代化的重要内容之一,也是对我国经济发展模式的深刻反思和积极调整。改革开放以来,我国城镇化、工业化进程高速发展,极大地推动了城市经济增长、就业提升和生活质量改善。然而,这种粗放式的增长方式也带来了一系列问题,其中最为突出的是工业用地外延扩张与低效利用现象并存,加剧了土地资源短缺与土地利用低效的结构性矛盾。

在高质量发展的背景下,如何促进土地要素在不同维度的合理有效分配,建立与可持续发展相匹配的工业用地更新模式,已成为城市发展与产业优化的关键议题之一。低效工业用地,指的是那些处于闲置、遗弃状态,或已利用但效率低下,不适宜区域发展,环保和能耗不符合要求,价值和功能未完全显化且具有再开发利用潜力的工业用地。

关于低效工业用地的评估,学者们已经进行了大量研究,包括指标体系构建、评价尺度、评价方法等方面。从指标体系来看,已经从原来的侧重单项效益逐渐转向综合效益,如人地关系的融洽性、生态环境承载能力、区域关联合理性以及投入产出水平等维度。评价尺度则主要包括宏观尺度(国家、城市等)、中观尺度(开发区、园区等)和微观尺度(宗地、企业等)。评价方法则包括层次分析法、空间分析法、数据包络分析法等,主客观方法并重。

在低效工业用地的成因方面,学者们普遍认为政府和市场是主要原因,具体包括土地制度、用地政策、产业导向、环境保护和企业经营等因素。这些因素相互交织,形成了低效工业用地的复杂局面。

针对低效工业用地的优化,学者们已经进行了探索性研究。在更新治理方面,主要探索了工业用地的存在困境、关键问题、思路和空间治理路径。在主体参与方面,从原来的政府主导模式、原产权人主导模式发展到现在的社会(第三方)主导模式。在制度政策方面,包括顶层制度设计、保障主体权益、规划管控体系、配套措施完善、创新用地政策等内容。

总体来看,现有研究主要集中在低效工业用地的评价方面,而优化方面的研究相对较少。同时,基于宗地、企业微观尺度的研究也相对较少。在低效工业用地优化研究的制度设计、管控体系、创新政策等方面的研究更是不足,且各地实践存在不一致的情况。

因此,未来需要进一步加强低效工业用地的优化研究,特别是在制度设计、管控体系、创新政策等方面。同时,也需要加强基于宗地、企业微观尺度的研究,以更好地推动土地要素的合理有效分配和工业用地的可持续发展。只有这样,才能真正实现高质量发展的目标,构建优势互补、高质量发展的区域经济布局和国土空间体系。

3.1　嘉兴市工业园区现存困境

3.1.1　工业园区现状

1. 嘉兴经济技术开发区迎来重大发展机遇

1)融入长三角一体化发展

随着国家战略的推进,长三角区域一体化发展正逐步成为引领中国经济高质量发展的新引擎。在这一宏伟蓝图中,嘉兴经济技术开发区以其独特的地理位置和资源优势,正积极融入其中,努力成为高质量发展的示范和一体化发展的样板。这一战略定位不仅凸显了嘉兴经济技术开发区在长三角区域合作中的重要地位,更为其未来的发展注入了强大的动力。

嘉兴经济技术开发区位于浙江省东北部,地处长三角区域的核心地带,紧邻上海、杭州等经济发达城市,交通便捷,区位优势明显。作为长三角区域一体化发展的重要节点,嘉兴经济技术开发区拥有得天独厚的产业基础和创新资源。近年来,该区域以创新驱动为核心,大力发展高新技术产业、现代制造业和现代服务业,吸引了众多国内外知名企业入驻,为区域经济发展注入了强劲动力。

为了积极响应国家战略,嘉兴经济技术开发区正全面提升自身的综合实力和竞争力。一方面,加强区域合作,与周边城市共同打造优势互补、协同发展的产业格局。通过加强产业链上下游合作,实现资源共享、优势互补,推动产业向高端化、智能化、绿色化方向发展。另一方面,嘉兴经济技术开发区注重创新驱动,加大科技研发投入,加强与高校、科研机构的合作,推动产学研深度融合,加快科技成果的转化和应用。

此外,嘉兴经济技术开发区还注重优化营商环境,提升城市品质,吸引更多高端人才和优质资源集聚。通过推进基础设施建设、提升公共服务水平、优化城市治理等方式,为企业和人才提供舒适、便捷的生活和工作环境。这些举措不仅为嘉兴经济技术开发区的发展提供了有力支撑,也为长三角区域一体化发展注入了新的活力。

2)对接G60科创走廊

嘉兴经济技术开发区,这座位于G60科创走廊核心地带的繁荣区域,凭借其得天独厚的地理位置,正日益成为浙江与上海对接的关键节点。G60科创走廊,这条横贯长三角的经济巨龙,以其连接上海与杭州的重要地位,为嘉兴经济技术开发区带来了源源不断的创新资源与发展动力。

在G60科创走廊的辐射下,嘉兴经济技术开发区正迅速崛起为科技创新的高地。这里汇聚了众多高科技企业和研发机构,它们在人工智能、生物医药、新材料等领域取得了显著的成果。这些创新力量不仅为嘉兴经济技术开发区带来了源源不断的经济增长点,也为嘉兴乃至整个长三角地区的产业升级和转型注入了强大的活力。

嘉兴经济技术开发区与沪、杭两地的紧密合作,为其科技创新提供了坚实的支撑。一方面,嘉兴经济技术开发区积极引进上海和杭州的先进技术和管理经验,提升自身的发展水平和竞争力;另一方面,嘉兴经济技术开发区也充分利用自身的产业基础和资源优势,为沪、杭两地的科技创新提供有力的支撑和补充。

此外,嘉兴经济技术开发区还注重营造良好的创新生态,为科技人才提供优厚的待遇和舒适的工作环境。这里不仅有完善的科研设施和创新平台,还有丰富的人才培训和交流机会,吸引了众多优秀的科技人才前来创新创业。

展望未来,嘉兴经济技术开发区将继续依托G60科创走廊的创新资源,加快科技创新步伐,推动产业升级和转型。同时,嘉兴经济技术开发区还将积极拓展与沪、杭两地的合作领域和深度,共同打造长三角地区科技创新的新高地,为中国的经济发展贡献更多的智慧和力量。

3)协同上海都市圈

嘉兴经济技术开发区还致力于协同上海都市圈的发展。凭借其独特的区位优势,嘉兴经济技术开发区正努力争创上海大都市圈协同发展示范区,以区域开放协调优势为基础,集聚创新资源,推动产业协同发展。通过深化与上海及周边地区的合作,嘉兴经济技术开发区正朝着信息化、数字化产业转型的目标迈进。

4)联动杭州大湾区,依托浙江省自贸区联动创新区

嘉兴经济技术开发区还积极联动杭州大湾区,以国家级经济开发区为契机,着力打造浙江省"第五新区"。通过与周边产业平台的合作与联动,嘉兴经济技术开发区正加快构建现代化产业体系,提升区域整体竞争力。

在浙江省自贸区的支持下,嘉兴经济技术开发区作为联动创新区之一,正推动政府职能转变和区域联动发展。这一战略举措有助于嘉兴经济技术开发区在数字经济、智能制造等领域实现改革创新,为区域经济发展注入新的活力。

5)衔接嘉兴市级发展战略

与此同时,嘉兴经济技术开发区还充分衔接嘉兴市级发展战略,如"12140"战略和空间总体规划,谋划高能级产业平台建设。通过打造现代服务平台和高能级交通枢纽平台,嘉兴经济技术开发区正努力提升城市功能品质,为区域经济发展提供有力支撑。

6)立足高铁跨城协同发展

值得一提的是,嘉兴经济技术开发区依托宁杭高铁和沪杭高铁等交通干线,同时进入上海、杭州、苏州的"半小时同城圈"(图3.1)。这一优越的交通区位为嘉兴经济技术开发区实现跨城产业协同发展提供了有利条件,也为区域经济的互联互通和一体化发展奠定了坚实基础。

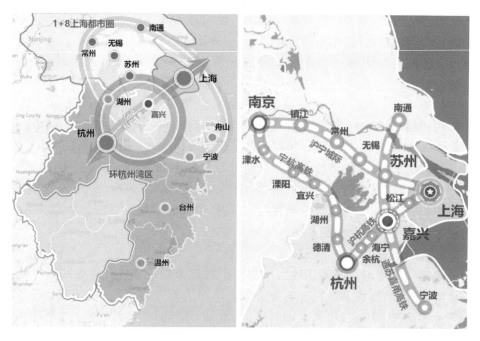

图3.1 嘉兴市发展战略图

2.嘉兴经济技术开发区内部基础

在发展成就方面,嘉兴经济技术开发区作为嘉兴市的经济发展重要引擎,近年来呈现出明显的上升势头。其地区生产总值持续增长,综合实力在国家级经济技术开发区考核中名列前茅,在利用外资考核中也表现突出,位列第一梯队。这些成绩的取得,彰显了嘉兴经济技术开发区在经济发展上的显著成就和强劲动力。嘉兴经济技术开发区发展基础与提升方向具体如图3.2所示。

图 3.2　嘉兴经济技术开发区发展基础与提升方向

在产业结构方面,与苏州工业园区相比,嘉兴经济技术开发区仍有一定的差距。苏州工业园区在服务业倍增之后,通过实施生态优化、金鸡湖双百人才、金融翻番、纳米产业双倍增、文化繁荣、幸福社区等六大计划,推动了知识密集型服务业的发展,提升了高新技术产业,完善了城市民生配套,吸引了国内外人才的集聚。这一系列举措不仅提升了苏州工业园区的产业核心竞争力,也为城市的可持续发展注入了新的活力。对标苏州工业园区的发展历程,嘉兴经济技术开发区在未来的发展中应推动制造业向智能化、高端化发展,同时实现城市服务业的高质量倍增。具体而言,嘉兴经济技术开发区需要加大科技创新投入,提升产业技术水平,培育新兴产业,优化产业结构。同时,嘉兴经济技术开发区还应加强与嘉兴市其他区域的协同发展,共同推动嘉兴市经济的整体提升。

在创新能力方面,嘉兴经济技术开发区在创新能力方面仍有待提升。与国家级经济技术开发区相比,其创新动能、基础研发资源、研发经费投入强度、科研人才储备以及高新技术企业培育等方面均存在不足。因此,嘉兴经济技术开发区需要加大科技创新的投入,优化创新环境,吸引更多的科研人才和创新资源,提升自主创新能力。

在城市品牌方面,嘉兴经济技术开发区也面临着挑战。目前,嘉兴整体形成了"九水连心"的城市特色空间格局,城市地标主要集中在环城河内的老城区域。相比之下,嘉兴经济技术开发区缺乏具有对外影响力的城市地标,城市品牌尚未打响。因此,嘉兴经济技术开发区需要加强城市品牌建设,提升城市形象,打造具有辨识度的城市地标,吸引更多的投资和人才。

综上所述,嘉兴经济技术开发区在经济发展、产业结构、创新能力和城市品牌建设等方面仍有待提升。通过与苏州工业园区的比较,可以发现嘉兴经济技术开发区在未来发展中需要努力的方向和目标。只有不断创新、优化产业结构、加强城市品牌建设,嘉兴经济技术开发区才能在激烈的竞争中脱颖而出,为嘉兴市的经济发展作出更大的贡献。

3.1.2 存在困境

1. 工业用地评价及标准的完善之路

当前,工业用地评价及标准面临诸多挑战,亟待完善。早期工业用地在划拨过程中,产业用地权属情况复杂,这不仅给管理带来了困难,也限制了用地效率的提升。此外,全国土地调查在用地现状方面的投入较大,但对工业用地内部的宗地、企业及不动产登记数据的获取相对较少,这直接影响了评价的全面性和准确性。

在评价维度上,目前多局限于"亩均论英雄"的模式,缺乏对园区尺度的考虑,使得评价结果难以反映真实情况。同时,对于低效用地整治的辅助支持力度不够,导致大量低效用地无法得到及时、有效的整治。此外,土地管理与利用的全生命周期尚未完全打通,使得土地资源的利用效率受到制约。

针对这些问题,嘉兴市亟须开展工业用地调查工作,从多尺度、多维度方面创新评价体系。具体而言,应建立智慧化的存量工业用地调查矢量及属性数据库,实现数据的动态更新和精细化管理。同时,推动评价体系的精细化、动态化、信息化和可持续发展,以适应新时代工业用地管理的需要。

2. 工业用地规划机制的完善策略

工业用地规划机制涉及自然资源管理、建设规划等多个部门及企业等多方利益主体。目前,自上而下和自下而上的规划过程仍存在信息壁垒,导致在提升目标、规模与用地布局方面存在一定的差异。这不仅影响了规划的科学性和合理性,也制约了工业用地的有效利用。

为了解决这些问题,嘉兴市政府部门需要在顶层和底层打通信息通道,从宏观上制定规划目标,并明确各层级的工业用地目标。在此基础上,编制专项规划,确保多主体权益的保障。同时,加强部门间的沟通协调,形成合力,共同推进工业用地规划的完善和实施。

3. 工业用地与产业结构配置的优化路径

当前,工业用地与产业结构配置存在不匹配的问题。政府在前期通过工业用地出让面积和降低出让价格吸引企业入驻,导致城北片区工业用地节约集约利用程度较低。这不仅影响了土地资源的合理配置,也制约了产业的发展。

为了优化工业用地与产业结构配置,嘉兴市政府部门需要从多个方面入手。首先,加强工业用地的节约集约利用,提高平均容积率,确保土地资源的高效利用。其次,优化产业布局,引导高污染、高能耗产业向园区外转移,推动产业结构的升级转型。再次,加强企业单位的工业增加值能耗和VOCs(挥发性有机物)排放管理,确保产业发展的可持续性。最后,还需要关注产业企业发展周期与土地出让年限的匹配问题。通过合理调整土地出让年限和方式,减少园区闲置空地的出现,提高土地利用效率。

4. 工业用地更新改造的多元路径

以往低效工业用地的更新改造多从产业转型升级方面进行,而在城市配套、环境保护等方面的更新实践较少。这导致一些地区存在高端人才和商务白领居住产品缺乏、学校配置不足、生态空间风貌不佳等问题。

随着城市可持续和高质量发展的要求不断提高,工业用地更新改造需要从人文主义、生态文明视角出发,探索多元发展路径。具体而言,应加强城市配套设施建设,提高居住环境和公共服务水平;加强环境保护和生态修复工作,提升生态空间风貌;同时,注重产业转型升级与文化传承的结合,打造具有特色的工业遗产保护和利用模式。

5. 工业用地创新政策的推广与实践

在存量更新的背景下,新型工业用地成为土地提质增效的有效途径。嘉兴市政府已出台关于创新型产业用地(M0)的政策,并积极推广使用。然而,当前新型工业用地的实践仍面临一些挑战和问题。

为了解决这些问题,嘉兴市政府部门需要加强新型工业用地的准入标准制定工作,明确产业类型、用地效率和创新能力等要求,避免项目类型过于宽泛。同时,加强新型工业用地的实践经验积累和总结,探索基准地价、开发强度、配套设施比例、产权分割、土地绩效运营等方面的有效做法和模式。此外,还需要加大政策宣传和培训力度,提高各级政府和企业的认知度及参与度,推动新型工业用地的广泛应用和实践。

3.2 城南产业园更新模式

3.2.1 城南产业园现状

1. 基本情况

城南产业园片区位于嘉兴市中心城区南部,国家经济技术开发区南部科教商贸综合区内。基地与嘉兴高铁南站直线距离约为7千米,与嘉兴火车站直线距离约为5千米,与嘉兴机场直线距离约为5千米,是杭州进入嘉兴的重要门户节点,具有优越的地理区位优势。随着城市化进程的不断推进以及嘉兴市规划政策的变化,城南街道逐渐从嘉兴市的先锋街道变成城区的发展洼地,但城南街道凭借出色的常住人口、经济和土地利用条件由城市边缘区向城市副中心、嘉兴市区西翼门户转变,由嘉兴主城边缘工业园区向姚家荡副中心重要的功能板块转变。

城南产业园具有"西翼门户、生态筑底、创新引领、文化制胜"四大优势。第一,具有培育潜力的空间区位。城南产业园从嘉兴主城边缘工业园区,向姚家荡副中心重要的功能板块转变,发展地位日益提升。第二,具有转型动力的创新高地。城南产业园周边功能板块加速崛起,创新要素日益聚集。第三,具有品质基底的生态格局。城南产业园临近主城区南部绿楔,嘉兴九水之一的长水塘从基地外侧穿越,生态条件优越。第四,具有气质内涵的文化交汇区。姚家荡承担链接禾城文脉的职能,是嘉兴经济技术开发区利用其文化区位脱颖而出的关键。

但同时城南产业园也面临着"空间约束、竞争激烈、中心尚在培育"的三大核心挑战。第一,空间资源紧约束,增量指标有限,空间拓展受限于机场限高,空间提容受限,城南街道未来增量指标共有366.78公顷,其中约300公顷均释放在中德(嘉兴)产业园和马家浜健康食品小镇板块,而三环内更是仅有不到60公顷的增量指标;第二,区域创新资源加速崛起导致区域竞争激烈,嘉兴市周边已形成科技城、湘江荡科创湖区、秀洲高新区、天鹅湖未来科技城等创新载体,创新要求加速集聚,区域创新产业竞争日益激烈;第三,副中心尚在培育,城市功能不完善,姚家荡副中心服务能级有待进一步提升。

城南产业园内部的基本情况主要有四个方面。第一,用地情况。规划地块内以工业用地为主,沿长水路与嘉杭路布置商业用地与商务用地,主要是4S店与商务办公大楼;园区二期内有居住小区与学校、商业等配套设施,主要有天乐苑、大树银河湾、太阳城等居住小区和城南小学等。第二,道路交通。园区内整体道路建设良好,但部分道路路面积水、损坏严重。二期缺乏集中的停车场,缺乏对路边停车的管理,乱停车现象较为普遍。此外,园区内公交覆盖率较低。至于公共设施,园区产业服务设施配套相对缺乏,且现有的公共服务设施品质还需进一步提升。第三,绿地景观。园区水系较多,自然基底较好,但绿化空间不足,缺乏公园设施,部分街头公园品质不高。第四,建筑风貌。园区风貌种类较多,生活区与工业区的风貌差异较大。

2. 园区现状

1)园区概况

该园区位于嘉兴市的核心地带,建成比例高达65%。园区北侧现有企业15家,其中不乏知名的汽车4S店7家;南侧则聚集了61家企业,形成了一片繁荣的产业聚集地。

2)产业特点

园区的汽车产业销售占据了主导地位,这一点从众多4S店的入驻可见一斑。但总体而言,工业仍以传统产业为主,这些传统产业在经济发展中发挥着稳定器的作用。小微企业占园区企业总数的8成以上,产业结构偏重于批发零售及传统工业。服务业在城南街道的经济结构中占比23.8%,而工业则占据了59.6%的重要地位。

3)企业规模与质量

在园区内现有的86块企业宗地中,规上企业共有34家,占比39.5%,这些企业通常拥有较强的经济实力和市场竞争力。然而,规下企业的数量更多,达到了52家,占比60.5%,表明整体企业质量仍有待提高。

4)税收与产值

值得注意的是,尽管园区的亩均税收达到了13.7万元,但仍存在土地效益与空间区位不匹配的问题,这意味着还有很大的提升空间。在产值方面,2021年园区的工业总产值达到了87亿元,亩均产值608万元,这一数值高于嘉兴经济技术开发区整体亩均产值170万元,但低于中德产业园亩均产值1000万元,显示出整体效益仍有待提升。

5)开发强度与建筑质量

园区的建设覆盖度高,但整体开发强度较低,平均容积率约为1.01。建筑方面,工业园区始建于21世纪初,整体建筑质量一般,但也有部分新建企业的建筑质量较为出色。

6)排污与环保

环保是园区可持续发展的关键。园区内有证排污企业有12家,其中重点排污单位主要涉及纺织服装制造和电池电子元器件制造等行业,这些单位对环境的影响不容忽视。因此,加强环保监管、促进绿色生产是园区未来发展的重中之重。

综上所述,城南工业园区在产业结构、企业规模、税收状况、产值表现、开发强度、建筑质量以及环保情况等方面均表现出一定的优势和不足。未来,园区应继续发挥其在经济发展中的稳定器作用,同时积极寻求转型升级,提高整体企业质量,优化产业结构,加强环保监管,以实现更加绿色、可持续的发展。

3.2.2 城南产业园更新模式

1. 产业策划

1)融入周边创新产业体系,聚焦"研发+商贸+制造"功能

据图3.3所示,首先,基地与嘉兴学院、嘉兴职业技术学院等研发创新板块紧密合作,形成产学研一体化的创新生态。这些高校和研究机构不仅为基地提供了源源不断的人才支持,还通过与企业合作开展科研项目,推动科技成果的转化和应用。其次,基地还积极引进国内外先进的研发机构和人才,打造一流的研发团队,提升产业的核心竞争力。

图3.3 产业发展策划

在商贸领域,基地通过构建高效的商贸物流体系和交易平台,实现了产业链上下游的有效衔接和资源的优化配置。基地与多家知名企业合作,引进国内外先进的商贸模式和技术,为内部企业提供全方位的商贸服务,促进商品的流通和交易的便利化。

在制造领域,基地依托中德(嘉兴)产业园、马家浜健康食品小镇、西部先进制造基地等制造板块,大力发展智能制造、绿色制造等先进制造技术,推动制造业的转型升级。积极引进国内外先进的制造设备和工艺,提升制造业的自动化、数字化和智能化水平,打造高品质、高效率的制造产业链。

与此同时,基地与高创园共同打造区域"研发孵化+科技成果转化"重要承载片区。通过建设孵化器和加速器等创新平台,为初创企业提供全方位的支持和服务,推动科技成果的孵化和转化。此外,基地还与金融机构、中介机构等合作,为基地内企业提供融资、法律、财务等一站式服务,助力企业快速成长。

2)合理配置产业空间功能分区,为产业发展提供坚实空间保障

在快速变化的全球经济格局中,产业的持续发展和创新是推动城市乃至国家经济进步的重要引擎。为此,科学合理地配置产业空间功能分区,对于产业的可持续发展来说至关重要。通过合理规划产业空间布局,产业园不仅可以提升产业发展的效率和质量,还可以为各类企业提供有力的空间支持,从而进一步促进产业升级和创新。

在产业空间功能分区的配置上,城南产业园必须紧跟产业发展的步伐,紧密结合市场需求和技术发展趋势(图3.4)。以一期工程为例,项目组重点布局了"商贸+研发孵化"两大板块。商贸板块旨在支持原有汽车商贸的转型升级,通过引入先进的管理理念和经营模式,推动汽车商贸业的创新发展。同时,积极与欧美园区进行合作,联动培育生命健康产业,以此为跳板,进一步拓宽产业发展的视野和领域。此外,研究组还对标产业发展需求,导入工业软件,为产业的智能化、数字化转型提供坚实的技术支撑。

进入二期工程,产业园的布局更加全面和深入。在"研发+制造+孵化"三大板块的基础上,产业园进一步对标智慧物联产业,力求在技术研发、生产制造和创新创业等方面取得新的突破。为此,项目组预留了总部企业研发+智造空间,为领军企业提供充足的发展空间,促进高端技术的研发和应用。同时,还设立了专精特新企业育成空间,为中小企业提供成长的土壤,培育更多的行业新星。此外,还配置了工业邻里、创新孵化等产业综合配套空间,为产业链上下游企业搭建起紧密合作的桥梁,推动产业生态的完善和优化。

通过这样科学合理的产业空间功能分区配置,城南产业园不仅能够满足产业发展的多元化需求,还能够为各类企业提供全方位的空间保障。这样的产业布局不仅能够促进产业内部的协同发展,还能够激发产业的创新活力,为经济的持续发展注入源源不断的动力。未来,园区将继续关注产业发展的新趋势和新需求,不断优化和调整产业空间布局,为产业的可持续发展提供更加坚实的空间保障。

图 3.4 功能分区策划

2. 用地布局

1)构建更新潜力评价指标体系,从多维度综合识别更新潜力

在城市化进程不断加速的今天,城市更新成为推动城市可持续发展的重要手段。而地块更新潜力的评估则是城市更新项目成功的关键。本节将以建筑图斑为基础,通过专家打分法,从经济效益、空间品质、产业方向和更新意愿四大维度出发,探讨地块更新潜力的评估方法,并对评估结果进行分类和解析(图3.5)。

首先,建筑图斑作为城市更新的基础数据,具有极高的参考价值。通过对建筑图斑的分析,可以获取地块的用地性质、建筑密度、容积率等关键信息,为后续的评估工作提供数据支持。

其次,项目组采用专家打分法,对经济效益、空间品质、产业方向和更新意愿四大维度进行单项打分。经济效益主要考量地块的经济效益潜力和未来发展潜力;空间品质则关注地块的土地利用效率、交通便捷性、绿化覆盖率等因

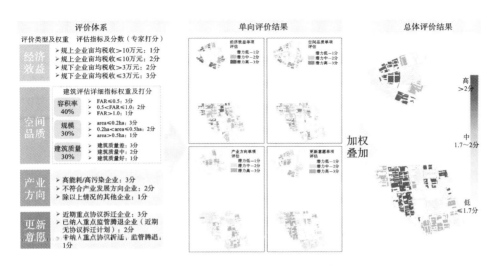

图 3.5 用地布局评价体系图

素;产业方向则针对地块所处的产业环境和发展趋势进行评估;更新意愿则反映了地块所有者或利益相关者的更新意愿和配合程度。

通过多图层叠加分析法(加权计算),可以将四大维度的打分结果进行综合研判,得出地块更新潜力值。该方法将各个维度的打分结果按照权重进行叠加,从而得出一个综合得分。这个得分越高,表示地块的更新潜力越大。

为了更好地了解地块更新潜力的分布情况,采用自然间断点分级法,将评估结果划分为高、中、低三级更新潜力,这样可以更加清晰地了解各地块的更新潜力和优先级,为城市更新项目的规划和实施提供有力支持。

此外,在实际操作中还需要注意一些特殊情况。例如,已收储企业、已完成自主更新企业、入驻重大项目、民工宿舍以及道路水系优化涉及地块等五种情况。由于这些地块通常具有明确的更新方向或政策支持,其更新潜力相对较为明确,因此可以直接判别其更新潜力,而无须进行技术评估。

综上所述,地块更新潜力的评估是城市更新项目成功的关键。通过以建筑图斑为基础,采用专家打分法,从经济效益、空间品质、产业方向和更新意愿四大维度进行评估,并结合多图层叠加分析法和自然间断点分级法对评估结果进行综合研判和分类,产业园可以更加准确地了解各地块的更新潜力和优先级。这将为城市更新项目的规划和实施提供有力支持,推动城市实现可持续发展。

2)划定三类潜力区域

随着城市化的快速推进,城市更新已成为当下热议的话题。在这个过程中,如何准确地识别并评估各个区域的更新潜力,是关系到城市未来发展的重要一环。本节将从经济效益、空间品质、产业方向和更新意愿四大维度,综合识别更新潜力,探讨拆除与综合整治的策略,以期为城市更新提供有益的参考。

经济效益是评估更新潜力的重要指标之一。"低小散"企业由于规模较小、分布零散,往往经济效益不高,成为制约区域经济发展的瓶颈。因此,对于这类企业,近期协议拆迁将是一个有效的解决方案。通过拆迁,可以释放土地资源,为更具经济效益的项目腾出空间。同时,拆迁也可以带来土地价值的提升,促进周边地区的经济繁荣。

除了经济效益,空间品质也是评估更新潜力的关键因素。陈庵港水系与慢行路径的优化,是提升空间品质的重要措施。通过整治水系,可以改善区域的生态环境,提升居民的生活质量。而慢行路径的建设,则可以为居民提供更为便捷、舒适的出行方式,增强区域的吸引力。这些措施的实施,将有助于提升区域的更新潜力,使其成为更具活力的城市空间。

产业方向也是影响更新潜力的重要因素。随着经济的发展,一些传统的产业逐渐失去了竞争优势,而新兴产业则崭露头角。因此,在城市更新的过程中,需要关注产业方向的变化,积极引进重大产业项目。这些项目不仅可以带来经济效益的提升,还可以为区域注入新的活力,推动城市产业的转型升级。

更新意愿也是评估更新潜力不可忽视的因素。对于一些经营效益较好的企业,现状保留是一个合理的选择。这些企业已经形成了稳定的经营模式,对区域经济的发展起到了积极的推动作用。通过保留这些企业,可以保持区域的稳定,同时也为未来的发展奠定基础。

综合以上四个维度,项目组可以对各个区域的更新潜力进行综合识别。对于一些具有中等更新潜力的区域,可以通过拆除和综合整治的方式,提升其经济效益、空间品质、产业方向和更新意愿。同时,也需要关注区域的特殊性和差异性,制定更为精细化的更新策略,以实现城市的可持续发展。

3.3 嘉善大云工改工模式

3.3.1 嘉善大云现状评估

1. 基本情况

位于嘉兴市嘉善县南部的大云镇,有一个备受瞩目的产业园区——中德(嘉兴)产业园。这个园区不仅地理位置优越,而且拥有广阔的发展前景。

中德(嘉兴)产业园地处大云镇区西南部,紧邻嘉善南站,直线距离仅1千米。同时,它与嘉善站的直线距离约为8千米,交通十分便捷。更值得一提的是,园区毗邻沪昆高速与常熟高速,使得物流运输和人员流动更加高效。这样的地理位置,不仅为园区内的企业提供了便捷的交通条件,也为园区的发展奠定了坚实的基础。

中德(嘉兴)产业园的有机更新设计范围广泛,包括拆除重建区域和改造更新区域。拆除重建区域占地20公顷,改造更新区域占地18公顷,总面积约38公顷。这样的设计规划,旨在实现园区的有机更新和持续发展,同时确保环境的和谐与可持续性。

为了更全面地了解和规划中德(嘉兴)产业园,研究范围被明确界定。东至双云路,南至大云港,西至嘉善大道,北至沪昆高速,总面积约205公顷。这一研究范围不仅涵盖了园区本身,还涉及周边区域,为园区的未来发展提供了全面的视野和深入的分析。

中德(嘉兴)产业园以其优越的地理区位和精心设计的有机更新规划,展现了无限的发展潜力和活力。未来,这里有望成为中德两国经济合作的重要平台,为区域经济的繁荣和发展注入新的动力。

2. 园区现状

在中国的产业园区中,多样化的产业类型带来了丰富的经济活力,但同时也带来了转型的压力。以某园区为例,其产业类型主要可以划分为装备制造、轻工和纺织三大类别。其中,装备制造和轻工类的生产制造占据了园区内企业的主导地位。这种产业结构的设置,既体现了园区的经济特色,也反映了当地经济发展的历史轨迹。

然而,这种产业结构也带来了一些问题。首先,规上企业的数量较多,对园区的经济贡献巨大。据统计,该园区共有89家企业,其中规上企业18家,约占园区总企业数的20%。但是,这18家规上企业的税收贡献却达到了园区的90%,显示出园区内企业的经济贡献高度集中。这种局面既体现了规上企业的重要性和主导地位,也说明了园区需要更加注重中小企业的发展,以提高园区的经济多样性和抗风险能力。

另外,尽管园区在土地利用上已有一定的集约度,但仍存在提升的空间。根据研究数据,研究范围内的工业平均容积率为1.4,多数企业容积率在1.0~2.0,整体开发强度适中,满足了土地开发强度的需求。然而,在有机更新设计范围内,平均容积率仅为1.1,部分企业容积率甚至在1.0以下。这表明,园区仍有大量未被充分开发的土地资源。提高土地开发强度,提升土地价值,将成为未来园区发展的重要任务。

在园区中,一些老旧建筑、功能混乱、道路狭窄、土地利用效率低下等问题也亟待解决。一些厂房建筑显得陈旧，用地空间存在闲置现象，道路狭窄影响了交通效率，建筑质量一般，功能混乱使得园区的整体形象受到了影响。同时，自然资源也未得到有效利用，这在一定程度上限制了园区的可持续发展。

此外，园区的路网密度较低，存在断头路，道路等级也有待提升。这不仅影响了园区的交通效率，也限制了园区的空间拓展和产业升级。因此，优化路网结构，提升道路等级，将成为园区未来发展的重要任务。

中德（嘉兴）产业园有机更新片区位于大云镇，是该镇早期工业片区的代表。在过去的几十年里，这片区域见证了该镇工业的快速崛起和发展。然而，由于历史发展原因，现存企业的宗地面积普遍过小，内部环境也相对较差。这不仅限制了企业的生产规模，也影响了企业的生产效率。对于中小企业而言，宗地面积的狭小意味着生产空间的不足，难以进行大规模的生产和扩张。同时，内部环境的恶劣也增加了企业的运营成本，降低了企业的竞争力。这些问题不仅影响了企业的发展壮大，也对大云镇的整体风貌造成了一定的破坏。

为了解决这些问题，中德（嘉兴）产业园有机更新片区正在进行有机更新。通过优化产业布局、提升产业空间利用效率、改善内部环境等措施，这片区域正在焕发出新的生机和活力。这不仅有助于推动当地经济的发展，也将为大云镇的城市风貌带来新的变化。

随着全球化的不断推进，产业发展对于地方经济的影响愈发显著。当前，大云镇范围内企业面临的一大问题是产业类型相对落后，产值效益较低。这种现状不仅限制了当地企业的发展潜力，也给整个镇区的经济发展带来了不小的挑战。

在仔细审视当前的企业规模时，不难发现，除了嘉善峥宝磁业有限公司和浙江启程汽车部件有限公司等几家颇具规模的企业，大部分企业的产业类型仍然停留在纺织、服装、箱包、木业、塑料制造等传统行业。这些行业虽然在一定程度上为当地经济作出了贡献，但已不符合当前镇区产业发展的大方向。与此同时，随着国内外市场竞争的日益激烈，这些传统行业也面临着越来越大的发展压力。

与此同时，不得不承认，大云镇并不是孤立的。在中德（嘉兴）产业园内，新建企业的产业类型已经逐渐向电子科技、光电科技、智能家具等高端制造业转型。这些新兴产业的崛起，不仅代表了产业发展的未来方向，也为当地经济的持续健康发展注入了新的活力。

在这样的背景下，大云镇范围内企业的工业增加值和税收水平显得相对较低。这一问题的存在，既是因为传统行业本身的附加值相对较低，也是因为这些企业在新兴产业的竞争中逐渐失去了市场份额。要想提高当地企业的产值效益,就必须加快产业转型升级的步伐,引导企业向高端制造业迈进。

为了实现这一目标,政府和企业需要共同努力。政府可以通过制定更加优惠的政策,鼓励企业加大科技创新投入,提高产品附加值。同时,还可以加强与国际先进企业的合作,引进先进技术和管理经验,提升当地企业的整体竞争力。企业则需要积极适应市场变化,加大研发投入,提高自主创新能力,不断推出符合市场需求的高端产品。

3.3.2 嘉善大云提升模式

1. 总体策略

在现代城市规划与发展中,实现"社会－生态－产业"的全面提升已经成为一项迫切的任务。这不仅关系到城市的可持续发展,更关乎着居民的生活质量和企业的市场竞争力。为此,政府和企业需要携手合作,通过一系列精心策划和实施的措施,共同推动产业园区的转型升级。

政府在其中扮演着至关重要的角色。通过主导存量建筑的拆除更新工作,政府能够有效地推动产业园区的整体改造。这不仅包括对老旧、低效建筑的拆除,更包括对新建筑的设计和建设标准的制定。在这一过程中,政府需要充分考虑到园区的整体规划和发展方向,确保新的建筑能够与周边环境相协调,同时也能够满足未来产业发展的需求。

除了政府的主导作用,企业也是推动产业园区转型升级的重要力量。企业需要积极响应政府的号召,主动参与园区的改造提升工作。这包括对自身厂房的改造升级,也包括对整个园区公共设施和服务配套的完善。通过这些措施,企业不仅能够提升自身的形象和竞争力,更能够为整个园区的发展作出贡献。

在推动产业园区转型升级的过程中,项目组还需要注重"社会－生态－产业"三大系统的全面提升。社会方面,需要关注园区内居民的生活质量和福利待遇,确保他们在园区的发展中能够受益。生态方面,需要重视园区的环境保护和绿化工作,打造一个宜居、宜业的绿色园区。产业方面,需要关注园区的产业发展方向和竞争力提升,确保园区能够在激烈的市场竞争中立于不败之地。

首先,对于现状发展较好且基本符合镇区产业发展方向的5家企业,可以保留并进行适当的改造提升。这些企业可以作为园区的核心力量,带动整个园区的发展。

其次,对于剩余的企业,需要规划拆除重建。这不仅包括对企业的厂房进行拆除重建，还包括对整个园区的公共设施和服务配套进行完善。通过这些措施，可以打造一个覆盖均衡多元、高品质配套服务的产业社区。

再次，需要注重公共空间的修补和提升。这包括增加绿地、公园等公共设施，提升园区的品质和活力。通过这些措施，可以营造一个以自然贴近生活的绿色园区。

最后，需要加快推动区域功能重构。这包括优化园区的产业结构、提升企业的创新能力和吸引力等。通过这些措施，可以打造一个拥有可持续创新吸引力的智慧园区。

2. 产业空间需求

四大需求推动产业集约化发展的新趋势，随着全球经济的不断发展和产业结构的不断升级，产业集约化发展成了一种资源优化配置、合理有效利用的可持续发展方式。这种发展趋势对于工业发展的空间指标提出了新要求，用地开发强度比以往更高。在这样的背景下，四大需求成为推动产业集约化发展的新趋势。

首先，集约化发展需求是产业集约化发展的核心。产业集约化发展的目的是通过优化资源配置、提高生产效率、降低生产成本，实现产业的可持续发展。这种发展趋势要求工业发展在空间布局上更加紧凑、高效，用地开发强度也要比以往更高。因此，产业园区需要合理规划用地，提高土地利用效率，促进产业集聚和产业链协同，推动产业集约化发展的进程。

其次，目标人群需求是推动产业集约化发展的重要因素。随着产业园区的发展，在园区工作的人群也变得更加复合，包括蓝领、白领和金领等不同层次的人才。这些人群对于生活和工作具有不同的需求，需要建设一个复合园区，糅合各种城市功能，以满足不同人群的消费需求。因此，产业园区需要注重人性化设计，提供多样化的生活和工作设施，打造宜居、宜业的产业环境，吸引更多的人才聚集。

再次，精细化发展需求是产业集约化发展的必然趋势。随着工业发展的不断深入，主导产业和产业环节也在逐步升级转型。不同城市、不同区域自身产业发展的特色各有不同，由此产生了不同的新型产业园。这些新型产业园需要注重精细化发展，提高产品质量和技术含量，推动产业升级和转型。同时，产业园区也需要注重产业链的完善和优化，促进产业之间的协同和互补，实现产业的集群效应。

最后，创新发展需求是产业集约化发展的重要支撑。新型产业发展更加依赖创新研发资源，因此，新型产业园需要集聚更多的科研资源，为实验室、科研院所等研究机构提供更多办公空间。通过搭建科技创新平台，促进产学研合作,推动技术创新和成果转化,为产业集约化发展提供强有力的支撑。

综上所述,四大需求是推动产业集约化发展的新趋势。通过满足集约化发展需求、目标人群需求、精细化发展需求和创新发展需求,可以推动产业集约化发展的进程,实现产业的可持续发展,为经济社会的繁荣和发展作出更大的贡献。

3. 产城空间结构

1)方案生成

在城市化进程不断加速的今天,城市交通和生态环境问题日益凸显。为了应对这些挑战,项目组需要从多个方面入手,其中,完善路网、生态导向和服务导向是三个重要的方向。

首先,完善路网是提高城市交通效率的关键。在加密支路网的过程中,项目组注重提高路网密度,使城市交通更加便捷、高效。这不仅可以缓解交通拥堵问题,还可以提高城市的整体运行效率。为了实现这一目标,需要落实道路网专项规划,制定科学的交通规划方案,并加强交通基础设施的建设。

其次,生态导向是保障城市可持续发展的必要措施。城市不仅是人类活动的场所,更是自然环境的重要组成部分。因此,项目组需要落实城市设计指引,加强水系贯通,让城市与自然环境相互融合,形成宜居、宜业、宜游的美丽城市。在这个过程中,可以通过借鉴生态学原理,采用生态修复、生态治理等手段,提高城市的生态环境质量。

最后,服务导向是推动城市经济发展的重要手段。随着城市化的加速,园区产业成为城市经济的重要组成部分。为了打造产业核心,嘉善县需要打造园区产业服务中心,落实"站城一体"战略,为园区企业提供全方位的服务支持。这不仅可以提高园区的竞争力,还可以促进城市经济的持续发展。

综上所述,完善路网、生态导向和服务导向是城市发展的三个重要方向。嘉善县需要在这三个方面持续努力,落实相关的规划和战略,推动城市的全面发展。只有这样,才能打造宜居、宜业、宜游的美丽城市,实现城市与自然的和谐共生。

在完善路网方面,需要注重提高道路的质量和安全性。除了增加道路数量,项目组还需要优化道路布局,提高道路的通行能力和安全性。例如,在繁忙的交通路段,可以采用智能交通系统,通过实时监测交通流量和路况信息,及时调整交通信号灯的时间和路线,提高道路的通行效率。此外,还需要加强道路维护和保养,确保道路平整、畅通,减少交通事故的发生。

在生态导向方面,需要注重提高城市的绿化率和生态环境质量。除了加强水系贯通,项目组还需要在城市中增加绿地、公园等公共空间,为市民提供更多的休闲和娱乐场所。同时,也需要推广环保理念,鼓励市民采用环保方式生活,减少对环境的影响。

在服务导向方面,需要注重提高服务质量和效率。除了打造园区产业服务中心,项目组还需要加强公共服务设施建设,提高市民的生活质量。例如,在医疗、教育、文化等领域,可以加强医院、学校、图书馆等公共设施的建设,提高公共服务的质量和覆盖率。

2)空间结构

在探索现代城市建设的进程中,一核、一廊、两轴、四组团的战略布局成为推动城市可持续发展的核心架构。这种规划模式不仅体现了对城市空间的高效利用,也展示了对生态环境与人文生活的深度关怀。

一核:水岸研发核。水岸研发核作为整个城市发展的核心,汇聚了高端研发机构和创新企业。这里不仅是科技创新的摇篮,更是人才聚集的高地。水岸研发核的设立,不仅推动了区域经济的快速增长,更引领了城市产业结构的优化升级。依托丰富的水资源和优美的自然环境,水岸研发核为科研人员提供了宜居宜业的工作和生活环境,进一步激发了城市的创新活力。

一廊:蒋家浜生态廊道。蒋家浜生态廊道作为城市的绿色动脉,承载着维护生态平衡、提升城市品质的重要使命。这条生态廊道不仅连接了城市的各个功能区域,更通过绿化植被、水体净化等措施,为市民提供了一个休闲放松的好去处。在这里,人们可以感受到大自然的清新与宁静,享受到城市生活中的绿色福利。

两轴:高铁新城发展轴、城镇生活发展轴。高铁新城发展轴和城镇生活发展轴是城市发展的两条重要轴线。高铁新城发展轴依托高铁站点,汇聚商业、文化、教育等多功能于一体,成为城市的新名片和交通枢纽。而城镇生活发展轴则注重居民生活的便捷性和舒适性,配备了完善的市政设施和公共服务,让居民在家门口就能享受到高品质的生活。

四组团:四大园区组团。四大园区组团作为城市经济发展的重要支撑,涵盖了工业、科技、文化、教育等多个领域。这些园区通过引入先进的企业和技术,培育了新的经济增长点,为城市的未来发展奠定了坚实基础。同时,园区内的配套设施和优惠政策也为企业提供了良好的发展环境,吸引了更多优质资源的汇聚。

综上所述,一核、一廊、两轴、四组团的战略布局不仅为城市的未来发展描绘了清晰的蓝图,也为提升市民的生活品质提供了有力保障。在未来的城市建设中,这种规划模式将继续发挥其独特优势,推动城市向着更加繁荣、宜居、可持续的方向发展。

3) 新概念模型设计

(1) 方案一：重点区域征收，保留区域改造

在城市化进程中，对于工业园区的改造升级，项目组提出了重点区域征收，保留区域改造的方案（图 3.6）。此方案的核心思想是在保护现有工业基础的同时，对特定区域进行征收和改造，以实现工业园区的整体优化和升级。

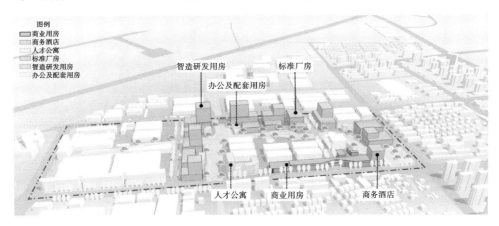

图 3.6　方案一示意图

首先，对于重点征收区域，将进行彻底拆除和重建。在此过程中，项目组注重保护生态环境，合理规划空间布局，力求打造出一个绿色、环保、高效的工业园区。同时，还将引进先进的生产设备和工艺，提高园区的生产效率和产品质量，以满足市场的需求。

其次，对于保留区域，将进行改造升级。具体来说，项目组对现有的厂房进行平面布局调整，以 50 米、40 米及 30 米面宽的标准工业厂房为主。这样的布局不仅可以满足工业生产工艺流程的需求，还可以提高土地的利用率和空间的合理性。同时，还将配套建设适量的办公和配套用房，以满足园区内企业和员工的日常办公及生活需求。

为了进一步提升工业园区的品质和吸引力，项目组将结合主要道路和水系布局，建设一批高品质、独栋的智造研发楼宇。这些楼宇的体量分别为 35 米×35 米和 45 米×45 米，将提供人才服务、生产研发办公等复合功能。这些楼宇的建设不仅可以吸引更多的高端人才和企业入驻，还可以提升工业园区的整体形象和竞争力。

此外，项目组还将注重打造商业活力片区，布局小体量的商业体块，形成休闲商业氛围。这些商业体块将提供各种餐饮、娱乐、购物等服务，满足园区内员工和周边居民的日常生活需求。同时，沿康兴路布置的高层人才公寓和商务酒

店也将成为镇区新城形象的亮点之一。这些公寓和酒店将为高端人才和商务人士提供舒适的居住和办公环境,进一步推动工业园区的发展和繁荣。

(2)方案二:连片征收,拆除重建

另一种改造工业园区的方案是连片征收,拆除重建。这种方案的核心思想是对整个工业园区进行彻底的拆除和重建,以实现全面的升级和转型(图3.7)。

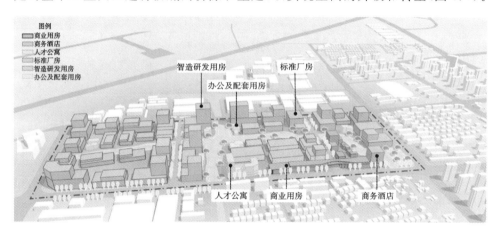

图3.7 方案二示意图

在这种方案下,项目组将对整个工业园区进行征收和拆除,重新规划空间布局和功能分区。在注重保护生态环境和历史文化遗产的同时,引进先进的生产设备和工艺,打造一个现代化、智能化、绿色环保的工业园区。

在厂房平面布局方面,同样将以50米、40米及30米面宽的标准工业厂房为主,以满足工业生产工艺流程的需求。同时,将配套建设适量的办公和配套用房,为园区内企业和员工提供便利的办公和生活条件。

为了提升工业园区的品质和吸引力,计划结合主要道路和水系布局,建设一批高品质、独栋的智造研发楼宇。这些楼宇将提供人才服务、生产研发办公等复合功能,吸引更多的高端人才和企业入驻。

与方案一类似,项目组也将注重商业活力片区的打造。通过布局小体量的商业体块和沿康兴路布置的高层人才公寓和商务酒店,形成休闲商业氛围和展示镇区新城形象的亮点。这些设施将为园区内员工和周边居民提供丰富的商业服务和舒适的居住环境。

无论是重点区域征收还是连片征收拆除重建的方案,项目组都将致力于打造一个现代化、智能化、绿色环保的工业园区。通过优化空间布局、引进先进设备和工艺、提升服务品质和吸引力等措施,推动工业园区的发展和繁荣,为当地经济和社会发展作出积极贡献。

3.4 嘉善西塘存量更新模式

3.4.1 嘉善西塘现状评估

1. 基本情况

本项目位于南塘港北侧,占地面积约为1.62平方千米,地理位置优越(图3.8)。其中包括大舜纽扣工业园、大舜服装辅料产业园、大舜集镇等多个区域,它们共同构成了这一独具特色的经济发展区。该基地的场地肌理清晰,地势平坦,为项目的建设提供了良好的自然条件。基地外围被农田和水系环绕,形成了独特的自然景观,不仅美化了环境,还起到了良好的生态屏障作用。

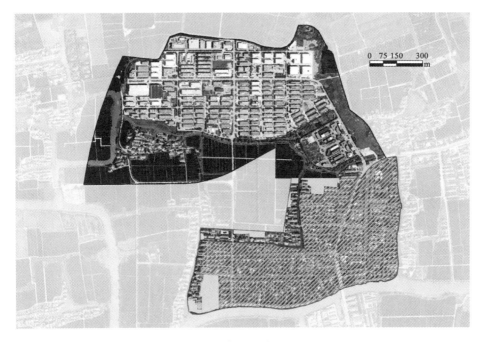

图 3.8 嘉善西塘遥感图

道路是连接基地与外部世界的重要纽带。基地内部有纽扣路纵穿,这条主干道为园区内的企业和居民提供了便捷的交通条件。通过西丁公路向南可连接平黎公路,进而接入申嘉湖高速公路,大幅缩短了通往其他城市的时间。此外,西丁公路东北方向与丁栅相连,为物流运输和人员流动提供了更多选择。

与国土空间总体规划三线相比,本项目范围包含城镇开发边界外13.2公顷土地。其中,永久基本农田占据 4.3 公顷,体现了对农业生产和粮食安全的重视。在第三次全国国土调查中,开发边界外土地以农村宅基地、水田和工业用地为主,这些不同类型的土地为项目的多元化发展提供了有力支撑。

综上所述,本项目地理位置优越,交通便利,场地条件优越,同时注重生态环境保护与农业发展的平衡。未来,随着项目的深入推进,必将为当地经济发展注入新的活力,促进产业升级和人口集聚,成为区域经济发展的重要引擎。

2. 基地现状

1) 浙江块状经济的缩影

中国纽扣之乡——嘉善,是一个在全球纽扣产业中占据重要地位的地方。其国内市场占有率高达60%,全球市场占有率也达到了40%,这样的成绩无疑让嘉善成为全球纽扣产业的佼佼者。

嘉善的纽扣产业并非一蹴而就,它的发展历程充满了艰辛与努力。作为嘉善第一个块状经济集聚产业园,西塘年产600多亿枚纽扣,纽扣产业产值约65亿元,占西塘镇地方财政收入的三分之一,成为西塘镇第一大纳税产业。这一成绩的取得,既得益于嘉善得天独厚的地理位置和资源优势,也离不开当地政府的大力支持和企业的艰苦努力。

然而,面对新的发展契机,嘉善的纽扣产业并没有满足于现状,而是积极寻求转型升级。大舜纽扣产业作为西塘镇第一大纳税产业,率先开始了从传统制造业向现代、时尚的文化产业的转型。各个纽扣企业通过引进先进的生产技术和设计理念,不断推陈出新,开发出更加符合市场需求的高品质纽扣产品。同时,各个纽扣企业还积极拓展产业链,将纽扣与其他相关产业进行融合,打造出独具特色的纽扣文化产业,实现了从单一制造业向多元化产业的华丽转身。

嘉善纽扣产业的转型升级,不仅提升了自身的竞争力,也为当地经济发展注入了新的活力。这一转型的成功,不仅是对嘉善纽扣产业的肯定,也为浙江省其他块状经济的发展提供了宝贵的经验。

未来,随着科技的不断发展和市场需求的不断变化,嘉善的纽扣产业还将面临更多的挑战和机遇。但相信在政府、企业和社会的共同努力下,嘉善的纽扣产业一定能够不断创新、不断发展,继续在全球纽扣产业中保持领先地位,为中国制造业的转型升级贡献更多的力量。

2) 纽扣产业的困境与转型需求

(1) 富民经济,纽扣产业的持续繁荣与转型

随着全球经济的不断演变,每个地区都在寻找其独特的产业定位和发展方向。大舜村的纽扣产业历经多年的积累与沉淀,已经成为当地的特色产业和经济支柱。然而,随着市场竞争的加剧和技术的快速进步,如何保持并进一步提

升这一产业的竞争力,成为摆在大舜村面前的重要课题。

(2)保留产业用地,确保产业持续发展

对于大舜村而言,纽扣产业不仅是经济的来源,更是许多家庭的生计所在。为了保障企业的生存与发展,确保税收的稳定增长,必须为纽扣产业保留一定规模的产业用地。这不仅能够吸引更多的投资,还能为当地居民提供更多的就业机会,确保经济的持续繁荣。

(3)环境整治,提升园区形象

随着产业的发展,园区的环境整治也显得尤为重要。政府应出台相关政策标准,对园区的消防、厂貌等方面进行全面整治。这不仅能够改善生产环境,提高产品质量,还能为园区带来整齐、干净的新风貌,吸引更多的企业和投资者。

(4)产业链重整,提高资源利用效率

当前,大舜村的纽扣产业链存在资源分散、产能浪费、低效同质竞争等问题。特别是电镀环节,村里有十几家电镀厂,每个厂都有自己的小老板,管理困难,效率低下。因此,对产业链进行重整势在必行。政府可以引导企业进行整合,形成规模效应,提高资源利用效率,减少浪费和竞争,推动产业向更高层次发展。

(5)市场转型,为从业者提供更多价值

纽扣市场的功能不应仅仅局限于房地产或面向普通消费者。相反,它应该成为纽扣从业者的信息交流平台和资源对接中心。政府可以引导市场进行转型升级,提供更多的市场信息和产品信息,帮助从业者把握市场动态,拓展业务渠道,实现更大的价值。

(6)解决劳动力断层问题,推动产业升级

在纽扣产业的某些环节,如开磨、激光、后期等,家庭作坊和小企业发挥着重要作用。然而,这些环节的设备使用率较低,企业单独购买设备并不划算。为了解决这一问题,政府可以考虑建立公共厂房,集中管理这些环节,提高设备使用率,降低成本,推动产业升级。

3)形成面向世界的"朋友圈"

在众多参与一体化的地区中,大舜的独特之处在于其多年沉淀下来的纽扣产业发展所孕育的文化。这种文化不仅体现在产业的繁荣与传承上,更在于其背后所蕴含的创新精神、工艺匠心以及全球化的视野。

大舜纽扣产业历经数十年的发展,早已从单一的加工制造拓展至服装生产加工、时尚行业和设计行业等多个领域。这种跨界的融合不仅丰富了产业的内涵,也进一步提升了其市场竞争力。大舜的纽扣早已不仅仅是一种简单的服装配件,更是一种时尚文化的象征,也是一种工匠精神的体现。

这种文化的形成,离不开大舜纽扣产业强大的销售网络。这个网络如同一个巨大的"朋友圈",将大舜的纽扣产品推向世界各地。无论是亚洲的生产基地,还是非洲的新兴市场,抑或是欧洲的时尚中心,大舜的纽扣都以其卓越的品质和独特的设计赢得了广泛的认可。

在这个过程中,大舜纽扣产业也积累了丰富的经验。企业深知,要在激烈的市场竞争中立于不败之地,就必须不断创新,不断提升产品的品质和设计。因此,各个企业不断引进先进的技术和设备,加强与国内外设计师的合作,努力打造出一款款引领潮流的纽扣产品。

同时,大舜纽扣产业也深知自己的社会责任。各个企业积极参与各种公益活动,推动产业的可持续发展,努力为社会创造更多的价值。这种责任意识和担当精神,也为大舜的纽扣产业赢得了良好的社会声誉。

总的来说,大舜纽扣产业在一体化进程中展现出了独特的文化魅力。这种魅力既来自产业的繁荣和创新,也来自其对全球市场的深度挖掘和对社会责任的积极担当。正是这种魅力,使得大舜的纽扣产业在众多参与一体化的地区中脱颖而出,成为一体化进程中一道亮丽的风景线。

4)能腾退高污染,转化高能力,差异化、一体化发展

在全球化浪潮的推动下,大舜纽扣产业面临着前所未有的机遇与挑战。为了应对这些挑战,大舜村必须采取果断措施,腾退高污染环节和"低小散"低质竞争企业,留下高能力企业和产业特色,进一步转化高势能,推动产业的转型升级。西塘地块升级策略方案如图3.9所示。

(1)腾退"高污染"

电镀作为纽扣产业的重要环节,却也是高污染环节之一。为了保护环境,实现可持续发展,当地必须坚决腾退电镀高污染环节。同时,对于"低小散"低质竞争企业,也要加大整治力度,淘汰落后产能,为产业健康发展腾出空间。

(2)留下"高能力"

在腾退过程中,也要注重留下大舜纽扣产业的特色"市场文化"和背后强大的"朋友圈"网络。这些是高能力企业和产业的宝贵财富,也是推动产业转型升级的重要力量。当地要充分发挥这些优势,将产业特色和文化传承下去,为产业发展注入新的活力。

(3)转化"高势能"

大舜纽扣产业拥有全球"朋友圈"高能力,这是产业的重要势能。因此要将这种高势能转化为"遍及全球的人脉""汇集全球的信息"以及高势能的产业资源。通过搭建交流平台,促进科研人员、企业家之间的交流与合作,实现资源共享、优势互补,推动产业向更高层次发展。

3 嘉兴市工业园区低效工业用地整治实践

图3.9 嘉善西塘地块分析图

(4)打造"高势能"转化的空间

3号地块作为大舜纽扣产业的重要区域,正适合成为"高势能"转化的空间。可以在这里打造一个集科研、交流、展示于一体的多功能平台,吸引北部科研人员和南部企业家前来交流。在这里,高势能产业资源可以汇聚交流,实现一体化、特色化发展,共同推动产业的转型升级。

(5)发挥生态资源优势,实现生态价值转换

大舜纽扣产业拥有得天独厚的生态资源优势。要充分发挥这些优势,打造"朋友圈"交流新空间,实现生态价值转换。通过举办生态论坛、环保展览等活动,加强产业与生态环境的融合,推动产业向绿色、低碳、循环方向发展。

(6)存量空间新赋能,推动产业转型升级

在腾退、留下和转化的过程中,要注重存量空间的新赋能。通过优化空间布局、提升产业配套服务等方式,为产业发展提供有力支撑。同时,大舜村要积极践行共同富裕理念,推动产业转型升级与区域协调发展相结合,实现产业与社会的共赢。

(7)一体化发展,共创未来

大舜纽扣产业要实现一体化发展,与4号、5号地块形成联动效应。通过打造一体化发展平台,为科研人员、企业家提供更为广阔的交流空间。同时,为4号、5号地块提供高品质配套服务,促进产业间的相互支撑和协同发展。

总之,腾退"高污染",留下"高能力",转化"高势能",是大舜纽扣产业转型升级的必由之路。大舜村要坚定信心,迎难而上,充分发挥产业特色和优势,推动产业向更高层次、更广领域发展。同时,也要注重生态保护和区域协调发展,实现产业与社会的和谐共生。

3.4.2 嘉善西塘提升模式

1. 愿景定位

经过对基地资源禀赋、核心价值的深入分析和对周边一体化特色发展需求的综合考量,项目组为片区更新提出了"纽连世界,国际社会"的愿景定位。

首先,"纽连世界"旨在继续并拓展纽扣产业的全球网络优势。项目组将推动该产业在信息交流和科研交流方面的发展,致力于将其打造成为区域核心的交流空间,并作为长三角一体化示范区的"双循环"重要节点。通过加强与国际纽扣产业组织和企业的合作,促进技术创新、品牌建设等方面的提升,进而提升片区的国际影响力。

其次,"国际社会"旨在构建一个高品质的国际化社区,满足对高品质生活有追求的人群需求。项目组将提供一流的居住环境和配套设施,引进优质教育

资源,打造休闲商业设施,并构建一个开放、包容的交流平台。通过与国际知名社区管理机构的合作,引进先进管理经验和服务模式,加强与国际教育、文化、商业等领域的交流与合作,推动国际化社区的建设与发展。

综上所述,项目组将以"纽连世界,国际社会"为愿景定位,推动片区的更新发展。通过充分发挥纽扣产业的全球网络优势,打造区域核心的交流空间,并构建高品质的国际化社区,提升片区的国际影响力和竞争力,为未来的可持续发展奠定坚实基础。

2. 更新路径

1)做大蛋糕,壮大集体经济,共享富裕成果

随着乡村振兴战略的深入实施,集体经济在村级产业中的分配可持续性与分配占比逐渐成为推动农村发展的重要动力。为了提升村级集体经济,增加农民就业,实现产业惠农增收的目标,嘉善西塘需要依托集体经济的投入、运维与管理方式的转变等多方面的努力。

首先,创新建立美丽乡村发展基金,转变投入方式,为村级集体经济提供稳定的资金来源。通过政府、企业和社会各界的共同参与,形成多元化的投入机制,为农村产业发展提供强有力的支持。同时,这种基金的建立还可以激发农民参与集体经济的积极性,增强他们的获得感和幸福感。

其次,创新政府购买村级服务,转变运维方式,提升村级集体经济的管理效率。政府可以通过购买村级服务的方式,将原本由村级集体承担的一些公共服务职能转移给专业机构来承担,从而提高服务质量和效率。这样不仅可以减轻村级集体的负担,还可以为农民提供更加便捷、高效的服务。

此外,发展土地合作型经济,注重盘活村中闲置资源,减少农田抛荒等浪费现象,也是提升村级集体经济的重要途径。通过整合土地资源,发展规模化的农业产业,可以提高土地的利用率和产出效益,增加农民的收入来源。同时,这些措施还可以促进农村一、二、三产业的融合发展,推动农村经济的多元化发展。

在实施路径上,项目组可以认真实施嘉善县"整乡推进、整县提升"基层党建工作,通过学习"抱团飞地"项目,将土地指标和资金整合起来,并选择规划符合产业发展导向的强村项目。这样可以有效整合农村资源,形成合力,推动农村产业的快速发展。同时,通过"抱团飞地"行动的实施,还可以促进城乡之间的合作与交流,推动城乡一体化发展。

《中华人民共和国土地管理法》明确规定,集体经营性建设用地可以入市作为工业、商业用地出让。这一政策突破为城乡一体化发展扫除了制度性障碍,为村级集体经济提供了新的发展机遇。通过合理利用集体经营性建设用地,可

以吸引更多的资本和人才进入农村市场,推动农村产业的升级和发展。

同时,不能忽视人才培养在提升村级集体经济中的重要性。培养乡村经理人、致富能手等优秀人才担任村级集体经济的掌舵人,可以使村级集体资产经营与市场接轨,形成长效机制。通过加强人才培养和引进优秀人才,可以提升村级集体经济的管理水平和市场竞争力,为农村经济的持续发展提供有力保障。

2)低散乱作坊式企业抱团入园,"草根"变"正规军"

随着经济的发展和产业结构的升级,传统作坊式"低小散"纽扣企业面临着巨大的挑战和机遇。为了推动这些企业实现转型升级,当地政府部门必须积极引导它们抱团腾退,进入工业园区、小微园区、两创园区等产业园区,加快园区产业集聚,促进入园企业孵化,从而从根本上转变"低小散"产业格局,推动传统"低小散"纽扣产业转型升级和经济高质量发展,践行绿色高效发展。

首先,作坊式"低小散"纽扣企业由于规模较小、技术水平低、管理不规范等,往往存在着生产效率低下、资源浪费、环境污染等问题。这些问题不仅制约了企业的发展,也影响了整个产业的可持续发展。因此,通过积极引导这些企业进入产业园区,可以实现资源的集中利用和管理的规范化,提高企业的生产效率和产品质量,同时也能够更好地保护环境,实现绿色高效发展。

其次,进入产业园区还能够为这些企业提供更好的发展平台和机遇。在产业园区内,企业可以享受到更加完善的基础设施和服务,如供电、供水、物流等,这些都将有助于降低企业的运营成本和提高企业的竞争力。同时,产业园区还能够为企业提供更加广阔的市场和更多的合作机会,促进企业之间的合作和交流,推动整个产业的协同发展。

最后,通过加快园区产业集聚和促进入园企业孵化,可以进一步推动传统纽扣产业的转型升级和经济高质量发展。在产业集聚的过程中,企业之间可以形成产业链上下游的协作关系,提高整个产业的竞争力。同时,通过孵化入园企业,可以培养一批有潜力的新兴企业,为产业的发展注入新的活力和动力。

3)抱团突围、异地建园、统一经营的共建模式探索

在全球经济一体化的大背景下,我国纽扣行业面临着前所未有的挑战与机遇。为了应对这些挑战,抓住机遇,政府审时度势,提出了异地共建纽扣产业园区的战略构想。这一举措旨在引导上规模的纽扣企业抱团突围,异地转型重建,全面推动行业转型升级,盘活优化发展空间。

政府通过精心规划和布局,选择了具有产业基础和发展潜力的地区,作为纽扣产业园区的建设地点。通过异地共建的方式,政府不仅推动了企业的地理集中,更促进了产业链上下游企业之间的紧密联系和协作。这种"总部经济、异

地生产、统一经营"的模式,不仅降低了企业的运营成本,提高了生产效率,还有助于形成产业集群效应,增强整个行业的竞争力。

在异地共建的过程中,政府充分发挥了引导和协调的作用。企业独立承担土地费用、基建成本,独立进行建设生产,保持了企业的独立性和灵活性。同时,两地共同组建园区管委会,统一负责园区的建设管理,共同开展对企业的服务。这种"政府引导、企业主体、市场运作"的模式,确保了园区的有序发展和企业的利益共享。

园区管委会的成立,为园区的建设和企业的发展提供了有力保障。管委会负责园区的规划、建设、管理和服务工作,确保园区的基础设施完善、环境优美、秩序井然。同时,管委会还积极与企业沟通协作,了解企业的需求和困难,提供有针对性的服务和支持。这种服务模式不仅提高了企业的满意度和归属感,也促进了园区的可持续发展。

在利益共享方面,政府和企业按照协议共同分享园区的发展成果。这种利益共享机制不仅激发了企业的积极性和创造力,也增强了政府与企业之间的互信和合作。通过共同努力和协作,纽扣产业园区成为推动行业转型升级的新引擎,为我国纽扣行业的健康发展注入了新的活力。

4)转变思维方式,搭建自上而下和自下而上相结合的管理体系

在经济快速发展的今天,土地资源的合理利用和高效配置显得尤为重要。特别是在经济技术开发区这一经济发展的重要区域,土地资源的整合和更新更是刻不容缓。因此,必须加大土地收储力度,加快推动零散土地的归并整合,为经济技术开发区的发展注入新的活力。

首先,经济技术开发区作为城市经济发展的重要引擎,其城市更新活动的规模和空间分布需要得到全面、科学的统筹和计划管理。这意味着项目组不仅要考虑当前的土地需求和利用状况,还要对未来一定时期内的经济发展趋势和土地利用变化进行预测和规划。通过制定合理的土地利用规划,可以确保土地资源的合理配置和高效利用,为经济技术开发区的可持续发展奠定坚实基础。

其次,在推进经济技术开发区城市更新过程中,项目组需要与近期建设年度实施计划、土地供应年度计划等相关规划进行协调推进。这样可以确保经济技术开发区城市更新活动与整体城市规划的衔接和协调,避免出现土地资源配置上的混乱和浪费。同时,还应关注经济技术开发区内的产业结构调整和产业布局优化,通过土地资源的合理配置,推动经济技术开发区产业结构的升级和转型。

此外,为了更好地推进经济技术开发区城市更新活动,项目组建议实行常态化腾退机制。这意味着符合条件的企业或个人可以随时进行申报,经相关部

门决策同意后,可以及时纳入经济技术开发区更新计划。这种机制不仅可以提高土地资源的利用效率,还可以为经济技术开发区的发展注入新的动力。同时,通过不受总量限制和年度批次限制的方式,可以更好地满足经济技术开发区不同发展阶段对土地资源的需求。

在具体实施过程中,需要注重土地资源的保护和可持续利用。在推进城市更新活动的同时,应充分考虑生态保护、历史文化传承等因素,确保土地资源的可持续利用和城市的可持续发展。此外,政府部门应加强对土地市场的监管和调控,防止土地资源的过度开发和滥用。

3.5 城北片区产业和空间提升模式

3.5.1 城北片区基本情况

嘉兴市城北片区位于城市北部,夹在中环与外环路之间,总面积24.7平方千米,占据了嘉兴经济技术开发区总面积的23%。其中,工业用地占据了6.54平方千米的面积。这个充满活力的片区,下辖嘉北和塘汇2个街道,还拥有1个北部工业园和2个创新型街区(图3.10)。城北片区是嘉兴市经济技术开发区早期的工业发展核心,其丰富的历史和深厚的产业基础为区域经济增长提供了坚实的基础。

城北片区的经济发展得较早,经过多年的积累,如今已有320宗地和515家企业扎根于此,其中不乏规上企业。这些企业不仅为区域经济增长贡献了巨大的力量,还带动了周边产业的发展,形成了良好的产业生态。据统计,2019年底,城北片区的工业总产值占嘉兴经济技术开发区总产值的71%,规上工业总产值更是占到了嘉兴经济技术开发区规上工业总产值的75%。这一数据充分证明了城北片区在经济技术开发区经济增长中的重要作用。

值得一提的是,城北片区的经济发展质量也非常高。该区域的亩均税收高达18万元,这充分反映了企业在该区域的经营效益和税收贡献。这也从侧面说明了城北片区在吸引优质企业、优化产业结构、提高经济效益等方面所取得的显著成效。然而,随着经济的不断发展,城北片区也面临着一些挑战。近三年来,该区域的经济发展劲头逐渐放缓,进入了开发区成熟期与转型期的交接点。为了应对这一挑战,城北片区需要加快产业转型升级,推动高质量发展,以实现经济持续稳定增长。

嘉兴经济技术开发区为嘉兴市经济发展的重要引擎,其城北片区作为早期发展地区,承载着汽车配套、电子信息、仓储物流、纺织业等多元化的产业体系。

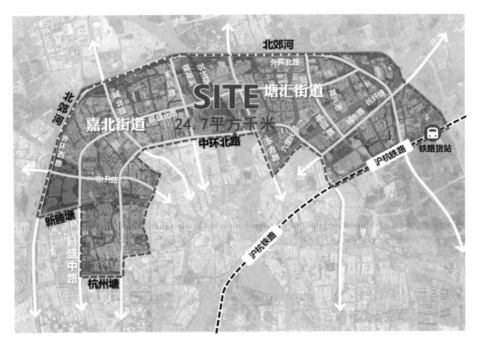

图 3.10 城北片区基本情况图

然而,随着全球经济的不断演变和国内经济结构的调整,城北片区正面临着资源紧约束和产业转型的严峻挑战。为此,近年来,嘉兴市城北片区积极探索产业和空间提升规划,力求实现高质量发展,并取得了一定的成效。

在嘉兴经济技术开发区转型升级示范区的框架下,城北片区需要解决的核心问题是如何在存量和减量发展时代,实现低效工业用地的有效更新。为此,嘉兴市城北片区基于"地—企"微观尺度,从构建分类管控技术体系、完善顶层制度设计和底层专项规划、形成工业用地治理体系、促进存量工业用地更新改造、推行适合的工业用地创新政策等5个方面进行了深入研究和实践。

构建分类管控技术体系是城北片区更新改造的基础。通过对不同工业用地的分类评估,确定各类用地的更新潜力和发展方向,为后续的规划和管理提供科学依据。

完善顶层制度设计和底层专项规划是更新改造顺利进行的保障。嘉兴市城北片区在顶层设计上明确了更新改造的目标、原则和政策措施,为整个区域的规划实施提供了有力支持。同时,针对不同类型的工业用地,制定了具体的专项规划,为各地的实施提供了具体指导。

在形成工业用地治理体系方面,城北片区注重政府、企业和社会各方的共同参与和协作。通过建立多方参与的治理机制,实现了对工业用地的有效监管,提高了用地的使用效率和效益。

促进存量工业用地的更新改造是城北片区更新改造的核心任务。通过推行一系列的政策措施,如土地置换、产业升级、环境整治等,有效地推动了存量工业用地的更新改造,为区域经济发展注入了新的活力。

推行适合的工业用地创新政策是城北片区更新改造的重要支撑。通过实施一系列的政策创新,如工业用地出让方式改革、土地使用权流转、产业投资基金等,为城北片区的产业发展提供了有力的政策支持。经过几年的努力,嘉兴市城北片区的产业转型与空间提升规划取得了显著成效,不仅有效地解决了资源紧约束和产业转型的问题,还推动了区域经济的持续健康发展。同时,也为其他城市在高质量发展视角下存量工业用地更新的实证研究提供了有益的参考和借鉴。

嘉兴经济技术开发区城北片区的产业转型与空间提升规划是一个系统性、综合性的工程。它不仅需要政府、企业和社会各方的共同参与和协作,还需要科学规划和有效政策的支持。只有这样,才能实现低效工业用地的有效更新,推动区域经济的持续健康发展。

3.5.2 城北片区提升模式

1. 明确更新方向

结合存量更新评价和未来发展定位,综合评判得出产业用地更新方向。统计"退二优二"和"退二进三"用地,得出可更新产业用地约463.5公顷,共列举近期腾退企业73家,远期腾退企业8家。

2. 产业配套升级

在方案中,项目组规划了生产型产业单元和科创型产业单元两类产业配套设施。生产型产业单元共设6个,规模控制在3~5平方千米,以满足不同生产企业的需求。为了提供完善的服务设施,设置了生产型产业邻里,集中建设工人宿舍、小型超市、小型餐饮等生活配套设施,确保产业工人的日常生活需求得到满足。此外,为了鼓励产业单元的建设与发展,项目组兼容生产型产业邻里的用地,并鼓励建设产业邻里中心,以小型超市和小型餐饮为主,同时给予一定的建设强度补偿。在其他用地上,鼓励建设工人宿舍和企业食堂,以满足更多产业工人的生活需求。

科创型产业单元共设4个,规模控制在1~2平方千米,以吸引和培养科技创新人才为核心。项目组为科创型产业单元提供了丰富的服务设施,包括科创型产业邻里、人才公寓、酒店、健身房、餐饮店、快餐店、咖啡店等,以打造舒适、宜居的工作环境。为了鼓励科创型产业单元的建设与发展，项目组兼容科创型产业邻里的用地，并鼓励建设复合功能的产业邻里中心，以服务周边科研人员为主。在其他用地上，鼓励附带建设人才公寓和餐饮店，为科研人员提供便捷的生活服务。

这一产业配套升级方案不仅有助于提升产业效率，还能吸引更多优秀人才，推动城市经济的持续发展。

通过完善产业配套设施，将为产业工人和科研人员创造更加宜居、便捷的工作环境，为城市的繁荣与发展注入新的活力。同时，这一方案也体现了项目组对城市可持续发展和人文关怀的深刻思考，旨在打造宜居宜业、充满活力的现代产业城市。

3. 分片区更新方案

通过更新方向识别＋更新路径识别的方式，对时尚创意设计产业园进行分片区更新，以期打造引领嘉兴纺织业升级的时尚产业集聚地。

1）产业园概况

时尚创意设计产业园位于嘉兴市中心地带，占地面积34公顷（毛地）。该产业园以华之毅时尚艺术中心为核心，汇聚了众多创意设计载体，形成了集研发、设计、发布、检验检测认证、技术转移于一体的全产业链生态圈。

2）发展方向与目标

该产业园致力于实现纺织行业创新链和产业链多维度的"延伸、提升、融合、重组"，推动嘉兴纺织业的柔性化、高端化、绿色化、数智化发展水平。通过引进国内外优秀设计师、设计机构和时尚品牌，搭建起时尚设计与纺织产业之间的桥梁，打造国内一流的时尚创意设计高地。

3）主要功能区域

（1）华之毅时尚艺术中心

作为产业园的标志性建筑，华之毅时尚艺术中心拥有时尚秀场、时尚艺术展示中心和设计师工坊等设施。这里定期举办各类时尚发布会、艺术展览和设计交流活动，为设计师和时尚爱好者提供了一个展示才华、交流思想的平台。

（2）时尚总部园

时尚总部园汇集了时尚协同创新中心、创意设计聚落和时尚设计学院等机构。这里汇聚了众多时尚产业的领军企业和优秀人才，他们通过协同创新、资源共享和人才培养等方式，推动时尚产业不断创新和发展。

（3）柔性生产基地

柔性生产基地是产业园的重要组成部分，包括小样车间和柔性工厂。这些工厂采用先进的生产技术和设备，能够快速响应市场需求，实现小批量、多品种的生产模式,满足消费者对个性化、时尚化产品的需求。

(4)设计师定制基地

设计师定制基地是产业园的另一个亮点,它提供了前后端一体化生产基地、创意家居工坊和服装饰品设计工坊等设施。这里汇聚了众多优秀的设计师和设计师团队,他们可以根据消费者的需求和喜好,定制出独具特色的家居用品和服装饰品,为消费者提供个性化的消费体验。

4) 具体分区更新模式

城北片区具体分区更新模式如图 3.11 所示。地块 1 和地块 2 内的企业评级和亩均产值均较低,尤其是宜泰鞋业地块已经停产,并被列入了收回和腾退计划中。埃迪尔丝绸地块的情况也类似,企业的税收和亩均产值都不尽如人意。这表明,在这些地块上,原有的工业发展已经难以持续,需要进行产业升级或土地再利用。

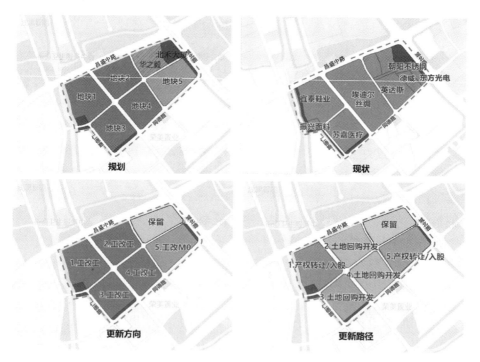

图 3.11　城北片区分区更新示意图

对于这样的地块,一种可行的解决方案是"工改工"模式。对于地块 1,华之毅时尚集团通过收购兼并宜泰鞋业有限公司,实现了对该地块的再利用。这种方式的好处是,可以在不改变土地性质的前提下,引入新的企业和产业,实现土地的高效利用。对于地块 2,政府采取了土地回购开发的方式,回购了埃迪尔丝绸有限公司的土地,再分割出让给新的企业。这种方式可以迅速清理低效用地,为新的产业发展腾出空间。

然而,并非所有的地块都适合"工改工"模式。比如地块3,虽然苏嘉医疗器械股份有限公司的发展方向与区域产业主导方向不符,但其本身具有一定的产业基础和发展潜力。因此,政府采取了土地回购开发的方式,让苏嘉医疗器械股份有限公司退地入园,实现产业升级。这种方式既保留了企业的产业基础,又为其提供了更好的发展环境。

对于地块4和地块5,情况又有所不同。这2个地块内的企业同样面临着税收和亩均产值较低的问题,但地块5中的英达斯、朝阳不锈钢、德威、东方光电等企业开发强度较低,存在浪费土地的现象。针对这种情况,政府采取了不同的策略。对于地块4,政府继续采用了土地回购开发的方式,回购埃迪尔丝绸有限公司的土地,再分割出让给新的企业。而对于地块5,政府则采取了工改M0的模式,通过国资主导、第三方机构市场评估的方式,让小企业产权作价入股,实现土地的高效利用和产业升级。

4. 环境修复

1)整治生态环境,梳理水网体系

通过高密度水系环境建设,实现水城互融。如构建生态水廊,提升运河空间格局,延续历史文脉,营造归属感,探索沿岸绿廊怡人的空间尺度与良好的可达性,强力注入共享空间与公共功能,引导公共空间由滨水向腹地和两侧拓展。构建活力水街,构筑连续完整、特色鲜明的慢行路线,塑造景观,更新功能,激发场地活力。设置社区水道,加强沿河健身设施建设,提升或增设现有慢行游步道,加强沿河基础设施建设,完善路灯、指示牌、休憩亭等设施建设。

2)优化交通环境

构建强轴,通过东方路、城东路、中山路3条主要轴线,与内城和外城紧密相连,形成了一个内外交融的城市片区(图3.12)。这一独特的地理位置,使得城北片区在城市的整体发展中扮演着举足轻重的角色。

南湖城市主中心作为这一片区的核心,依托中山路、城东路、东方路3条发展轴,将城北与秀洲副中心、秀水新区、湘家荡区域紧密相连。这种紧密联系不仅促进了各板块之间的资源共享,还推动了经济的协同发展,使得整个片区焕发出勃勃生机。

为了更好地实现城北片区的发展目标,项目组计划对3条连接外部的主要交通轴线进行形象提升。首先,中山西路将进行道路断面的改造,增加道路景观性,提升沿街商业立面的品质。同时,结合中山西路—中环西路交叉口的现状建设,打造一个独具特色的门户节点,展示城北片区的独特魅力。

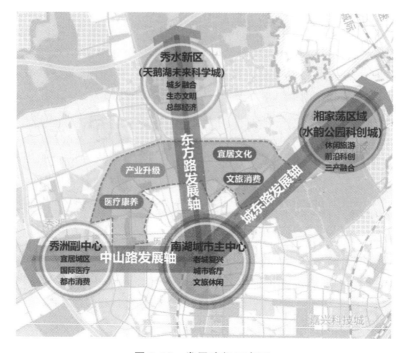

图 3.12 发展路径示意图

东方路则将进行一场深刻的转型。项目组计划清退道路西侧的工业用地，打造总部基地，吸引更多高端产业入驻。同时，提升道路两侧的景观品质，让人们在行走间就能感受到浓厚的绿意和文化气息。

城东路则将以道路快速化为目标，实现更加便捷的交通出行。同时，项目组将在这一区域新建商业综合体，与现有的麦德龙形成商业门户节点，进一步丰富片区的商业氛围，满足居民多样化的消费需求。

3) 提升城市风貌

在追求城市发展的道路上，不仅要关注经济的繁荣，更要注重城市的整体风貌和生态环境。一个充满活力和创意的城市，不仅要有高楼大厦和商业街区，更要有与之相辅相成的绿色生态空间和文化创新区域。因此，提升城市风貌，打造生态友好型、活力商业型和创意研发型等多种风貌区，是当下城市发展的重要课题。城北片区城市风貌提升模式如图 3.13 所示。

首先，生态友好型风貌区的建设是城市可持续发展的必然选择。随着全球环境问题的日益严峻，城市作为人类生活的重要场所，更应承担起保护环境、推动可持续发展的责任。通过打造生态公园、湿地保护区、绿色步道等生态空间，不仅能够为市民提供休闲娱乐的好去处，还能有效改善城市生态环境，提升城市的整体品质。

3 嘉兴市工业园区低效工业用地整治实践

图 3.13 城北片区城市风貌提升图

其次,活力商业型风貌区的建设是城市经济繁荣的重要支撑。商业街区作为城市经济的重要组成部分,在促进消费、拉动内需、增加就业机会等方面具有不可替代的作用。通过合理规划商业布局、完善基础设施、提升服务质量等措施,可以吸引更多的消费者和投资者,推动城市经济的繁荣发展。

最后,创意研发型风貌区的建设是城市创新发展的核心动力。在知识经济时代,创新已成为城市发展的核心竞争力。通过建设科技园区、文化创意产业园、设计师工作室等创意研发空间,可以吸引更多的创新型人才和企业,推动城市产业的转型升级和创新发展。

3.6 嘉兴科技城产业和空间提升模式

3.6.1 嘉兴科技城现状

1. 规划范围

作为嘉兴市的一颗璀璨明珠,嘉兴科技城的实际管理范围覆盖了一个广阔而充满活力的区域(图 3.14)。它不仅囊括了科技城核心区域的 29.5 平方千米范围,还包括了产业转型升级区,这一战略决策旨在推动区域经济的持续发展和科技创新的深入实施。

在地理位置上,嘉兴科技城具有得天独厚的优势。它位于嘉兴市的中心地带,具体规划范围东至永盛路、南至沪杭高铁、西至三环东路、北至嘉善塘,这一布局不仅便于交通和物流的顺畅,也为嘉兴科技城的发展提供了广阔的空间。

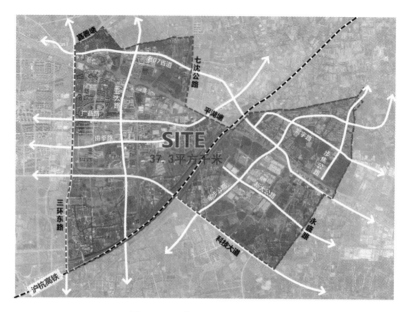

图 3.14　嘉兴科技城示意图

规划面积约为 37.3 平方千米的嘉兴科技城,将以其独特的魅力和无限潜力,成为驱动区域产业升级与科技创新的核心引擎。

嘉兴科技城的规划期限定为 2022—2035 年,其中近期目标设定为 2025 年。在这一规划期内,嘉兴科技城将致力于打造一个集科研、产业、人才、资本等多要素于一体的创新生态系统。通过优化产业布局、引进高端人才、提升科技创新能力等措施,嘉兴科技城将努力实现从传统制造向高端智造、从低端产业链向高端价值链的转型升级。

2. 内部基础

1) 发展成就与提升方向:城市经济实力的华丽转身

随着时代的进步,嘉兴市在经济实力、产业平台、营商环境等方面取得了显著的成就。经济实力不断增强,为城市的持续发展奠定了坚实的基础。产业平台日渐完善,为各类产业的蓬勃发展提供了良好的土壤。营商环境渐趋优化,吸引了越来越多的投资者和企业前来扎根。

然而,成就的背后也隐藏着挑战。为了保持这种发展势头,嘉兴科技城需要在产业平台、营商环境等方面进行深入提升。首先,要持续优化产业结构,推动传统产业向高端化、智能化转型,同时大力培育新兴产业,形成产业链内循环,打造产业生态圈,提高整体产业的竞争力。其次,要进一步提升企业的创新能力,鼓励企业自主创新,构建产学研合作平台,完善"研—试—产"的产业转化流程,让创新成为城市发展的新引擎。

2)产业结构与未来发展:从传统到新兴,打造产业生态圈

当前,嘉兴科技城的产业结构正在不断优化,新兴产业正在崛起。然而,传统产业依赖度高、主导产业竞争力不足的问题仍然存在。为了应对这一挑战,必须着重发展新兴产业,形成产业链内循环,打造产业生态圈。

具体而言,嘉兴科技城要抓住全球科技和产业变革的机遇,大力发展高新技术产业、绿色经济、现代服务业等新兴产业,推动传统产业向高端化、智能化转型。同时,要加强产业链上下游的协同合作,形成紧密的产业链内循环,提高产业整体竞争力。此外,还要积极打造产业生态圈,推动产业之间的融合发展,形成多元化的产业体系。

3)创新能力与产学研合作:构建城市创新生态系统

企业创新氛围浓厚是城市发展的重要动力。然而,嘉兴科技城的创新转化不足,这成为制约城市创新发展的瓶颈。为了突破这一瓶颈,嘉兴科技城需要鼓励企业自主创新,构建产学研合作平台,完善"研一试一产"的产业转化流程。

首先,政府要加大对企业自主创新的支持力度,通过财政、税收、金融等政策手段,激发企业的创新活力。其次,要构建产学研合作平台,推动高校、科研机构与企业之间的深度合作,形成产学研用一体化的创新生态系统。最后,要加强科技成果的转化和应用,让科技创新更好地服务于产业发展。

4)城市品牌与文化消费:打造城市新名片

生态文化资源丰富、九水连心的城市特色不显,这是我们城市品牌建设面临的挑战。为了提升城市品牌形象,嘉兴科技城需要推动"文化+消费"融合发展,打造城市新品牌。

首先,要深入挖掘城市的生态文化资源,将这些独特的文化资源转化为城市的文化符号和品牌标识。其次,要通过文化消费活动,如文艺演出、展览展示、文化创意产品等,吸引游客和市民参与,提升城市的知名度和美誉度。最后,要加强城市形象的宣传和推广,让更多的人了解并爱上这座城市。

3.6.2 嘉兴科技城提升模式

1. 任务解读

嘉兴科技城生产一生活板块间的现状问题折射出土地供需间的矛盾,需要通过制度化的城市更新释放土地资源。产业进入"向空间要效益"的创新发展阶段,追求生产生活融合,当前空间组织模式不足以支撑产业创新发展。生活板块对各类设施要求不断增加,但受到空间资源限制而遇到优地劣用的困境,创新型人居环境改善迫在眉睫。

嘉兴科技城目前面临的发展瓶颈：增量工业用地土地资源紧缺的问题、产业低效与新兴产业空间不足的矛盾、科创研发与成果转化的矛盾、板块联系与空间分割的问题。因此，项目组的目的便是，以长远发展为目标，构建嘉兴科技城片区城市更新的实施框架；聚焦嘉兴科技城存量更新重点地区，提出实施路径，以点带面，典型示范；强化全局层面的城市更新工作的系统性、完整性；为更新体系的构建和实际操作的衔接提供引导。

2. 总体思路

在当下快速发展的时代背景下，嘉兴科技城作为地区科技创新的重要载体，需要重新审视其地位，积极应对并调整发展方向，以更好地匹配空间资源和宏观发展环境。为此，项目组需要深入研究宏观发展环境，梳理新形势下外部宏观条件的改变，同时研究新时代产业发展的自身比较优势，对嘉兴科技城进行重新认识，并确定新的产业发展目标。

首先，从宏观发展环境来看，全球科技创新呈现出加速发展的趋势，新一轮科技革命和产业变革正在深入发展。在这样的背景下，嘉兴科技城需要紧跟时代步伐，积极拥抱科技创新，把握发展机遇。同时，随着国内外经济形势的不断变化，嘉兴科技城还需要深入研究外部宏观条件的变化，不断调整自身的产业结构和发展策略，以应对日益复杂的国内外市场。

其次，从产业发展的自身优势来看，嘉兴科技城在新时代的背景下拥有许多优势。比如，地理位置优越，交通便利，人才资源丰富，科技创新氛围浓厚等。这些优势为嘉兴科技城的发展提供了有力的支撑。因此，项目组需要充分利用这些优势，明确产业发展战略和产业结构体系，形成高附加值、有韧性的现代产业体系，推动嘉兴科技城的转型突破。

在具体实践中，将从四个方面入手：一是制定高质量发展路径，明确产业发展的方向和重点，加强产业规划和政策引导，推动产业集聚和产业升级；二是加强科技创新能力建设，鼓励企业加大研发投入，加强与高校、科研机构的合作，推动产学研深度融合；三是提升国际吸引力，积极参与国际科技合作与交流，引进国际先进技术和管理经验，提高嘉兴科技城的国际竞争力；四是构建城市更新格局，以城市更新为抓手，推动嘉兴科技城的空间布局优化和功能提升，为产业发展提供强大的空间支撑平台和系统的区域创新网络。

3. 产城空间组织

1）空间结构

嘉兴科技城构建了"一核两轴两廊四中心五组团"的空间结构（图3.15）。

（1）研发孵化创新核：引领科技前沿

作为城市的核心区域，研发孵化创新核是科技创新的重要引擎。该核心区

3 嘉兴市工业园区低效工业用地整治实践

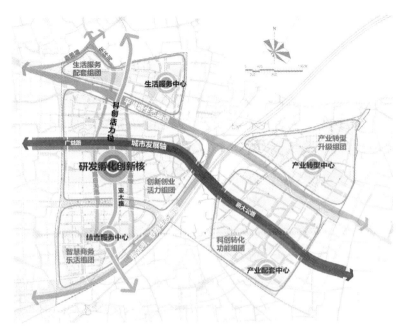

图 3.15 嘉兴科技城空间结构示意图

应聚集一批高水平的科研机构和创新企业,通过产学研合作,推动科技创新成果的转化和应用。同时,应加大对创新人才的引进和培养力度,为科技创新提供强有力的人才支撑。

(2)两轴联动:激发城市活力

亚太路科创活力轴和广益路—新大公路城市发展轴是城市发展的两大主动脉。通过优化这两条轴线上的产业布局和功能定位,可以有效促进城市各区域的均衡发展,提升城市的整体竞争力。同时,应注重轴线两侧的绿化和景观建设,打造宜居、宜业的城市环境。

(3)两廊生态:构筑绿色屏障

平湖塘生态廊道和南郊河—铁路生态廊道是城市的两条重要生态走廊。通过保护和恢复这两条廊道的生态环境,可以有效提升城市的生态品质,为市民提供优质的休闲空间。同时,生态廊道还能起到防风固沙、净化空气等重要作用,为城市的可持续发展提供有力保障。

(4)四中心协同:提升城市功能

综合服务中心、产业配套中心、产业转型中心和生活服务中心是城市的四大功能中心。这些中心应各自发挥自身优势,形成协同发展的良好局面。综合服务中心应提供便捷的政务服务和公共服务;产业配套中心应完善产业链条,提升产业竞争力;产业转型中心应推动传统产业转型升级,培育新兴产业;生活服务中心则应满足市民的日常生活需求,提升城市的生活品质。

(5)五组团共荣:激发城市新动力

生活服务配套组团、创新创业活力组团、智慧商务乐活组团、科创转化功能组团、产业转型升级组团是城市的五大发展组团。这些组团应根据各自的定位和特色,实现错位发展、优势互补。生活服务配套组团应完善基础设施和公共服务设施建设,提升城市的宜居性;创新创业活力组团应聚焦科技创新和创业孵化,打造创新创业的热土;智慧商务乐活组团应发展智慧商务和现代服务业,提升城市的国际化水平;科创转化功能组团应加快科技成果的转化和应用,推动产业升级;产业转型升级组团则应推动传统产业的转型升级和新旧动能的转换。

2)用地规划

嘉兴科技城规划一类工业用地约 1.90 平方千米,二类工业用地 7.49 平方千米,创新型产业用地约 0.99 平方千米,工业用地总量为 10.38 平方千米,占规划区总用地规模的 33.37%。科研办公用地约 0.74 平方千米,占规划区总用地规模的 2.38%。物流仓储用地约 0.28 平方千米,占规划区总用地规模的 0.89%。规划区用地比例基本符合产城融合要求,创新型产业用地、配套服务设施、道路设施、绿地空间均明显增加。

3)功能布局

随着经济的飞速发展,工业用地在城市规划中占据了至关重要的地位。为了推动制造业的可持续发展,划定工业用地控制线成为当务之急。下面将深入探讨如何科学合理地规划工业用地,以促进创新型产业的发展,同时满足高端制造、功能总部和先进服务业的用地需求。嘉兴科技城功能区分布如图 3.16 所示。

首先,工业用地控制线的划定,旨在保障制造业发展的空间。红线范围面积约 16.74 平方千米,其中包括创新型产业用地 0.99 平方千米,一类工业用地 1.90 平方千米,二类工业用地 7.49 平方千米。这一规划确保了工业用地的有序扩张,为制造业的转型升级提供了坚实的基础。

其次,在保障红线范围内,原则上不再新增商业住宅,而是推动传统制造业向"研发+无污染制造+商务办公+综合配套"的新模式转变。这一转变不仅有助于提升制造业的科技含量和附加值,还能促进产业结构的优化升级,为城市经济发展注入新的活力。

为了实现这一目标,工业用地需要向融合研发、创意、设计、中试、无污染生产和相关配套服务的创新型产业用地转变。这要求我们在规划工业用地时,要充分考虑创新型产业的特点和需求,为其提供充足的用地空间和配套设施。

同时,发展工业楼宇经济也是推动制造业转型升级的重要途径。通过优先

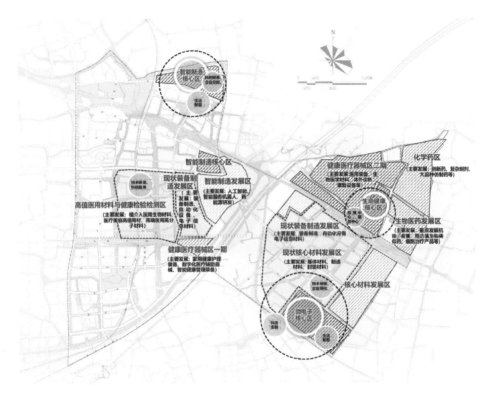

图 3.16 嘉兴科技城功能分布图

满足高端制造、功能总部、先进服务业等符合区域发展导向的优质项目的用地需求,我们可以有效推动工业用地的高效利用和产业升级。

在对标一线城市的基础上,项目组还应结合嘉兴科技城的产业类型,将创新型产业用地规模提升至产业用地总规模的15%。这将有助于吸引更多的创新型企业入驻,推动区域经济的快速发展。同时,打造7大创新平台,提高配套比例,使每一个创新型产业地块都能自成体系,形成一个产业+生活的混合社区。

在创新型产业用地的规划中,配套用房的建设也是至关重要的。根据规划,创新型产业用地配套用房不超过项目总计容建筑面积的30%,并且配套住宅的计容建筑面积不高于总计容建筑面积的20%。这一比例既能满足创新型产业的需求,又能确保居住环境的舒适度。

此外,为了打造更具智慧功能的1平方千米,项目组还应布局生命健康产业总部和健康创智社区。这包括建设一园三馆(共享设备平台、共享检测平台、共享人才培养平台),为创新型企业提供全方位的支持和服务。同时,建设科技街区,集聚所有共享资源,包括主题餐厅、会议中心、商店、服务中心、健身中心等,为创新型人才提供便捷的生活和工作环境。

4 平湖市低效工业用地整治实践

平湖市位于杭嘉湖平原东部,是浙江省内具有重要战略地位的城市之一。随着经济结构的深度调整和产业升级的加速推进,平湖市面临着传统工业用地使用效率不高、资源配置不合理等问题,制约着城市的可持续发展和产业结构的优化升级,亟须通过有效的整治实践来解决。文章深入分析了平湖市在低效工业用地整治过程中的策略、实践经验及其效果,探讨在地区经济转型升级中如何通过政策引导、规划调整、激励机制等手段有效提升工业用地使用效率,以期为推动平湖市乃至周边地区产业结构调整和经济高质量发展提供科学指导和政策建议。

4.1 平湖市工业用地现状与存在的问题

4.1.1 现状分析

1. 工业用地总量

结合第三次全国国土调查及变更调查、不动产中心数据、土地利用数据,截至 2022 年 6 月,平湖市统计用地图斑 3681 个,面积 3762.7 公顷,纳入工业用地数据库的工业用地图斑有 2832 个,面积 3316.3 公顷。其中,有合法工业用地图斑 2690 个,面积 3230.6 公顷;不合法工业用地图斑 142 个,面积 85.68 公顷,主要为超出实际宗地范围及没有产证的实际在用工业用地;非工业用地(含实际已腾退但产证未注销用地)图斑 508 个,面积 243.44 公顷;已腾退收回用地图斑 341 个,面积 202.95 公顷。

2. 工业发展情况

结合相关资料,当前平湖产业主要呈现以下特征。

第一,块状产业特征明显,产业层次相对较低。平湖依托自身特色产业发展,民营经济发达,是浙江块状经济的典型代表,已形成若干特色产业集聚区和专业市场。此外,平湖块状产业以传统商品的成品加工制造为主,产品结构除装备配件外多为终端消费品,产业链附加值不高,资源与市场外部依赖度高。

第二,产业结构工业主导,结构转型仍在进行中。从三产结构上看,平湖处于工业化后期阶段,二产是经济发展主要动力。三产基础相对较薄弱,产业结构转型滞后于区域总体水平。从经济结构变化上看,平湖一产比重整体下降,二产、三产比重趋于稳定,开始进入结构调整转型阶段。

第三,主导产业偏向传统。从主导产业上看,平湖市工业增加值以化学化工、电气机械和器材制造为主。

3. 工业园区分布

平湖目前确定了22个产业园区(工业点)。经济技术开发区和张江园区以机电、高端制造业为主;独山港以能源化工为主,兼顾服装等传统产业;其余各乡镇以洁具、服装、造纸、童车、五金、箱包等产业为主(图4.1)。

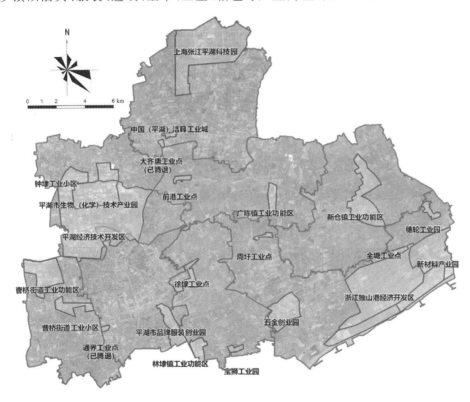

图 4.1 平湖产业园区分布图

4. 园区定位与现有产业符合度不高

从平湖工业用地产业与园区发展匹配度分析图(图4.2)中可以看出,平湖产业园区亟待转型升级,园区内存在大量与园区定位、主导产业不符的企业,企业所处行业与园区定位总体符合度不高,占据了大量发展空间,限制了新兴产业发展壮大。例如,平湖市经济技术开发区的主导产业是机电、汽车零部件制

图 4.2 平湖工业用地产业与园区发展匹配度分析图

造产业,但存在较多的服装、箱包产业。平湖市生物(化学)技术产业园区主导产业为生物(食品)医药,但存在较多的皮革、金属加工、纺织产业。

5. 开发强度较低,容积率有待提高

平湖市工业项目建设用地的地块开发强度普遍在 1.5 以下,平均容积率 0.83,地块容积率主要集中在 0.8~1.2。对比其他园区(如苏州工业园区),开发强度较低,容积率有待提高。对此主要有两方面原因:其一,规划条件设限偏低。根据调查,平湖市容积率上限在 2.0 以上的地块仅 21 个,381 个地块容积率上限设置为 1.0,限制了开发强度。其二,企业容积率不达标。对比《浙江省工业等项目建设用地控制指标(2014)》分行业控制要求及嘉兴市市标 1.2 倍要求,平湖市工业项目建设用地容积率不达标情况较为普遍,这和土地价格与建设成本、生产工艺成本等不匹配造成的粗放发展模式密切相关。

6. 亩均税收效益较低,亟待提升

根据省市工业用地相关文件,以亩均税收 3 万元为分界线,平湖市亩均税收3万元以下工业地块占总工业用地面积比例达30%,亩均税收10万元以下工业地块占总工业用地面积比例达55%。其中,存续5年内企业中,119宗地亩均税收在3万元以内,占比43%,地均效益亟待提升。

7. 企业综合绩效亟待提升

平湖市企业综合绩效近两年有下行趋势。根据市经济和信息化局调查评价,近两年平湖市企业综合绩效评价下降的工业用地图斑数量高达676个,有938个图斑评价保持不变,仅461个图斑评价上升。且近5年新增工业用地企业绩效评价不高,A类企业面积占比不到25%。

8. 工业用地生命周期分析

对平湖市工业用地生命周期进行分析,结果显示,距离终止日期20年以内的有8宗地,面积4.2公顷,主要为各乡镇(街道)园区外围的一些传统制衣企业,税收普遍较低;距离终止日期30年以内的有775宗地,面积604.3公顷;距离终止日期40年以内的有1183宗地,面积1406.6公顷;距离终止日期50年以内的有480宗地,面积1144.4公顷;由于合同日期不明而年限未知的有387宗地,面积156.6公顷,主要分布在各乡镇(街道)外围区域。

9. 批而未供用地分析

当前平湖市主要存在较多的批而未供用地,共107宗地,总面积81.45公顷,主要集中在钟埭街道和独山港镇,面积分别达到21.48公顷和55.18公顷,占总批而未供用地面积的26.4%和67.7%。

10. 规划符合性分析

一方面,对平湖市现有工业用地的规划符合性进行分析,发现存在较多现状为工业用地但不符合规划的区域。主要包括:钟埭街道的花园工业点(24.33公顷)和白马社区片(81.58公顷)、新仓镇的镇区和新庙区域(53.95公顷)、独山港镇的黄菇片(31.74公顷)、曹桥街道的工业小区东片(10.42公顷)和六店桥(42.36公顷)原规划为居住用地,钟埭街道的五一工业点(19.60公顷)和新埭镇的镇区(17.57公顷)原规划为商服/居住用地,广陈镇的前港区域(57.96公顷)原规划为商业/非建设区,独山港镇的穗轮、周圩(56.08公顷)原规划为居住/村庄用地,林埭镇的徐埭(11.03公顷)原规划为居住配套用地。另一方面,将平湖市现有工业用地的分布情况与"三区三线"确定的城镇发展区范围进行比较,发现位于城镇开发边界内部的工业用地图斑有2021个,面积为2914.3公顷,约占图斑总面积的88%;位于城镇开发边界外部的工业用地图斑有811个,面积为401.9公顷,约占图斑总面积的12%。

11. 城市比较分析

一方面,与嘉兴市其他区县比较,2020年,平湖市的产业用地面积和工业增加值分别为51.88平方千米和434.18亿元,在市域范围内处于居中水平,地均工业增加值则为市域最高。在新兴产业方面,平湖市高新技术产业、装备制造业、战略性新兴产业的增加值比重和研发投入均低于嘉兴市平均水平。

另一方面,与周边其他区县比较,平湖市经济发展状况位于中下游水平,在节约能耗方面也亟待加强。具体来讲,平湖市GDP在环杭州湾主要区县中排名靠后,与萧山、余杭、鄞州等区县差距明显,形成了沪杭间"经济洼地"。除此之外,2022年,平湖市二产占比61.2%,仍保持"二三一"的产业结构,在产业转型升级、新型城镇化和居民消费品质升级等背景下,该结构亟待进一步优化调整,使第三产业在经济发展中的主导地位进一步凸显。同时,与省内周边其他县市相比,平湖市工业单位增加值用电量较高,产业能源效益偏低,不符合现阶段国家高质量发展的态势和要求。

4.1.2 问题识别

1. 土地节约集约不足

由于平湖市对于工业项目建设用地容积率的上限设定普遍偏低,容积率上限在2.0以上的地块仅21个,381个地块容积率上限设置为1.0,对比《浙江省工业等项目建设用地控制指标(2014)》分行业控制要求及嘉兴市市标1.2倍要求均处于较低水平,限制了工业用地的开发强度。再加上部分企业出于土地价格与生产建设成本不匹配等原因,选择了高耗低效的粗放发展模式,布局散乱,设施落后,对地块和厂房的利用模式单一,容积率、建筑密度、投入产出强度、生产运行状况等均未达到现有规划标准,进一步造成了平湖市工业用地的低效和浪费。

2. 亩均产出效益较低

由于土地节约集约利用程度不足,部分企业无法适配当前产业和经济发展新形势,自身生产效益低下,亟待转型升级等原因,平湖市亩均税收3万元以下的工业地块占总工业用地面积的比例高达30%,亩均税收10万元以下的占比高达55%,整体产出效益不佳,亟须差异化开展"低产田"整治提升行动,分批、分步、有序、稳妥地"改造提升一批、关停淘汰一批、腾退收回一批、兼并重组一批、提升入园一批",推进平湖市工业用地的效率提升与格局优化。

3. 企业绩效有待提升

企业受多方因素制约,包括土地供应方式单一、地价政策缺乏差异性、竞买保证金与履约保证金较高、土地配套设施和服务不完善等,难以通过降低用地成本、借力优惠政策进行自身绩效提升。且平湖市政府缺乏对工业用地进行差异化管理的政策工具,规划条件模糊,批后监管不力,闲置地处置力度不足,进一步助长了企业绩效低下。经调查,平湖市综合绩效评价为A类的企业面积占比仅不到25%,区域产业发展缺乏活力。

4. 实际产业与园区发展定位不符

立足新发展时期,平湖市各工业园区积极探索产业转型升级,制定出指导自身高质量发展的战略性、纲领性、综合性规划并逐步加快落实。但截至目前,仍存在较多与园区发展定位不符、发展低效落后的历史遗留产业,如部分资源依赖性强,污染排放率高,亟待高端化、智能化、绿色化与融合化转型的能源化工产业等,其挤占了园区大量空间和资源,限制了战略性新兴产业的发展,极大地影响了园区产业集群的发展质量和效益。例如,平湖市经济技术开发区顺应经济发展新形势,将其主导产业设定为机电、汽车零部件等,但目前仍存在较多服装/箱包等轻工业产业区块,限制了资源的综合集中利用与主导产业的发展壮大。

5. 现状用地与规划不符,工业用地被调整蚕食

不同经济发展阶段的历史任务和比较优势不断发生改变,平湖市也因时因势不断进行规划调整,但受制于历史遗留产业等干扰,目前平湖市存在较多现状用地与规划不符的情况,如钟埭街道的花园工业点和白马社区片的实际用地类型为工业项目建设用地,却规划为居住用地,影响企业改扩建的同时,也对产业的发展空间造成限制,不利于园区向"产城融合"的新活力经济体转变。

4.2 平湖市工业用地整治提升专项规划

4.2.1 规划背景

自然资源部近几年陆续出台相关政策引导工业用地节约集约利用。2015年5月国土资源部发布的《国土资源部办公厅关于开展低效工业用地调查清理防止企业浪费土地的函》指出,低效工业用地为现状投入产出强度、容积率、建筑密度、产业类型、生产运行状况等未达到产业和城镇发展需求,但仍有较大调整利用空间的非闲置工业用地。2016年11月国土资源部发布的《关于深入推进城镇低效用地再开发的指导意见(试行)》要求,"促进城镇更新改造和产业转型升级,优化土地利用结构,提升城镇建设用地人口、产业承载能力,建设和谐宜居城镇"。2019年7月自然资源部修正的《节约集约利用土地规定》明确,"地方自然资源主管部门可以根据本地实际，制定和实施更加节约集约的地方性建设项目用地控制标准"。2023年5月自然资源部发布的修订后的《工业项目建设用地控制指标》规定，"《控制指标》是核定工业项目用地规模、评价工业用地利用效率的重要标准，新建、改建、扩建工业项目均要严格执行"。此外，在"制造强国"建设背景下，工业园区转型升级成为支撑实体经济发展的主要方式。2015年国家出台《中国制造2025》战略文件，将其作为未来十年国家实施制造强国战略、加快制造业升级的行动纲领，目的是发展实体经济、建设制造强国。2020年11月发布的《中共中央关于制定国民经济和社会发展第十四个五年规划和二〇三五年远景目标的建议》中明确，应"坚持把发展经济着力点放在实体经济上，坚定不移建设制造强国、质量强国、网络强国、数字中国，推进产业基础高级化、产业链现代化，提高经济质量效益和核心竞争力"。

浙江省持续加强"亩均论英雄"改革，以节约集约用地、节能降耗减排等为重点，引领空间高质量发展。2018年1月《浙江省人民政府关于深化"亩均论英雄"改革的指导意见》出台，要求推进"亩产效益"综合评价和资源要素市场化配置改革，加快"低产田"改造提升，建设综合评价大数据平台。2021年10月浙江省政府发布《浙江省新一轮制造业"腾笼换鸟、凤凰涅槃"攻坚行动方案（2021—2023年）》，要求以规上制造业企业、实际用地3亩（2000平方米）以上的规下制造业企业为重点开展排查，摸清企业用地、用能等情况，建立高耗低效整治企业清单，实行闭环管理；开展"两高"项目评估检查，对不符合要求的"两高"项目坚决进行处置。2021年12月浙江省自然资源厅公布《关于全面推进城镇低效用地再开发工作的若干意见（修改征求意见稿）》，指出"亩产论英雄、集约促转型"的发展理念得到深入贯彻，建设用地节约集约利用水平得到全面提高。

在空间治理数字化改革方面，浙江省坚持改革引领、数据赋能、整体协同、安全可控的原则，致力于打造具有浙江辨识度和全国影响力的国土空间整体智治省域样板。2021年5月浙江省自然资源厅出台《浙江省"数字国土空间"建设方案》，指出要"为治理端和服务端特定对象解决特定需求提供整体方案，开展特色应用场景建设，合理构建自然资源业务管理与协同应用新生态"。浙江省各地已在工业用地管理方面开展相关工作，具体包括：杭州市工业空间应用场景（读地、供地、管地、评地）；宁波市"企业找地一件事"；温州市建设项目全生命周期管理；嘉善县企业全生命周期管理（招商、项目落地、审批评估）等。当前省域空间治理数字化工作迎来新变化，打造跨部门协同应用，开展特色应用场景建设，提供高效管理支撑。浙江省于2023年3月15日起施行的《浙江省人民政府办公厅关于开展低效工业用地整治，促进制造业高质量发展的意见》，要求以习近平新时代中国特色社会主义思想为指导，深入实施新一轮制造业"腾笼换鸟、凤凰涅槃"攻坚行动和土地综合整治,持续深化"亩均论英雄"改革,坚持规划引领、系统治理、产业引导,全面开展低效工业用地整治,稳住工业经济基本盘,推动空间和生产力布局优化、产业结构调整,实现优地优用,为促进全省经济高质量发展、推进"两个先行"提供坚实保障。该《意见》明确了包括"突出国土空间规划引领""连片整治一批低效工业用地""提质升级一批产业平台"等任务在内的七大重点任务,提出了包括"健全工业空间管控体系""完善低效工业用地收回收购机制""鼓励低效工业用地增容提质"等举措在内的十大政策举措,并进一步指出要"加强组织保障""加大创新激励""强化数字赋能",为低效工业用地整治提供坚实保障。

嘉兴市于2021年启动"低散乱污"用地全域整治,通过贯彻落实国家、省级战略部署,逐步提升工业用地利用水平。2021年12月由嘉兴市自然资源和规划局、嘉兴市经济和信息化局联合发布的《关于印发〈开展工业领域"低散乱污"用地全域整治指导意见〉的通知》提出"到2022年底,在全面摸底的基础上,依据空间规划和产业布局规划,对各类园区产业空间布局全面优化,推进数字化改革场景建设"的目标。于2022年1月11日在嘉善西塘召开的工业领域"低散乱污"整治启动会,要求开展工业用地摸底调查、信息入库、专项规划编制等。此外,嘉兴市积极引导制造业转型升级,建设人才蓄水池,集聚科创源动力。《中共嘉兴市委关于制定嘉兴市国民经济和社会发展第十四个五年规划和二〇三五年远景目标的建议》提出"打响嘉兴制造品牌""重点打造新材料、新一代信息技术、新能源、高端装备制造、高端时尚产业等优势产业集群""重点培育人工智能、氢能源、航空航天、生命健康、半导体、时尚消费电子等一批新兴产业""建成长三角核心区全球先进制造业基地"等发展要求。2019年12月《嘉兴市人民政府办公室关于高质量建设"万亩千亿"产业平台的实施意见》的出台旨在实现制造业立市、平台优化提升的发展目标。

平湖市积极响应上级号召,深入推进"腾笼换鸟"整治提升工作,促进工业经济提质提效。2022年4月,《平湖市"腾笼换鸟"整治提升三年行动方案(2022—2024年)》发布,对该项工作进行整体部署,指出要以"亩均论英雄"为导向,通过"正向激励+反向倒逼",对工业园区外企业,亩均税收3万元、5万元、10万元以下的工业企业,连续两年及以上综合绩效评价D类的工业企业以及占地20亩(含)以上的规下工业企业等,分批、分步、有序、稳妥地开展改造提升一批、关停淘汰一批、腾退收回一批、兼并重组一批、提升入园一批,切实加快推进存量资源有效盘活利用,实现工业低效企业提质增效和规范升级,推动制造业高质量发展。此外,平湖市充分利用数字化手段,加强"腾笼换鸟、凤凰涅槃"数智治理场景应用的推广应用和迭代升级,在抓好、抓紧、抓到位该项工作的同时,注重其进一步延伸和扩展,为政府决策发挥支撑作用。

4.2.2 规划衔接

1.《平湖市国民经济和社会发展第十四个五年规划和二〇三五年远景目标纲要》

《平湖市工业用地整治提升专项规划》(以下简称《规划》)在两方面与平湖市"十四五"规划形成衔接。其一,在于"一核两极金边银线"的发展格局。《规划》提出,要将"两海"优势更好地转化为发展优势,全面拥抱上海,当好浙江接轨上海的排头兵,更深层次地加强区域合作,实现"东西延伸、南北推进、多点联动"。其中,如图4.3所示,"一核"即主城区高质量发展核,将其打造为城市中央活力区和带动平湖全域高质量发展的活力核心;"两极"即南北两个园区增长极,独山港经济开发区"临港极"和张江长三角科技城平湖园"科创极";"金边银线"即与沪毗邻的58千米"金边"和杭州湾海岸线的27千米"银线",前者重点释放毗邻上海优势,打造浙沪融合发展的黄金带,后者重点释放海洋战略优势,打造面向海洋的蓝色经济带。其二,在于共建协同创新产业体系,即构建高水平产业协同发展体系,坚持创新在平湖经济社会发展全局中的核心地位,全面塑造平湖发展的新动能、新优势。

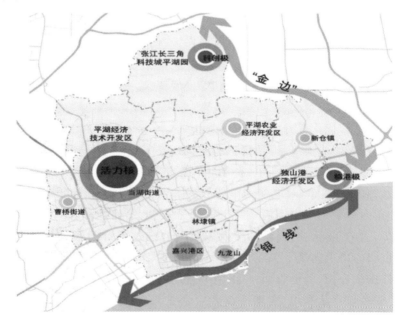

图 4.3 平湖市"一核两极金边银线"发展格局

2.《平湖市国土空间总体规划(2021—2035年)》

《平湖市工业用地整治提升专项规划》与《平湖市国土空间总体规划(2021—2035年)》中的"三区三线"划定内容衔接,将后者确定的复垦潜力地块结合进本次专项规划的制定中。根据 2022 年平湖市土地资源利用分析结果,其建设用地复垦潜力分布情况如图 4.4 所示,其中大齐塘、阳明公司等主要复垦潜力区可作为本次专项规划工业用地主要腾退、收回、整治的区域。

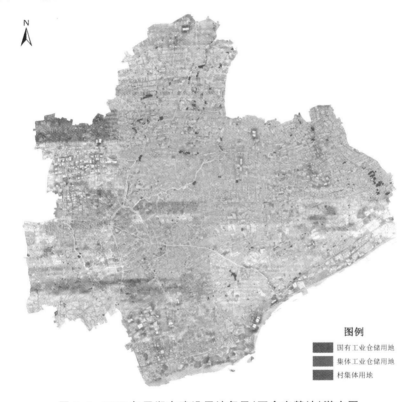

图 4.4 2022 年平湖市建设用地复垦(不含宅基地)潜力图

3.《平湖市低效用地再开发专项规划(2018—2027年)》

《平湖市工业用地整治提升专项规划》与《平湖市低效用地再开发专项规划(2018—2027年)》中低效用地再开发规模、优化方向、具体模式等内容相衔接,确定规划期内将以提升开发强度和提高固定资产投入为优化方向,再开发低效用地 1121.45 公顷。其中,城镇低效用地再开发 57.93 公顷(工矿仓储用地221.71 公顷),农村低效用地再开发 463.51 公顷(工矿仓储用地 8.14 公顷),旧厂矿和其他工矿仓储用地 483.40 公顷。此外,在具体再开发模式方面,主要包括全面改造模式(拆除重建)、局部改造模式(局部改造)、综合整治模式(以环境整治、完善配套、功能提升为主)三种类型。

4.《平湖高能级产业生态园规划》

《平湖高能级产业生态园规划》整合现状产业基础及资源禀赋要素,融入未来出行概念,打造出"一谷五园一街区"的平湖汽车产业生态园——未来出行产城融合示范区。"一谷"即未来出行智创谷,涵盖国家重点实验室、国家检测中心、智慧交通应用大脑等;"五园"即新能源汽车设备生产园、汽车核心部件产业园、整车制造生产园、未来出行智造园、未来出行设备产业园;"一街区"即高品质国际社区,包括国际人才公寓、平湖水街、智能生活社区等。《平湖市工业用地整治提升专项规划》与之衔接,强调以创新研发驱动为发展战略,着力打造更多项目承载能力强、产业配套环境佳的高能级产业发展平台。

4.2.3 目标定位

1. 发展定位

1)定位分析

(1)"制造强国"背景下工业区转型是支撑实体经济高质量发展的主要方式

在国家层面,我国积极出台《中国制造 2025》战略文件,作为未来十年国家实施制造强国战略、加快制造业升级的行动纲领。《中共中央关于制定国民经济和社会发展第十四个五年规划和二〇三五年远景目标的建议》也指出,"坚持把发展经济着力点放在实体经济上,坚定不移建设制造强国、质量强国、网络强国、数字中国,推进产业基础高级化、产业链现代化,提高经济质量效益和核心竞争力"。"实体经济发展"与"制造强国建设"成为国家推动经济高质量发展的重要抓手。

在省级层面,浙江省以"集群培育、整合提升、集约高效"为工作重点。《中共浙江省委关于制定国民经济和社会发展第十四个五年规划和二〇三五年远景目标的建议》指出,要保持制造业比重基本稳定,积极开展产业集群培育升级行动,大力培育新一代信息技术、生物技术、新材料、高端装备、新能源及智能汽车、绿色环保、航空航天、海洋装备等产业,加快形成一批战略性新兴产业集群。同时深入推进传统产业改造升级,提升小微企业园,创新服务综合体,发展智能制造、服务型制造。此外,浙江省出台《浙江省"万亩千亿"新产业平台建设导则(试行)》《中共浙江省委浙江省人民政府关于以新发展理念引领制造业高质量发展的若干意见》等规划指导,为产业集聚与转型升级提供政策支持。

在市级层面,嘉兴市强调制造业立市和产业平台优化提升。《中共嘉兴市委关于制定国民经济和社会发展第十四个五年规划和二〇三五年远景目标的建议》也指出,打响嘉兴制造品牌。其中,重点打造新材料、新一代信息技术、新能源、高端装备制造、高端时尚产业等优势产业集群,重点培育人工智能、氢能源、航空航天、生命健康、半导体、时尚消费电子等一批新兴产业,建成长三角核心区全球先进制造业基地;在产业平台整合优化提升方面,则应以《嘉兴市人民政府办公室关于高质量建设"万亩千亿"产业平台的实施意见》等政策文件为指导,加强省高能级战略平台、国家级和省级开发区、万亩千亿平台、高能级生态园等建设。

(2)长三角一体化产业双循环不断深化

在长三角一体化深入发展的背景下,城市间分工协作愈发高效,上海成为具有全球影响力的科创中心,杭州成为长三角数字经济中心,苏州成为长三角高新技术产业高地,宁波则成为长三角的制造、商贸物流门户。作为上述4座长三角重要城市交叉连接的节点,平湖市位于G60科创走廊、通苏嘉甬铁路、环杭州湾大湾区的交汇地带,在科技创新成果转化承接方面具有天然的优势,逐渐承担起错位协同、承接对接上海产业创新转化的职能,为构建新型产业体系、打造产业转型升级政策试验田创造良好条件。具体来讲,平湖是科技资源重点辐射地,在上海、杭州等创新产业链条存在科技创新成果丰富与土地、劳动力成本高昂之间矛盾的背景下,平湖可以在土地、资金、劳动力、政策等方面提供更多支撑,承担科技创新成果的转化与实践职能,发展为沪杭苏甬等城市高端产业的协同发展地。

(3)嘉兴市"555"行动、"三地"建设中的平湖担当

嘉兴市积极开展"555"行动,包括打造5大先进制造业集群、培育5大战略性新兴产业和推进5大产业链提升发展,以此加快自身制造业现代产业体系建设,为嘉兴市成为长三角区域先进制造业基地、数字经济高地和高质量外资集聚先行地奠定坚实基础。其中,"5大先进制造业集群"即世界级现代纺织业集群(千亿级原料+万亿级市场)、国家级新能源产业集群(千亿级制造+千亿级应用)、长三角区域级化工新材料产业集群(千亿级园区)、省级汽车制造业集群和省级智能家居产业集群;"5大战略性新兴产业"覆盖集成电路(硅片、晶圆、AI芯片、安防芯片等)、人工智能(传感器、大数据等)、氢能源(制氢、电池等)、航空航天(无人机、通用航空设备等)、生命健康(养老设备、医疗大数据、检测诊断等)等5大领域;"5大产业链"则包括时尚链(以高端面料+时尚品牌为标志的现代纺织产业链)、新能源链(以核电光伏+运维输出为标志的新能源产业链)、数字链(以芯片+大数据为特色的智慧家居产业链)、绿色链(以氢能+整车应用为特色的智能网联车产业链)和健康链(以医疗大数据+健康设备为特色的智慧医疗产业链)。在嘉兴市制造"555"行动布局中,平湖市主要负责现代

纺织(时尚产业)、化工新材料、汽车制造、航空航天等领域的建设和发展。

2)定位总结

结合上述分析,平湖市的定位为创新型制造先行区、产业链再造创新区、智能化转型引领区和长三角传统制造业改造升级示范地,力求培育一批世界一流企业和品牌,壮大工业电子商务、现代供应链、产业链金融等新业态,并推动传统制造业的数字化、网络化、智能化转型升级。

2. 发展目标

结合《平湖市国民经济和社会发展第十四个五年规划和二〇三五年远景目标纲要》,本次专项规划提出平湖市(不含港区)工业用地布局总体目标:建成高质量现代化工业体系,构建产业新生态,制造业综合实力不断提升。精准衔接国土空间规划,落实"三区三线"划定成果,工业空间集聚呈现新格局,发展用地得到有效保障,空间布局不断优化,用地产出效益大幅提升,实现发展质效的跨越式提升。到2025年,确保工业用地需求,全市工业用地规模控制在36.7平方千米左右,全市规上工业增加值年均增长7%左右,工业用地亩均产值提升50%。到2035年,全市工业用地规模占城镇建设用地总规模的30%左右,全市工业总体质量进一步提升,工业生产总值在2025年基础之上力争翻一番。

4.2.4 规划策略

1. 策略一:划定工业用地保护控制线

划定工业用地保护控制线是基于城市产业用地保障考虑,引导工业用地集聚集群发展的重要手段,其工作流程如图4.5所示。平湖市工业用地保护控制线划定遵循"总量框定+占补平衡"原则。具体来讲,"总量框定"是指在因上位规划变化和公共利益需要对工业控制线进行局部调整时需遵循"规模总量不减少、产业布局更合理"的原则;"占补平衡"是指在调出工业用地时需要补齐同等规模的工业用地,补划后工业用地规模不减少。

2. 策略二:分类别设定园区容积率指标

工业用地可划分为制造型、科创型2种类型,前者以强化规模生产、振兴实体经济为主,后者则重点培育新兴动能,助力技术创新。针对不同类型的工业用地,应制定差别化的容积率指标。

具体来讲,制造型工业地块承载符合绿色生产标准的所有产业,包含生产制造、研发创新和检验试验等功能,规模一般在15~20公顷,容积率控制在1.0~1.5,建筑密度为40%~50%,建筑高度不超过80米。制造型工业地块93%的

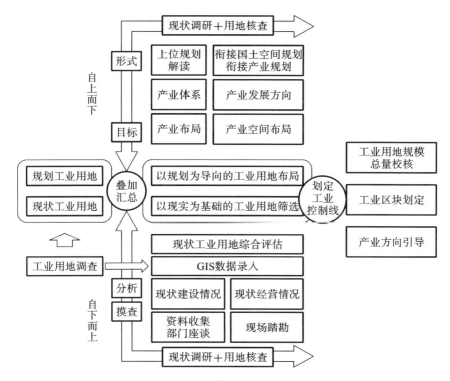

图 4.5 工业用地保护控制线划定流程示意图

空间都用于建造单层厂房或多层厂房,其中单层厂房布局有大型机械的生产环节,多层厂房的二层及以上布局电子、生物医药等没有大型机械的生产环节,二者间的配比依据企业生产模式和产品类型确定;剩余 7% 的空间主要承担员工生活用房、综合办公、研发办公等职能。

科创型工业地块则主要承载轻型生产、环保型和低能耗型的高端制造业,同时鼓励生产型服务业进驻。厂房多以 3 层叠 3 层、最高为 12 层的形态组成,每栋楼有 8~16 个单元,每个单元由 3 个楼层组成。科创型工业地块的容积率控制在 2.0~5.0,建筑密度为 35%~40%,建筑高度不低于 50 米。将堆叠式标准厂房地块分解,有 30% 的空间将用于研发办公和配套功能,其中研发办公区适用于都市型无污染中小企业的中试环节,例如轻型生产、环保型和低能耗型等,配套功能则包括接待区、员工休息区等。剩余 70% 空间涵盖中试生产、设备控制区和交通区域,其中中试生产区适用于都市型无污染中小企业的中试环节,包括生产车间、生产仓储等区域,设备控制区包括加工设备区、配电设备区、抗震设备间等,交通区域则包括货车停车坪、水平及垂直交通通道等。

3. 策略三：设定产业"工业上楼"指引清单

1）参考案例

（1）新加坡"堆叠式厂房"

新加坡堆叠式厂房集研发、中试、制造、仓储、办公等多功能于一体，多以3层叠3层、最高为12层的形态组成，每栋楼有8~16个单元，每个单元由3个楼层组成，包含中试生产制造区、研发办公区和仓储区三个功能区，适用于都市型无污染产业的中小企业。新加坡堆叠式厂房容积率大多在2.0~2.5，80%以上的工业厂房在4层以下。少数中高层工业楼宇集中在4~6层，甚至带有高抗震性能，但是价格比较昂贵。

（2）广东盈骅产业园"工业上楼"

广东盈骅产业园位于广州市黄埔区知识城，总用地面积30000平方米，总建筑面积14300平方米，容积率为3.97。其"工业上楼"主要有三方面内容：第一，提升工业用地的开发强度，使有限的产业空间得到最大化利用；第二，在工业厂房中融入生产配套、生活服务配套等，实现空间集约、功能复合目标；第三，把产业相关企业最大限度集中在某一个区域内，有效引导产业发展规划布局。

2）清单制定

根据企业生产特征，结合环保安全、减振隔振、工艺需求、垂直交通、设备载重等条件，制定产业"工业上楼"指引清单，推进工业用地复合多元化使用，形成"一栋楼就是一条生产链"的工业用地新模式。一般来讲，"工业上楼"的建筑形态以24米以上高层厂房为主，地块容积率较高，建筑的楼板荷载、建筑层高、生产辅助设施等设计需适应生产需求。鼓励上楼产业常为轻型产业，能耗低、污染小，生产工艺流程相对简单，需要室内空间尺寸较小，内部物流与管线较少，如新一代通信设备产业、超高清视频显示产业、智能终端产业、新材料产业等。此外，部分产业类型的工业企业可根据实际条件，将仓储和核心部件生产环节、组装环节、办公展示和会议检测等功能分开设立，形成"下生产、中组装、上服务"的工业大楼模式。

4. 策略四：推行数字化工业用地空间治理

1）工业用地开发利用管理闭环

在推行工业用地数字化治理方面，平湖围绕工业用地健康码，形成工业用地开发利用管理闭环。其工作流程各环节的具体内容如下：生成工业用地健康码，即生成拟供地块的土地健康码；确定规划条件，即确定拟供地块的位置、性质、开发强度等情况；制定供地计划，即对工业用地的供应量、供应结构、供应时序等进行计划和安排；供应土地，即依据供应方式（划拨、出让）反映实际土地供应情况；批后监管，即对从土地出让金缴纳到最后项目竣工期间的情况进行监管；登记不动产,即于项目竣工后开展确权登记工作;土地利用评价,即基于工业用地评价体系对土地利用健康水平进行评价,最终更新工业用地健康码的信息和状态。

2)工业用地综合评价体系

工业用地综合评价体系包括规划适宜性评价、投入产出评价、开发强度评价、合同履约评价、安全风险评价等5方面内容,旨在通过多项指标跟踪,全面展现工业用地信息。其中,规划适宜性评价主要考察该地块是否符合国土空间总体规划,是否符合详细规划,是否处于国家、省、市批准的开发区范围内,是否处于市政府批准的产业园区范围内,是否满足中心城区六线要求,是否符合园区产业业态等;投入产出评价以亩均税收、单位能耗工业增加值、研发经费占主营业务收入比重、全员劳动生产率、亩均工业增加值、单位排污权和绩效评价为主要评价内容;开发强度评价关注固定资产投资强度、容积率等指标,并考察地块是否进行技改投资;合同履约评价对土地开工竣工履约情况进行核查,并判断其容积率、亩均投资、亩均税收、单位能耗增加值、单位排放增加值、约定投资、约定研发经费占主营业务收入比重等是否达标;安全风险评价则主要考察工业用地是否属于土地违法或涉及生产安全。

根据上述不同的评价组合可以确定不同的工业用地整治指引。对未列出评价组合企业与评级为A+类企业赋予绿码,此类企业在工业用地整治提升中一般予以保留;对评级为B的地块赋予黄码,此类地块以提升为主要工作方向;对评级为C的地块赋予橙码,此类地块主要通过转置实现节约集约利用;评级为D的地块则获得红码,此类地块在低效工业用地整治提升工作中的主要处置方式为腾退。

3)工业用地健康码四大应用场景

平湖以数字地图为基础,以数字赋能为手段,建设从土地供应到土地评价全流程闭环管理体系,形成周期管理、土地供应、优企查询、工业用地评价与整治引导四大应用场景,对应在"浙政钉"App上则为"浙里有数""浙里有地""浙里优企""浙里要治"四大模块。平湖市工业用地规划适宜性、投入产出、开发强度、合同履约、安全风险等评价结果以图层的形式在数字地图上直观地叠加呈现,各项数据信息也在"工业用地健康码驾驶舱"界面清晰显示,图文并茂,显著提升平湖工业用地全流程闭环管理的科学性与透明度。

4.2.5 规划内容

1.定结构

1)总体结构:"一城三心、一轴两带、园区集聚"

平湖市以平湖经济技术开发区、张江长三角科技城平湖园、独山港经济开发区为发展重点,以其余乡镇(街道)为基础,构筑"一城三心、一轴两带、园区集聚"的工业用地空间结构(图4.6)。"一城"即平湖主城区综合服务中心;"三心"即张江长三角科技城平湖园、平湖经济技术开发区和独山港经济开发区组成的发展核心;"一轴"即串联平湖经济技术开发区、主城(曹桥、林埭)、独山港经济开发区的城市产业发展轴线;"两带"即杭州湾海洋带和融沪发展带;"园区集聚"即各乡镇街道特色产业板块和产业园区集聚。

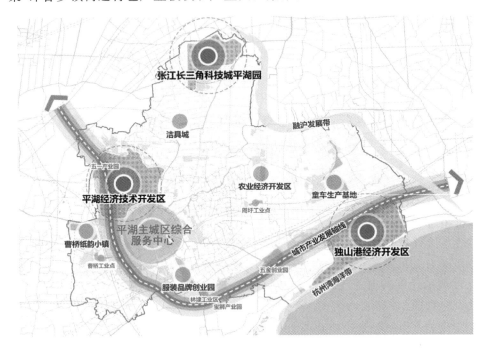

图 4.6 平湖"一城三心、一轴两带、园区集聚"总体结构图

2)分区施策:"引领、强化、转型、保留、清退"

(1)核心引领发展

其一,强化平湖城区的核心地位,大力发展面向城市和区域的现代服务业。平湖城区作为平湖市核心价值区域,应响应产城升级发展需要,大力发展国际高端商贸服务、金融服务、商务服务、服务外包、特色会展等细分产业领域,建设"大上海"的商务后台办公聚集区和区域性总部聚集区,成为上海连通长三角及全国发展的关键节点。

其二,以"一城三心"共筑区域经济文化城市中心。具体来讲,数贸服务极通过数字技术和数字服务带来创新,催生大量贸易新业态、新模式,强化各产业间知识和技术要素共享,促使制造业、服务业紧密融合,带动传统产业数字化转型;老城复兴极是区域性商贸服务中心,依托原有市中心区各类商业、商贸资源基础,开展提升工作,逐步建成服务经济技术开发区及市域的区域性综合服务中心;国际商务极成为对接上海的城市经济文化中心,依托轨道建设及其站点设置,积极推进新城区建设工作,高标准建设现代商业、商贸、文化、教育、行政办公等基础设施资源,成为"大上海"国际都市区向内地延伸的"战略新城"。

(2) 强化三大产业园区

通过存量优化和增量把控,做大、做强平湖经济技术开发区、张江长三角科技城平湖园、独山港经济开发区三大产业园区,将其打造为长三角先进制造业发展的集聚地、突破地和先行地。其中,钟埭街道重点打造平湖经济技术开发区这一高质量、高能级、国际化开放平台。其依托优厚的中德、中日产业合作园区的基础条件,向以汽车整车及关键零部件、航空航天为主的先进装备制造业和以智能电子设备、智能光电为主的数字产业延伸拓展。新埭镇重点建设张江长三角科技城平湖园这一沪浙协同创新融合发展示范区。其作为长三角一体化发展新标杆,以数字经济、电子信息(半导体)、高端装备(机器人)为主,传统产业方面重点提升优化旅行箱包和休闲服装产业,着力打造国际游购小镇(电子信息体验中心)、智能智造园(丞士机器人、润泽国际信息港、中南高科创智谷)、数字科创园等。独山港镇重点培育独山港经济开发区这一城市副中心和接轨上海的"桥头堡"。其以化工新材料、先进装备制造、生物(医药器械)、现代港航服务业为主,传统产业方面重点提升优化仓储物流、绿色精细化工产业,着力打造浙沪新材料产业园、临港装备制造产业园、浙江长三角生命健康产业园、苏宁长三角电商产业园等核心功能板块。

(3) 转型五个特色板块

推动平湖农业、服装、童车、洁具、纸制品等传统产业向产业链上、下延伸,即从生产端向研发设计端和营销推广端拓展,并与其他产业积极互动融合,产生多种新业态,最终实现曹桥纸韵小镇、当湖服装品牌园、新仓童车生产基地、新埭洁具城、广陈农业经济开发区等特色板块的转型优化。其核心理念即按照"时尚化、智能化、品牌化"三化要求,加快传统产业向时尚产业转化,提升传统产业的"智造"水平,并通过标准化、品牌化建设,提升传统产业的国际竞争力。具体做法包括:纵向延伸产业链,发展品牌设计、包装设计、服装设计、箱包设计等文创型新业态;做大时尚周、中国·羽绒服设计大赛等平台,提升传统产业国际知名度;依托景兴纸业工业区基础条件,拓展纸制品产业链,发展相关新兴产业,并加快推进企业入园,在发挥集聚效应的同时积极承接商贸服务及高端物流功能等。

(4) 保留两个乡镇产业区

保留林埭工业园、五金创业园两个乡镇产业区,分别围绕装备制造业、机械五金制品等主导产业,立足现有产业基础,加大运用高新技术改造传统产业的力度,进一步加快有机更新,加强园区管理,完善项目准入和退出机制。对标星级园区标准,推进产业转型提升和园区管理赋能,打造高端要素集聚、主导产业特色鲜明、创新能力较强的创新产业园。

其中,林埭工业园以建设产业集群为目标,将汽车配件、光机电、终端机械装备制造产业作为园区招商的主要方向,建设汽车配件产业园。

五金产业园注重完善园内路网建设,提高产业园准入门槛,打造具有一定规模效应的、配套设施成熟的五金产业园。同时加快五金机械创业创新中心建设,做大特色产业文章,提升产业核心竞争力。101省道南面的工业用地进行"退二进三",打造作为产业园配套的居住生活区。

(5)清退"低小散",发展"高大优"

其一,在清退"低小散"方面,以国土空间规划为引领,聚焦批而未供、供而未用、用而未尽等问题,对工业园区外围零散布局或与生态保护要求冲突的企业分批、分步、持续地开展清退工作,推进低效工业用地连片整治和盘活利用。

其二,在发展"高大优"方面,注重推动传统产业转型,通过培育两大新兴产业、聚焦四大重点领域,共建协同创新产业体系。具体来讲,在推动传统产业转型上,推动服装、童车、箱包、洁具等传统产业锐意创新,向品牌设计、包装设计、服装设计、箱包设计等时尚产业转型。在培育两大新兴产业上,重点聚焦以大风能源产业、清洁能源装备、资源循环利用装备技术、太阳能发电技术、环境治理技术为代表的新能源产业,以及以医疗装备、生物医药、高性能医疗器械产业、智慧医疗为主要内容的生命健康产业。在聚焦四大重点领域上,着力打造汽车产业、航空航天产业、数字产业、新材料产业等四大先进制造业集群。其中,汽车产业以新能源汽车、智能网联汽车、节能燃油汽车等为抓手,构筑千亿级世界汽车产业中心;航空航天产业通过卫星遥感、微小型卫星研发设计与制造等技术创新,着力建设长三角航空航天创新产业基地;数字产业将数字制造业、数字服务业和数字赋能作为核心业务;新材料产业则主攻绿色化工原料、高分子材料等新材料领域,研发高端精细化学品。

2. 框总量

1)测算平湖市2035年工业用地面积

平湖市2035年工业用地面积有以下两种测算方法。

(1)案例比较法(32.6平方千米)

按照《城市用地分类与规划建设用地标准》(GB 50137—2011)要求,一般城市工业用地占比应在15%～30%。对比国内外部分城市工业用地占比情况,国外城市工业用地占比普遍较低,纽约、西雅图仅为5%,东京为6%,伦敦、首尔占比7%等,均保持在10%以下。在我国,该比例则明显较高,尤其在深圳、宁波、苏州、东莞等工业相对发达的城市,该比例已超过设定的30%上限。但多数城市仍处于标准范围内,以长三角的其他城市为例,杭州工业用地占比最低,为16.3%,南京和无锡的工业用地占比分别为21.0%和24.8%,上海则为28.8%。

根据计算公式"工业用地面积＝城市建设用地面积×工业用地占比",以平湖市建设用地面积108.8平方千米(不含港区)的30%框定平湖市2035年的工业用地面积总量,计算结果为32.6平方千米。将其与2020年的数据进行对比,据调查,2020年平湖市工业用地面积37.8平方千米,约占平湖市城乡建设用地(不含宅基地)面积的43%,其中城镇区工业用地面积约32.49平方千米,工业用地不管总量还是占比,均呈现下降趋势。

(2) GDP推测法(36.6平方千米)

该测算方法的具体计算公式为"工业用地面积＝GDP×工业增加值占比/地均工业增加值"。经测算,2035年平湖市GDP预计达到1628.8亿元,工业增加值占比45%。对于地均工业增加值,有三种测算方案:方案一,参考苏州市的地均工业增加值,即每平方千米41亿元,由此测算出2035年平湖市工业用地面积约为17.9平方千米;方案二,根据2035年嘉兴市国土空间规划,确定平湖市地均工业增加值为每平方千米20亿元,由此测算出2035年平湖市工业用地面积为36.6平方千米;方案三,在平湖市(不含港区)现状地均工业增加值每平方千米8.37亿元的基础上,认为该指标到2025年增加50%,到2035年再在2025年的基础上翻一番,最终为每平方千米25.11亿元,由此测算出2035年平湖市工业用地面积为29.2平方千米。在三种测算方案中,方案二的可靠性更强,因此以36.6平方千米的工业用地规模作为GDP推测法的测算结果。

(3) 测算小结

在经济总量目标确定的情况下,随着地均工业产值的提高、一二三产比重的变化以及工业用地整治腾退,工业用地规模近期动态增减,考虑平湖工业立市的发展形态,建议工业用地面积总量近期控制不少于36.6平方千米,远期控制不少于32.6平方千米。

2) 框定平湖市工业用地控制线

根据以下四项标准划定工业用地控制线:第一,现状基础较好、集中连片的工业用地和产业集群;第二,市、区重大产业项目,规上企业且亩均效益较高或企业评级为A/B类的工业用地;第三,规划新增连片工业用地、重点工业项目意向用地以及其他对未来经济和产业发展有重大保障作用的工业备用地;第四,其他需要划入工业保护线范围的工业用地。最终,划定出覆盖钟埭街道、独山港镇、新埭镇等乡镇街道,总计32.6平方千米的工业用地控制线。

3)计算并分配平湖市新增工业用地需求

(1)新增需求测算

新增规模的计算公式为"新增规模＝总规模预测－存量保留规模－退散进园需求"。其中,"存量保留规模"即位于开发边界和园区内现状工业用地,面积约25.6平方千米;"退散进园"针对的是园区或开发边界外不符合规划但效益较好的企业,该部分需求面积约0.6平方千米。结合2035年平湖市工业用地面积测算过程可知,平湖市工业用地远期总量为32.6平方千米,则远期新增需求为10.4平方千米,近期总量为36.6平方千米,则近期新增需求为6.4平方千米。综上,对于新增规模需求的预测结果为6.4～10.4平方千米。最后,结合城镇开发边界布局,实际新增需求约10.3平方千米。

(2)新增用地分配

对新增工业用地进行空间和数量分配,最终,平湖经济技术开发区新增工业用地3.4平方千米,张江长三角科技城平湖园新增2.0平方千米,独山港经济开发区新增3.4平方千米。

3. 优布局

1)整治目标

平湖市以实现产业集聚、产业提升和优化空间布局为目标,对全域范围内的低效工业用地进行整治,重点通过空间适宜、土地利用强度以及亩均产出、综合绩效等分析,制定不同的整治措施与实施路径。

2)整治思路

聚焦产业集聚、产业提升、优化空间布局三大工业用地整治目标,平湖市因势利导制定出相应整治思路与措施。

从整治思路上讲,在产业集聚方面,应基于各乡镇街道产业园区的定位与主导产业,有选择地进行产业集聚;在推动产业提升方面,应基于产业链上下游生产关系、产业特色及工业用地投入产出的综合效益,对其加以改造提升或转型升级;在优化空间布局方面,则应基于城镇发展和规划分区,与城镇生活区有序过渡,实行"退二进三"、有序过渡。

从具体整治措施上讲,对于乡村地区的工业用地,应以收回复垦为主,即以优化农业用地格局、提高耕地连绵成片程度为目的,推动效益较好的工业用地入园还耕,其中,符合园区产业发展方向的进入园区,不符合的进入小微园区。对于城镇地区的工业用地,应以用途变更为主,即"退二进一"或"退二进三",其中,"退二进一"有助于促进产业融合、推动乡村振兴,"退二进三"有助于完善城镇功能、提升城镇形象、改进城镇面貌。对于产业园区的工业用地,则应以整治提升为主,具体包括"退二优二""留二优二"两种路径,"退二优二"即腾退淘汰企业,引进优势型企业或引导企业转型升级,"留二优二"即在保留园区企业的同时,加强产业园区土地节约集约利用程度。

3)整治对象

根据四个条件筛选工业用地整治对象:第一,企业存续时间5年以上;第二,亩均税收5万元以下;第三,连续两年企业综合绩效评价为D;第四,20亩(1.3公顷)以上规下企业。最终确定平湖市工业用地整治提升的对象包括1761个图斑,共计1239.3公顷。其中,开发边界外整治图斑共609个,面积为245.9公顷;低效工业用地整治图斑共1152个,面积为993.4公顷。

4)整治后结构

结合各乡镇总体规划及控制性详细规划,确定平湖市工业用地整治后结构占比。平湖市工业园区内以工业用地为主,共计925.2公顷;园区外以农田为主,共计207.5公顷;城镇内(园区外)以商业居住用地为主,共计106.6公顷。

4. 强支撑

1)交通运输体系

(1)总体格局:外联内畅,客货分流

平湖市的交通运输体系建设遵循"外联内畅,客货分流"的总体格局。如图4.7所示,通过提速、提质、增量、治理等手段,对外强化与周边城市的交通联系,缩短平湖与各个方向的通勤时间;对内构建快速环网,成环串联各个工业园区,并提升货运交通组织,实现客货分流。

(2)外联:融嘉交通、临港交通、接沪(善)交通

首先,以融嘉交通为例,其以提速、提质、增量的方式,加强平湖与嘉兴的交通联系。结合铁路与轨道交通规划,嘉兴方向将形成1个航运通道、6个公路通道与2个铁路与轨道通道,彼时平湖将形成"航运+铁路+轨道+高速+快速路+普通公路"的多层次、多方式、多方向融嘉通道格局。其中,航运通道连接南市河和平湖塘,铁路通道指沪乍杭铁路,轨道通道指苏嘉平城际,高速通道指乍嘉苏高速,快速路通道即经过快速化改造的金平湖大道,公路通道包括北环线西延+高速互通(新建)、站前路西延(新建全高架)、九里亭大道(老07省道)、昌盛路-丰乌路(新建)等。

其次,介绍临港交通的优化路径,即在杭州湾方向(嘉兴港区+独山港)形成3条东西向公路通道与6条南北向公路通道的多通道、多方向临港通道格局,实现客货分流,提高货运效率。其中,航运通道连接乍浦港和海盐塘;高速通道以杭浦高速为主;快速路通道指经过快速化改造的金平湖大道;3条东西向

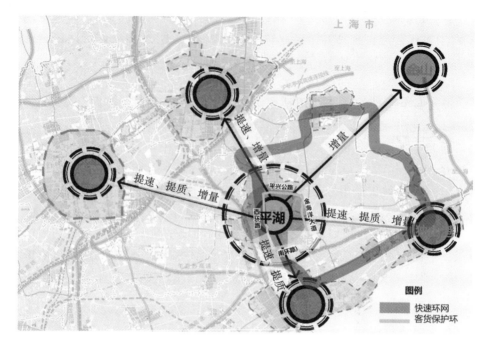

图 4.7 平湖市交通运输格局图

公路通道包括 101 省道、翁金公路(拓宽)、中山路等;6 条南北向公路通道则包括西环线南延(新建)、金钱公路南延(新建)、北环线东延(新建)、302 省道(新建)、长胜路及东环线。

最后,接沪(善)交通优化是在上海方向(含嘉善)形成 3 条东西向公路通道与 6 条南北向公路通道的多通道、多方向接沪(善)通道格局。具体来讲,航运通道主要贯通上海塘;高速通道以沪杭亭枫高速为主;3 条东西向公路通道即平廊公路(快速化改造)、北环线(改扩建)和善新公路(改扩建);6 条南北向公路通道则包括西环线北延(新建)、平善大道、平兴公路(新建)、东环线北延(新建)、详中路北延(新建)和朱平公路。

(3)内畅:三环多射、海河联运

平湖市域交通总体呈现"三环多射、海河联运"的格局,为产业发展提供强大支撑。其中,"三环"即形成以平湖城区、市域乡镇、高速为边界的内、中、外三个环,"内环"包括金海洋大道、南环路、平兴公路(镇南路)和西环路,"中环"包括金平湖大道、北外环、兴港路(平全公路)和 228 国道(101 省道),"外环"(区域)则包括杭浦高速、杭州湾环线高速、沪昆高速、沪杭亭枫高速、新卫高速等;"多射"即以内环、中环为基础,向外发散,对内连接各乡镇,对外连接至嘉兴、嘉善、海盐、上海金山等地;"海河联运"即依托沪乍杭货运铁路,形成与嘉兴、杭州、湖州等内河港海—河—铁联运机制。

2）配套服务设施

可将园区配套服务设施划分为生活设施、商务设施、金融服务、企业运营服务、政府服务、基础设施、环境空间设施等7种类型。其中,生活设施主要满足人们衣、食、住、行等多方面需求;商务设施以酒店、会展中心等为代表,不仅能够满足企业和员工的需要,也是提升园区品位的重要元素;在金融服务方面,产业园区开发资金密集度是产业生态的核心构成要素,资本环境已经成为产业园区的核心竞争力之一,也是其招商能力的重要一环;企业运营服务涵盖中介代理、财税、法律、咨询、人力资源、市场营销、知识产权等企业经营管理的诸多方面;政府服务包括行政服务、信息服务、政策宣传与对接、行业联盟与对外交流及公共技术平台等要素;基础设施涉及水、电、市政道路、热力、通信、雨污水及垃圾处理等方面;环境空间设施则主要包括孵化器、加速器、标准厂房、写字楼等。

在对配套服务设施进行分类的基础上,平湖将工业园区划分为综合园区、生产型园区、科创型园区等3种类型,不同类型的园区在配套服务设施的设置上也各有侧重。综合园区对7种配套服务设施均有较大需求;生产型园区侧重于基础设施、商务设施和企业运营服务;科创型园区则在前者基础上增加了对环境空间设施和生活设施的需求,旨在为各种创新想法提供孵化落地的高效载体,为各位科创人员提供生活、工作的美好环境。

在每个工业园区内部,配套服务设施应形成"一站式中枢管理中心－产业邻里中心－产业邻里服务点"的3级结构,以满足区域日常工作、生活需要。"一站式中枢管理中心"集科技服务、金融商务、知识共享、合作平台等4大功能于一体,为园区产业提供生产与生活服务;"产业邻里中心"布局了餐饮、银行、职业教育等必备型业态和KTV、电玩城、面包店等指导型业态,旨在提升园区的业态多样性与员工的生活幸福感;"产业邻里服务点"则增添了便利店、运动器材等点状服务场所与设施,使员工的便利性需求得到更均衡分散和更细致入微的满足。

5. 严控制

1）控制开发强度

结合《工业项目建设用地控制指标》、参考上海市《产业用地指南》,如表4.1所示,对平湖市工业用地按照产业类型进行控制值、推荐值、调整值分级控制。其中,控制值指容积率下限值,推荐值指宜控制下限值,调整值指因集约受限或有条件土地集约利用而上下浮动的值。

表 4.1　平湖市工业用地分产业指标标准值

产业类别	推荐值	控制值	调整值
电力、热力生产和供应业	≥0.7	0.5	0.2
石油、煤炭及其他燃料加工业	≥0.8	0.6	0.3
黑色金属冶炼和压延加工业		0.6	0.3
化学原料和化学制品制造业	≥1.0	0.6	0.3
废弃资源综合利用业		0.8	0.2
金属制品、机械和设备修理业		0.6	0.2
造纸和纸制品业	≥1.2	0.8	0.4
化学纤维制造业		0.8	0.4
橡胶和塑料制品业		0.8	0.4
非金属矿物制品业		0.6	0.4
铁路、船舶、航空航天和其他运输设备制造业		1.0	0.4
电气机械和器材制造业		1.0	0.4
家具制造业	≥1.4	1.2	0.2
印刷和记录媒介复制业		1.0	0.4
医药制造业		1.0	0.3
金属制品业		1.0	0.3
通用设备制造业		1.0	0.3
专用设备制造业		1.0	0.3
汽车制造业		1.0	0.3
计算机、通信和其他电子设备制造业		1.2	0.4
仪器仪表制造业		1.2	0.4
其他制造业		1.2	0.4
农副食品加工业	≥1.5	1.2	0.3
食品制造业		1.2	0.3
木材加工和木、竹、藤、棕、草制品业		1.2	0.3
文教、工美、体育和娱乐用品制造业		1.2	0.5
纺织业	≥1.6	1.2	0.4
纺织服装、服饰业		1.2	0.4
皮革、毛皮、羽毛及其制品和制鞋业		1.2	0.4

续表

产业类别	推荐值	控制值	调整值
工业用地标准厂房类用地项目	≥2.0	1.5	0.5
研发总部通用类用地项目	≥3.0	1.5	1.0

2）控制风貌

平湖市工业园区应按照"简洁、统一、高效"的总体要求,重点体现现代产业的特色风貌。具体来讲,在体量方面,各生产空间既符合生产功能要求,又相互关联,形成有机统一的整体,即各生产空间通过灵活有序变化,形成多样化、富有活力的生产空间体量群,彼此之间既相对独立,又能通过线性的联系保持流通、渗透。在空间布局方面,应重点营造具有活力和创新精神的场所,组织界面虚实、空间开合关系。在造型与风格方面,则应注重三方面内容:第一,建筑外部形态真实反映其内部功能,彰显工业建筑大气美、力量美、秩序美的特点;第二,建筑形体宜简单明了,展示踏实、沉稳的企业形象;第三,建筑要与新技术、新材料和新结构相结合,体现时代感。

3）控制色彩

在整体上,控制平湖市工业园区主色调为白色和浅灰色,辅色调为灰蓝色,使园区不同功能的建筑在视觉上和谐统一;在局部上,通过色彩的变化,使工业建筑的立面形成有节奏、有韵律的变化,削弱工业建筑体量庞大的压迫感。此外,建筑色彩宜简单、明快,配色宜符合企业文化,展现企业特色。

4）控制高度

按照"平稳变化、节点突出、避免单一"的总体要求对工业园区进行高度控制,形成"簇群＋过渡区＋基本高度"的三级高度控制梯度。其中,"簇群"为第一高度梯度控制区,主要位于重要节点处,形成园区的高度节点,提高识别性。根据实际需要,小节点可由1幢或2幢高层建筑组成,大节点可由多幢高层建筑组合形成。"过渡区"为第二高度梯度控制区,主要围绕第一高度梯度控制区高层节点周边形成有序过渡。"基本高度"为第三高度梯度控制区。

5）控制界面

按照三点原则进行园区界面控制:第一,厂房和产业园建筑街道界面完整连续,体现建筑性格;第二,产业园内界面丰富灵活,空间和谐;第三,重要道路、水系沿线形成有序而不失变化的界面韵律。由此,平湖市形成9条滨河控制界面、15条道路控制界面和14个主要节点。

4.2.6　行动计划

1. 整治思路

1）总体思路

平湖市工业用地整治提升行动计划的总体思路是"重点区域整治＋近远期统筹"，即在空间层面，结合工业用地产业规划布局，对集中连片低效工业用地及不符合发展要求的片区进行重点整治；在时间层面，合理安排近远期时序，统筹不同时期工业用地发展要求，进行相应整治。

2）空间层面

从空间上划分，对于既位于产业园区外又位于城市开发边界外的工业用地，主要采取腾退复垦、入园还耕和一二三产融合的整治措施；对于位于城市开发边界内、产业园区外的工业用地，主要采取"退二进三""留二优二"、转置入园的整治方式；对于位于产业园区内、城市开发边界外的工业用地，主要采取腾退复垦和转置入园的整治措施；至于位于产业园区内和城市开发边界内的工业用地，则主要考虑"退二优二"的整治措施，即开展"腾笼换鸟"整治提升工作，将效益较差、与园区发展业态不符的工业企业腾退，转而引进效益更好、方向更符的优质产业。

3）时间层面

从时间上划分，近期整治对象多为重点征迁企业，其以经济效益为判断依据，主要包括规下企业亩均税收不足 5 万元的企业、综合绩效评价连续两年评级为 D 的企业、20 亩（1.3 公顷）以上规下企业、开发边界外企业等。中期整治对象多为重点监管企业，其中，对发展类型符合片区发展定位的企业予以保留，对效益较好但不符合片区发展定位的企业建议转置，对于有重大产业项目入驻的片区则腾退地块内所有企业，此外，中期整治对象还包括规下企业亩均税收不足 10 万元的工业用地。远期整治主要考虑建筑空间上的问题，如开发强度方面，对容积率小于 0.5 的宗地予以改造提升或腾退；建筑质量方面，对建筑质量较好的予以保留，对保留区域建筑质量一般和较差的建筑进行综合整治，对腾退区域建筑质量一般和较差的建筑进行拆除重建；建筑风貌方面，应保留风貌较好的建筑。

2. 整治时序指引

平湖市划定重点片区为近期整治区域。所谓"重点片区"即以亩均税收、综合绩效评价、20 亩（1.3 公顷）以上规下企业等为整治项，整治项越多的工业用地需要越早整治，并综合考虑企业投产保护期、特殊要求等因素。首先考察工业用地设计整治项数量,数量越多的越早整治;但对于存续时间5年内的企业可留存观察,作为其投产保护期;如工业用地涉及邻避型企业、区域必备型企业、特殊生产要求企业等则另作考虑。

3. 分乡镇规划布局与近期整治指引

1)钟埭街道

(1)规划布局

钟埭街道的平湖经济技术开发区重点发展以汽车整车及关键零部件、航空航天为主的先进装备制造业和以智能电子设备、智能光电为主的数字产业。具体来讲,积极创建中日合作产业园、欧洲(德国)产业园等外资合作园;着力打造光机电智造省级特色小镇;依托生物技术食品产业园,做大、做强生命健康产业;智创园加快打造新型科创园区,加速形成创新型产业集群等。五一工业区则依托樱花小镇形成装备制造产业以及传统产业进一步的集聚发展。不计道路水系,钟埭园区的土地利用结构为产业用地占比60%,居住用地占比15%,公共服务和商业商务用地占比10%,绿化用地占比10%。

(2)近期整治指引

划定钟埭街道重点区域,根据工业用地空间分类,因地制宜结合整治措施指引,作为近期(2023—2025年)工业用地整治区域。具体来讲,钟埭街道近期重点整治1包括曙光工业点(15.14公顷)、中兴工业园(7.41公顷)和花园工业点(23.34公顷),近期重点整治2为五一工业园平黎公路两侧(27.18公顷),近期重点整治3主要为白马—城西村区域(16.32公顷)。

2)当湖街道

(1)规划布局

当湖街道以都市时尚产业、文化创意产业为主导产业。应加强产业链在服装纺织、箱包加工及服装品牌研发设计方面的延伸,强化体系化发展,支撑其做大、做强。此外,当湖街道主要承担总部经济、品质科创、商贸会展、现代生产、配套服务、工业旅游等职能。不计道路水系,当湖园区的土地利用结构为产业用地占比55%,居住和商业商务用地占比30%,绿化用地占比10%。

(2)近期整治指引

划定当湖街道重点区域,根据工业用地空间分类,因地制宜结合整治措施指引,作为近期(2023—2025年)工业用地整治区域。具体来讲,当湖街道近期重点整治1为通界工业园区域(9.53公顷),近期重点整治2为和合路两侧区域和老07省道西侧区域(16.53公顷)。

3)曹桥街道

(1)规划布局

曹桥街道重点打造东方纸韵小镇,加快现代纸制品产业链发展与拓展,向高档板纸、特种纸等转型升级,并且深入挖掘曹桥造纸文化,将曹桥造纸与新仓印刷产业相结合,发展图书出版、个性包装和文化创意产品。此外,曹桥园区还加快建立数字经济特色园,做大云计算及物联网产业,加快电子新材料及汽车电子产业链配套布局。不计道路水系,曹桥园区的土地利用结构为产业用地占比75%,居住用地占比10%,公共服务和商业商务用地占比5%,绿化用地占比10%。

(2)近期整治指引

划定曹桥街道重点区域,根据工业用地空间分类,因地制宜结合整治措施指引,作为近期(2023—2025年)工业用地整治区域。具体来讲,曹桥街道近期重点整治1为六店大桥区域(15.48公顷),近期重点整治2为兴曹路区域(11.48公顷),近期重点整治3为宏阳能源区域(5.33公顷)。

4)林埭镇

(1)规划布局

林埭镇以建设产业集群为目标,将汽车配件、光机电、终端机械装备制造产业等作为园区的主要招商方向,着力建设汽车配件产业园,制造汽车发动机部件、传动系部件、制动系部件、转向系部件、行走系部件、电气仪表部件等零配件。不计道路水系,林埭镇的土地利用结构为产业用地占比70%,居住和商业商务用地占比15%,绿化用地占比15%。

(2)近期整治指引

划定林埭镇重点区域,根据工业用地空间分类,因地制宜结合整治措施指引,作为近期(2023—2025年)工业用地整治区域。具体来讲,林埭镇近期重点整治1为宝狮工业园(7.16公顷),近期重点整治2为徐埭区域(22.80公顷)。

5)新埭镇

(1)规划布局

新埭镇重点打造沪浙协同创新融合发展示范区,发展以集成电路、智能电子设备为主的数字产业和航空航天产业等先进装备制造业,具体包括卫星遥感、微小型卫星研发设计与制造、通航装备、航空材料、集成电路制造、封装测试、云化机器人等。此外,位于新埭镇的洁具城加快洁具及配套企业发展,不断加大龙头企业和品牌培育力度,提高自主创新能力。不计道路水系,新埭镇的土地利用结构为产业用地占比65%,居住用地占比15%,公共服务和商业商务用地占比10%,绿化用地占比10%。

(2)近期整治指引

划定新埭镇重点区域,根据工业用地空间分类,因地制宜结合整治措施指引,作为近期(2023—2025年)工业用地整治区域。具体来讲,新埭镇近期重点整治1为上海塘东南区域规下企业(15.67公顷),近期重点整治2为明阳公司区域(28.14公顷)。

6)广陈镇

(1)规划布局

广陈镇主导产业为数字农业、种子种源、科技装备、农业服务,重点建设农业经济开发区,优化农业观光产业,提升食用菌、西瓜、蔬菜(芦笋)、花卉果树、绿色农产品等食品加工业,并进一步拓展农业电商交易。不计道路水系,新埭镇的土地利用结构为产业用地占比70%,居住和商业商务用地占比20%,绿化用地占比10%。

(2)近期整治指引

划定广陈镇重点区域,根据工业用地空间分类,因地制宜结合整治措施指引,作为近期(2023—2025年)工业用地整治区域。具体来讲,广陈镇近期重点整治1为月湾渡区域(9.85公顷),近期重点整治2为前港工业区(19.45公顷),近期重点整治3为广陈镇区(5.51公顷)。

7)新仓镇

(1)规划布局

新仓镇重点推进童车产业基地建设与新材料、新能源产业发展。具体来讲,新仓童车产业基地按照"时尚化、智能化、品牌化"三化要求,加快时尚产业升级。其聚焦童车设计研发、童车驾驶体验、童车展示交易等环节,开展智能化改造,提升传统产业"智造"水平,又推动产业链纵向延伸,发展品牌设计等文创产业,提升传统产业的国际知名度。此外,新仓镇积极建设集新材料、新能源、智慧数字印刷、高端装备制造于一体的智能制造产业集聚区。不计道路水系,新仓镇的土地利用结构为产业用地占比80%,居住、公共服务和商业商务用地占比10%,绿化用地占比10%。

(2)近期整治指引

划定新仓镇重点区域,根据工业用地空间分类,因地制宜结合整治措施指引,作为近期(2023—2025年)工业用地整治区域。具体来讲,新仓镇近期重点整治1为新庙集镇区域(25.38公顷),近期重点整治2为新仓镇区区域(12公顷)。

8)独山港镇

(1)规划布局

独山港镇重点发展新材料产业园、临港装备制造产业园、长三角生命健康产业园。其中,新材料产业园做大、做强C3产业和PTA产业,延伸产业链,打造"千亿级"新材料产业基地;临港装备制造产业园重点发展新能源汽车零部件、海工装备等,融入长三角汽车制造产业链,做大风能源产业规模,抓住新能源汽车发展机遇,加强氢能源在新能源汽车领域的应用与推广;长三角生命健康产业园则加快推动一批医学高端设备制造及大健康产业项目落户。此外,位于独山港镇的五金创业园致力于通过提高产业园区准入门槛,打造具有一定规模效应、配套设施成熟的五金产业园,加快五金机械创业创新中心建设,大做特色产业文章,提升产业核心竞争力。不计道路水系,独山港镇的土地利用结构为产业用地占比80%,居住、公共服务和商业商务用地占比10%,绿化用地占比10%。

(2)近期整治指引

划定独山港镇重点区域,根据工业用地空间分类,因地制宜结合整治措施指引,作为近期(2023—2025年)工业用地整治区域。具体来讲,独山港镇近期重点整治1为东西大道沿线区域(33.59公顷),近期重点整治2为翁金线沿线区域(29.20公顷),近期重点整治3为独山港镇区域(4.41公顷)和金桥集镇区域(2.26公顷)。

4.2.7 风貌引导

《平湖市工业用地整治提升专项规划》从目标定位、设计策略、总体布局与形态控制、建筑引导等4个方面出发,对钟埭五一工业园和广陈镇前港工业点(农产品批发市场)进行风貌引导,二者的区域位置如图4.8所示。

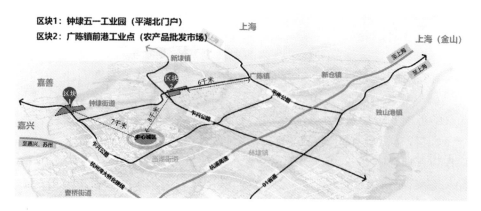

图4.8 平湖市部分区域风貌引导示意图

1. 钟埭五一工业园

1)规划范围

钟埭五一工业园的规划范围东至兴平一路,南至北市河,西至南栅塘,北至虹光路与樱花公园,总用地面积约178公顷,规划地块基本位于城镇开发边界内,少部分为永久基本农田。

2)目标定位

钟埭五一工业园的目标定位为"两区一地"。具体来讲,区域维度上,"制造兴城,创新驱动"理念促使钟埭五一工业园将"创新型智造先行区"设定为自身的目标定位;趋势维度上,现阶段数字创新引领发展趋势指引钟埭五一工业园建设成为"数字化转型引领区";地方维度上,平湖市传统产业转型升级大环境要求钟埭五一工业园向"传统制造业改造升级示范地"方向发展。

3)设计策略

(1)策略一:创新引领的产城布局

钟埭五一工业园积极构建由1个数智研创中心、2个产业社区邻里和3个高端智造群落(数智研创产业区、装备制造产业区、传统制造转型升级区)构成的创新引领产城布局。

(2)策略二:蓝绿交织的生态网络

《平湖市工业用地整治提升专项规划》在对钟埭五一工业园进行风貌引导时,始终秉持"以绿为心,以水为脉,生态网络,有机聚合,低碳示范"的理念,以现状丰富的水网为基础,构建网络化、层次化的生态系统格局,同时以生态低碳为依托,构建生态安全格局,围绕中心景观,将景观通廊延伸。具体措施包括自然河道保护、河街格局构建、生态廊道构建和慢行交通注入等。其中,"自然河道保护"要求尊重并利用现状自然生态资源,保护自然河道走向、宽度,注重河道两侧原生态自然景观保护;"河街格局构建"指利用自然河道形成道路网络,完善城市骨架,最大化提高土地使用效益;"生态廊道构建"即依托河道等形成密度组团间的生态廊道,并使廊道承担部分市政基础设施功能;"慢行交通注入"则是以河网为依托,形成沿河的休闲空间,适应新型产业社区环境需求。

(3)策略三:便捷高效的绿色交通

该设计策略是针对钟埭五一工业园不同的分区,形成不同的路网特色,通过线性优化、路网加密和贯通等手段,提高道路交通组织的便利性。具体来讲,在数智研创产业社区,将道路网间距设定在100~150米,将街坊面积控制在1.5~4公顷;在装备制造产业社区,将道路网间距设定在200~300米,将街坊面积控制在2~6公顷;在传统制造转型升级区,将道路网间距设定在100~300米,将街坊面积控制在2~5公顷。

(4)策略四:集约高效的复合建筑

钟埭五一工业园通过设计和建造复合型建筑,显著提升园区风貌多样性和土地节约集约程度。具体来讲,对于创新研发区域,设定其标准层面积为1500~3000平方米,户型出租面积为500~2500平方米,层高为3.5~4.5米,并要求其楼面荷载大于1000千克每平方米,短边不少于25米,长边大于50米;对于中试孵化区域,将其标准层面积控制在1500~3000平方米,户型出租面积为500~1500平方米,层高为4.2~4.5米(首层6~7米),楼面荷载为750~1000千克每平方米,短边不少于30米,长边大于50米;对于"工业上楼"区域,标准层面积应不小于4000平方米,户型出租面积为1000~4000平方米,层高为4.5~5.4米(首层6~7米),并使楼面荷载大于1000千克每平方米,短边不少于35米,长边大于80米;在大型制造区域,标准层面积大于5000平方米,楼面荷载大于1000千克每平方米,层高在5~9米,生产单元面积应大于1000平方米,建筑高度小于45米。

(5)策略五:高识别度的城市框架

通过"地标—界面—廊道"三层结构,在钟埭五一工业园搭建高识别度的城市框架。首先,通过入口焦点进行标识强化;其次,通过界面轴线促进形象感知;最后,通过廊道环绕凸显生态功能。

4)总体布局与形态控制

钟埭五一工业园总体呈现"核心引领、两轴延展、三区融合、绿廊环绕"的布局特征。具体来讲,"核心引领"是以数智研创中心、产业社区邻里为核心,引领片区创新发展;"两轴延展"是以平善大道、兴工路为发展轴线,协同区域发展,支撑空间骨架;"三区融合"是结合轴线骨架,形成数智研创产业社区、装备制造产业社区和传统制造转型升级区;"绿廊环绕"则是沿主要水系形成绿廊,适应新型产业社区环境配套需求,串联樱花公园等主要节点。

聚焦"三区融合",发现可将钟埭五一工业园划分为3个结构与功能各具特征的组团。其中,数智研创产业社区位于樱花小镇以南,以商业、产业综合用地为主;传统制造转型升级区位于平善大道以东,以科创设计+传统产业制造为主;装备制造产业社区位于平善大道以西,以精密加工、装备制造为主。

对钟埭五一工业园的主要建筑设施进行标注,可以得到园区设计总平面图,直观、清晰地展现园区主要建筑设施的位置分布情况及各区块的功能和性质。

5)建筑引导

(1)数智研创中心

在建筑引导方面,将发挥核心引领作用的数智研创中心打造成钟埭五一工业园的地标性建筑,通过城市门户、星级酒店、数字展示、创咖空间的创意组合,充分展现数智研创中心的现代化特征与创新活力。

(2)平善大道

平善大道则以展示产业形象为主要目的,建筑宜采取现代高效的立面风格,同时搭配连续畅行的道路与绿带景观,集中呈现现代化工业园区的魅力。

2. 广陈镇前港工业点(农产品批发市场)

1)规划范围

广陈镇前港工业点(农产品批发市场)的规划范围东至曹港河、南至广平线、西至525国道、北至前港河,总用地面积约67.1公顷。规划地块基本位于城镇开发边界内,少部分为永久基本农田。

2)目标定位

广陈镇前港工业点(农产品批发市场)的目标定位是农产品枢纽型流通中心、数字化交易中心、一站式集采中心,旨在利用优质农产品生产基地这一优势条件,打造一个当地农产品批发、展销的地标型区域。

3)设计策略

(1)策略一:功能复合的业态布局

广陈镇前港工业点(农产品批发市场)拟通过功能复合的业态布局,打造具有交易、商业、办公等多种功能的用地模式,并推动生产、生活、生态紧密相融。

(2)策略二:复合型的建筑基础单元

广陈镇前港工业点(农产品批发市场)拟通过复合型的建筑基础单元,提高土地开发强度和利用效率,完善各项服务与功能配套。交易区建筑基础单元的设计偏向混合功能概念,集批发交易、加工集配、商业商务等功能于一体,相关配套建筑则复合办公、会展中心、综合服务等功能。

(3)策略三:外联内畅的交通系统

广陈镇前港工业点(农产品批发市场)注重高效便捷的交通运输体系建设。一是40米宽主路设计。广陈镇前港工业点(农产品批发市场)将其主要道路设计为40米宽双向车道,两辆大车可同时并排行驶,道路宽敞,车载交易大进大出,让市场交易便捷、高效,内部道路系统主次分明,视野开阔,车行畅通无阻。二是集中停车规范管理。广陈镇前港工业点(农产品批发市场)拟设计配置合理的大型机动车停车位,规范停车管理,有效保障市场内外交通顺畅,满足经营户使用需求。三是适宜的交易大棚模式。适宜的交易大棚模式,不仅能满足半挂车交通需求,更能方便商户交易车辆直接到铺,减少货物装车的中间距离,减少商户正常货物损耗,无形中增加了商户利润。

(4)策略四:特色鲜明的形态体系

广陈镇前港工业点(农产品批发市场)以"入口焦点,标识强化,形象轴线,界面凸显"为原则,通过"地标—界面—廊道"三级结构,打造特色鲜明的形态体系。

4)总体布局与形态控制

广陈镇前港工业点(农产品批发市场)呈现"核心引领、一廊延展、三区融合"的总体布局。"核心引领"即以农产品批发市场为动力引擎,引领片区发展;"一廊延展"即以广平公路为发展轴线,协同区域发展,支撑空间骨架;"三区融合"即交通体系结合绿廊,形成综合服务区、农产品批发市场以及商住配套区等3个功能区。

广陈镇前港工业点(农产品批发市场)的商业用地占比最多,为37%,其次为商业居住综合用地(11%)与物流仓储用地(9%)。

对广陈镇前港工业点(农产品批发市场)的主要建筑设施进行标注,可以得到园区设计总平面图,直观、清晰地展现园区主要建筑设施的位置分布情况及各区块的功能和性质。

5)建筑引导

(1)住宅建筑

住宅建筑的整体风貌应注重居住文化与时代创新相结合。以亲切宜人的建筑形象展现现代、开放、包容、舒适的宜居魅力,结合江南水乡特色,打造宜人社区生活场景。住宅建筑宜选择灰白色及浅米黄色为主色调,点缀以低彩度的赭石色,搭配灰色调屋顶,通过温润、醇和的色彩创造宜居氛围,并与周边已建住宅呼应。

(2)商业建筑

商业建筑的整体风貌应注重人文与江南水乡相结合。既全龄友好、尺度宜人,彰显充满活力的江南水乡商业特色,又积极应用绿色生态等新技术,形成开放共享的空间环境,体现昂扬向上的时代精神。商业建筑宜选取砖红色、灰白色为主色调,部分建筑以江南水乡白墙灰瓦的配色为主,点缀以深木色建筑构件,同时部分建筑采用同济学府红砖及米白色调。

(3)办公建筑

办公建筑注重清新明快与灵动时尚相结合。以清新明快的建筑形象塑造和谐统一的建筑风貌形式,塑造城市地标性建筑,体现创新活力与现代科技内涵。为体现创新活力与现代科技感,基地适宜高明度的亮白和亮灰色系,局部采用中高彩度和较跳跃的色系作为点缀。

(4)创新科研建筑

创新科研建筑同样注重清新明快与灵动时尚相结合。建筑应形成层次分明、统一均衡的空间关系效果,宜集约用地,留白增绿,且建筑体量应符合功能需求。在建筑色调方面,宜选择低彩度、高明度的亮灰色系作为基调,局部可选用低彩度的灰蓝色系作为点缀,适当展示园区特色,增强各园区的可识别性。

(5)产业智造建筑

产业智造建筑的整体风貌应体现现代简洁与创新科技相结合的特征。其以现代、简洁的建筑形象,彰显高效、干练的工业建筑风貌,在体现现代感的同时,注重实用性、经济性、美观性。产业智造建筑宜以低彩度、高明度的亮灰色系为基调,局部可选用低彩度的灰蓝色系作为点缀,适当展示园区特色,增强各园区的辨识度。

4.2.8 实施保障

1. 落实空间要素保障

首先,参照《城市绿线管理办法》等实行占补平衡,制定工业用地保护线管理办法。控制性详细规划应当提出工业用地的界线、规定控制指标和工业用地界线的具体坐标。工业用地保护线内的用地,不得改作他用。因建设或者其他特殊情况,需要占用工业用地保护线内用地的,必须依法办理相关审批手续,并且实现工业用地总规模不减少。其次,在符合国土空间规划的前提下,做好工业用地的提前储备工作,年度土地供应计划有效保障制造业用地,做好工业用地的空间要素保障。最后,结合总量控制和占补平衡要求,保证规模不突破,刚性约束和弹性调整兼顾。具体来讲,因上位规划变化和公共利益需要,可适当对工业控制线进行局部调整,调整需遵循"规模总量不减少、产业布局更合理"的原则,严格落实占补平衡要求,补划后工业用地规模不减少;工业过渡线采用动态管控,结合城市更新时序,近3~5年内保留,远期则结合未来新增工业用地的投放,逐步引导工业过渡线内的工业用地向其他用地类型转变。工业用地控制线调整程序:受理申请,编制方案→意见征集→意见汇总,方案完善→自然资源和规划局、经济和信息化局审查→规划委员会审议→公示27日→政府批准→网站公示。

2. 创新完善供地制度

优化工业用地供应方式,实行弹性出让机制,推行工业用地"标准地"出让,研究制定新型产业项目配套用地政策,创新完善供地制度。

一是"标准地"+企业承诺制度。立足区域评估,在规划建设、经济效益、产业发展、环境保护等方面合理设定产业用地指标,企业承诺达到要求的"标准地"准入门槛后才可予以用地出让。为配合"标准地"实施,配套编制《产业用地指南》,对标准地的相关指标进行规定,作为"标准地"准入门槛设置的参考。

二是先租后让模式。即项目主体确定2年(可适度调整)基建租赁期,建成投产后3年(可适度调整)的投产租赁期,待经过相关部门核定符合出让条件后,通过协议出让、带方案等方式转为N年正式出让。采取先租后让的,租赁期一般不超过5年,租赁和出让一并进行招标拍卖挂牌,前5年采取租赁方式供地,可按出让总价的20%收取出让金。

三是创新供地方案,实行用地预申请。在原有供地方式基础上,提倡引入带项目出让、带方案出让、弹性出让年限等用地供应方式和M1(普通工业用地)\M0(新型产业用地)\B(商业服务业用地)功能混合新用地类型。推行用地预申请制度,将部分审批环节前置,有效提高新增项目的供地效率。采取弹性年期出让的,整宗土地以低于工业用地法定出让最高年限50年出让的供应方式,按照招标拍卖挂牌出让的部门规章和操作规范实施。

四是长期租赁。整宗土地在整个合同期内均以租赁方式使用,并由土地使用权人按合同约定支付年租金。长期租赁期限一般不低于5年,不超过20年。采取长期租赁的,实行挂牌方式。

3. 完善企业改造再开发奖励机制

鼓励原国有土地使用权人进行改造开发,促进用地节约集约。在符合法规政策和规划的前提下,原国有土地使用权人可通过自主、联营、入股、转让等多种方式对其使用的国有建设用地进行改造开发。鼓励产业转型升级优化用地结构。制定鼓励引导工业企业"留二优二、退二优二"的政策措施,调动其参与改造开发的积极性,促进产业转型升级,提高土地利用效率。

一是建立再开发奖励机制。在符合法定控制性详细规划的前提下,依法取得的工业用地改造开发后提高厂房容积率但不改变用途的,可不再增缴土地价款,并减免其相应的城市基础设施配套费。

二是适当放宽工业用途兼容管制。推进区域功能混合和产城融合,对于单一生产功能的园区或中小民营企业集中区域,在符合规划的前提下,适当集中安排用于公共服务设施、职工集体宿舍等建设。对当前"一般工业项目用地,生产服务、行政办公、生活服务设施用地面积占项目总用地面积比例不超过7%,对经相关部门充分认证、公示无异议的新产业工业项目,可放宽至10%"的政策规定进一步研究,适当放宽工业用途兼容管制比例要求,提高企业的改造积极性。

三是打通审批环节。推进联合审批,优化办理流程,压缩办事时限。研究拟定突破原有法定控制性详细规划指标一定比例以内(如30%)的用地改造,不需要进行规划调整程序,以备案制的形式促进改造推进。组建改扩建绿色通道,加快建筑方案审查与消防验收等程序,取消施工图联审、人防审查意见、节能审查、面积预测绘等作为建设工程规划许可的前置条件。

4. 制定提高土地利用效率措施

以提高工业用地产出、促进节约集约利用为出发点,把控新增项目质量,招引高产出、高容积率项目,实现工业用地高效利用和区域价值整体提升,形成招引优质项目、区域价值提升、获取政策与资金支持、建成优质基础设施、吸引产业基金投资的良性循环。其中,高产出项目可通过行业均值或经验值判断,如汽车配件制造产业,其细分产品变速箱拥有 1000 万元的亩均产值和 50 万元的亩均税收,生产效益突出,是招引高产出项目时的极佳选择;高容积率项目可通过"工业上楼"实现,即优质工业项目发挥其"上楼"潜力,实现工业用地节约集约利用,成倍释放空间价值。一般来讲,一类工业用地容积率不得低于 2.0,二类、三类工业用地容积率不得低于 1.2,生产工艺有特殊要求的工业用地容积率不得低于 0.8。

5. 健全信息化动态管理,强化全流程闭合管理

加强土地在使用期限内的全过程动态监管。通过完善工业用地产业准入、亩产效益评价、土地使用权退出等规则,围绕事前管标准、事中管达标、事后管信用,达到全流程封闭管理的目标。同时建立多部门协调联合工作机制,全面掌握工业用地使用情况。具体来讲,多部门协调联合工作机制需要多部门在国土空间规划委员会的统筹下,协调工业用地的管理、整治、提升、发展研究等工作。自然资源和规划部门主要负责建立工业用地控制线的地理信息数据库,并纳入国土空间一张图系统进行动态跟踪与维护;招商部门主要负责承担控制线内的产业项目遴选、产业项目准入等工作;经济和信息化部门主要负责工业企业信息及亩产效益综合评价工作,以及控制线内项目的监管、资产和股权转让等工作;发改部门主要负责服务业企业;其他相关部门则根据职责分工配合相关工作。

6. 投入产出测算

投入产出测算主要包括工业企业腾退、土地复垦、收回之后再出让和增减挂钩等的费用或收益。其中,以技改为主的整治提升为企业自主行为,不纳入本次投入产出测算。经测算,平湖市工业用地整治提升的投入成本主要包括工业用地腾退收回费用(180 万元每亩)和土地复垦费用(1.5 万元每亩)等,预测投入总计 197.9 亿元;产出收益主要为符合规划的工业用地腾退收回之后的再出让收益(50 万元每亩)以及不符合规划用地的增减挂钩指标收益(120 万元每亩)和"退二进三"再出让收益等,预测产出总计 193.3 亿元。

5 海盐县低效工业用地整治实践

嘉兴市海盐县在追求经济增长与环境可持续发展的当下,同样面临着工业用地利用效率亟待提升的挑战。这不仅是海盐县自身转型升级的需要,而且是响应国家绿色发展理念的重要举措。本章深入探讨了海盐县低效工业用地整治的探索与实践,包括采取的策略、整治过程中遇到的问题以及解决问题的方法和取得的成果,从而为未来的工业用地高效利用与环境可持续发展提供可行的策略和思路。

5.1 海盐县工业用地现状与存在的问题

5.1.1 海盐县工业用地现状

1. 工业用地总量

海盐县当前工业用地图斑1758个,面积为3344.21公顷,其中:

①82个图斑为供地数据,面积为204.13公顷;

②1518个图斑为不动产宗地数据,面积为2941.55公顷;

③158个图斑为第三次全国国土调查变更调查图斑,没有相应宗地信息,面积为198.53公顷;

④已完成腾退工业用地554宗,面积为352.94公顷。

2. 空间分布与规模

根据表5.1,工业仓储用地向重点板块、省级平台集聚明显;西塘桥街道、秦山街道、望海街道、百步镇工业规模较大,占建设用地比例较高。县域平均工业企业规模约2公顷,西塘桥街道平均工业企业规模约4公顷。

表5.1 海盐县分镇街道工业仓储用地图斑统计表

镇、街道名称	图斑数量 /个	用地面积 /公顷	平均规模 /公顷	占建设用地比例 /(%)
武原街道	252	258.35	1.03	9.1
西塘桥街道	291	1129.26	3.88	49.6

续表

镇、街道名称	图斑数量/个	用地面积/公顷	平均规模/公顷	占建设用地比例/(%)
望海街道	244	374.20	1.53	29.7
秦山街道	172	594.31	3.46	38.9
沈荡镇	149	202.72	1.36	17.1
百步镇	231	311.80	1.35	24.3
于城镇	121	148.90	1.23	16.2
澉浦镇	145	175.99	1.21	11.9
通元镇	153	148.68	0.97	9.7
合计	1758	3344.21	1.90	23.4

3. 工业仓储用地租赁情况

全县45%工业仓储用地存在租赁情况,具体如表5.2所示。西塘桥街道企业租赁比例最低,约31%;百步镇企业租赁比例最高,约62%。

表5.2 海盐县分镇街道工业仓储用地租赁情况统计表

镇、街道名称	自用数量/个	租赁数量/个	租赁占比/(%)
武原街道	115	76	40
西塘桥街道	188	84	31
望海街道	103	126	55
秦山街道	90	62	41
沈荡镇	74	63	46
百步镇	86	141	62
于城镇	70	51	42
澉浦镇	78	58	43
通元镇	84	61	42
合计	888	722	45

4. 工业仓储用地存续时间

根据表5.3,存续时间在5年以下的工业仓储用地数量最多,占统计工业仓储用地的54%。近5年新增工业用地大多分布于西塘桥街道和望海街道。2021—2022年新增工业仓储用地数量最多。

表 5.3 2016—2022 年海盐县分镇街道新增工业仓储用地数量表（单位：块）

镇、街道名称	年份							合计
	2016	2017	2018	2019	2020	2021	2022	
武原街道	7	1	18	12	27	15	5	85
西塘桥街道	3	13	29	41	41	50	23	200
望海街道	6	8	29	24	32	35	13	147
秦山街道	7	11	7	8	23	20	11	87
沈荡镇	0	13	8	12	18	17	6	74
百步镇	5	11	9	14	21	20	17	97
于城镇	4	3	4	10	17	18	5	61
澉浦镇	4	12	5	3	9	21	12	66
通元镇	2	7	4	11	20	12	6	62
合计	38	79	113	135	208	208	98	879

5. 工业仓储用地空间规划适应性情况

根据表 5.4，城镇开发边界内工业用地共 1514 块，占比 86.1%；城镇开发边界外工业用地共 244 块，占比 13.9%。控制性详细规划覆盖范围内共有 1304 块工业用地，其中，与控制性详细规划用地一致的工业用地共 1036 块，占全部工业用地的 58.9%；与控制性详细规划用地不一致的工业用地共 268 块，占比 15.2%。

表 5.4 海盐县工业仓储用地空间规划适应性分析表（单位：块）

镇、街道名称	城镇开发边界外地块	与控制性详细规划用地一致地块	与控制性详细规划用地不一致地块	其他地块	合计
武原街道	22	102	123	5	252
西塘桥街道	16	257	13	5	291
望海街道	16	192	30	6	244
秦山街道	36	91	7	38	172
沈荡镇	28	88	17	16	149
百步镇	37	102	37	55	231
于城镇	24	67	13	17	121
澉浦镇	15	86	7	37	145
通元镇	50	51	21	31	153
合计	244	1036	268	210	1758

6. 工业仓储用地投入产出情况

对于亩均税收,有亩均税收数据的图斑 1145 个,面积 1808 公顷。亩均税收 5 万元以下工业图斑面积 1185 公顷,约占有亩均税收数据图斑面积的 66%,地均效益亟待提升。

对于亩均工业增加值,有亩均工业增加值数据的图斑 1145 个,面积 1808 公顷。亩均工业增加值 35 万元以下工业图斑面积 1231 公顷,占有亩均工业增加值数据图斑面积的 68%,亩均工业增加值偏低。

整体而言,2019—2021 年企业综合绩效评价总体向好,近 5 年新建工业用地企业绩效评价较高。统计全县参评企业所在工业用地共 1487 个,超 78% 的工业用地绩效评价维持不变或上升;近 5 年新建工业用地绩效评价较好,A 类与 B 类工业用地数量超 57%。

7. 工业仓储用地开发强度情况

对于固定资产投资强度,有亩均固定资产投资数据的图斑 1145 个,面积 1808 公顷。亩均固定资产投资 10 万元以下工业图斑面积 1136 公顷,占有亩均固定资产投资数据图斑面积的 63%;亩均固定资产投资 50 万元以上工业图斑面积 402 公顷,占有亩均固定资产投资数据图斑面积的 22%。

对于容积率,地块开发强度普遍在 1.9 以下,平均容积率 1.06,主要土地开发强度集中在 0.5~1.2。

8. 工业仓储用地合同履约情况

开工竣工履约情况较好。有开工履约信息地块共 1034 个,其中 123 个工业用地未履约,履约率达 88%;有竣工履约信息地块共 935 个,其中 131 个工业用地未履约,履约率达 86%。

容积率履约度不高,占地面积大的地块容积率未履约情况较为普遍。对比地块实际容积率与全省各行业控制容积率下限指标×1.2,未履约地块共 1652 公顷。未履约地块总面积大于履约地块总面积,连片或占地面积大的工业用地未履约情况较普遍。

5.1.2 海盐县工业用地存在的问题梳理

1. 空间布局有待优化

1)城镇开发边界对接情况

根据海盐县城镇开发边界划定成果,位于城镇开发边界内工业用地 1514 宗,共 3154.46 公顷,面积占比 94%;位于城镇开发边界外工业用地 244 宗,共

189.76公顷,占比6%。根据存量更新和整合优化的要求,外围零散工业用地将成为腾退整治的重点。

2)控制性详细规划成果对接情况

控制性详细规划覆盖范围内共有工业用地1304宗,其中,与控制性详细规划用地性质一致的工业用地共1036宗,2344.42公顷,数量占全部工业用地的58.9%;与控制性详细规划用地性质不一致的工业用地共268宗,210.25公顷,占全部工业用地的15.2%。与控制性详细规划用地性质不符的宗地主要分布于武原街道,未来须进行腾退处理,并结合周边用地规划进行统筹安排。

3)省级产业平台范围线对接情况

海盐县现有省级产业平台三个,分别为浙江海盐经济开发区、浙江百步经济开发区和海盐核电关联省级高新技术产业园区。其中园区内的宗地共610宗,面积1123.29公顷。城镇零散工业用地与居住用地混杂情况比较普遍,未来可根据城镇化功能布局优化的要求进行"退二进三"。

2. 土地利用效率偏低

1)产业用地碎片化,不利于区域竞争力提升

产业用地地块平均面积仅1.9公顷,其中2公顷以下产业用地占宗地数量的78%,所占用地面积仅32%。产业用地碎片化在一定程度上阻碍了城乡空间集聚发展和产业集群化发展。

2)产业用地开发强度不高,空间挖掘潜力大

容积率0.5以下的宗地数量244宗(占14%),用地面积约1183公顷(占35%);容积率0.5~1.2的宗地数量901宗(占51%),面积约1474公顷(占44%);容积率1.2~1.9的宗地数量456宗(占26%),面积约529公顷(占16%);容积率1.9以上的宗地数量157宗(占9%),面积约158公顷(占5%)。

3)企业综合效益有待提高

根据经信企业年度绩效评价成果,绩效统计共有1487家企业。2019年、2020年、2021年连续三年企业评价结果都为D级的企业数量为16家(占1%),总用地面积14.8公顷;超78%的工业用地绩效评价维持不变或上升;近5年新建工业用地绩效评价较好,A类与B类企业数量超57%。

3. 企业竞争实力有待增强

1)一地多企分布情况

海盐县"一地多企"宗地共计623块,占比超过三分之一,主要分布在望海街道(124块)和百步镇(115块);结合税收分析,多数"一地多企"宗地亩均税收偏低,产值效益相对较低。

2) 企业产值情况

总产值在 10 亿元以上的企业共计 13 家（表 5.5），其中，望海街道 4 家，西塘桥街道 3 家，武原街道和秦山街道各 2 家，于城镇和澉浦镇各 1 家。

表 5.5 海盐县工业企业总产值规模统计表（单位：家）

总产值规模/亿元	镇、街道名称								
	武原街道	西塘桥街道	望海街道	秦山街道	百步镇	沈荡镇	通元镇	于城镇	澉浦镇
≤0.5	285	80	144	145	49	258	60	43	24
0.5~1	18	26	33	26	21	21	20	20	5
1~5	35	36	35	21	27	29	24	15	11
5~10	5	8	2	0	7	0	0	0	4
≥10	2	3	4	2	0	0	0	1	1
总计	345	153	218	194	104	308	104	79	45

3) 亩均税收收益不高，有待提升

有亩均税收数据的图斑 1145 个，面积 1808 公顷。亩均税收 5 万元以下工业图斑面积 1185 公顷，占有亩均税收数据图斑面积的 66%，地均效益亟待提升。

4) 企业存续情况

存续时间在 5 年以下的工业用地数量最多，占统计工业用地的 54%。近 5 年新增工业用地大多分布于西塘桥街道和望海街道。2021—2022 年新增工业用地数量最多。

4. 城市存在风貌管控问题

首先是用地混乱问题。海盐县工业用地分布散乱，一方面，部分工业用地位于城镇生活区，产业用地与居住用地混杂，工业生产所造成的噪声、污染及安全隐患对周边居住区构成潜在负面影响，不利于城镇区生活环境的改善；另一方面，企业发展受限，难以对外扩张，不利于工业高水平发展。

其次是存在违法建筑。违法建筑会给人民群众生命财产安全造成隐患，同时对城市风貌造成负面影响，对城市公共资源造成侵蚀。违法建筑管控和安全治理有待加强。

5. 产业发展层次较低

第一，租赁企业过多。全县 45% 工业仓储用地存在租赁情况。西塘桥街道企业租赁比例最低，约 31%；百步镇企业租赁比例最高，约 62%。租赁企业过多,不利于整体管控,时间长了会出现二次或多次租赁,难以对接业主企业,造成一定程度的管理困难。

第二,传统制造企业数量多,转型升级压力大。现状企业行业前十中,主要从事金属制品业,纺织服装、服饰业,印刷和记录媒介复制业,橡胶和塑料制品业,纺织业,造纸和纸制品业等传统制造企业共计6种,占前十的48%。其中大部分属于高污染、高能耗企业,转型难度很大,转型升级失败的可能性很高,在当前外贸发展困难的情况下,破产倒闭可能会比较常见。

5.2 海盐县工业用地"低散乱污"整治提升专项规划

5.2.1 规划背景

海盐县响应省级号召,全面深化"亩均论英雄"资源要素配置改革工作,出台《海盐县工业企业"亩均论英雄"绩效综合评价和结果应用办法(试行)》,针对全县范围内企业进行量化评价,根据得分高低排序分为A、B、C、D四类,分别对应优先发展类、鼓励提升类、帮扶转型类和落后整治类,每年评价一次,并对A、B、C、D类企业和小微企业在用地、用能(用电、用水、用气)、排污、信贷等资源要素配置上实施差别化政策。优先发展类,指资源环境效益好、税收贡献大的企业,对这类企业优先进行项目核准备案等;鼓励提升类,指效益相对较好但发展水平有待提升的企业,鼓励这类企业进行土地"二次开发"等;帮扶转型类,指效益与贡献相对较差,需进行帮扶转型提升的企业,这类企业原则上不得增加用地、用能总量指标等;落后整治类,指发展水平落后、综合效益差,需重点整治的企业,其将作为全县淘汰落后的重点对象。

海盐县外部机遇增多,发展态势良好。2018年11月,习近平总书记在首届中国国际进口博览会开幕式上宣布,支持长江三角洲区域一体化发展并上升为国家战略,着力落实新发展理念,构建现代化经济体系,推进更高起点的深化改革和更高层次的对外开放。2019年12月,《长江三角洲区域一体化发展规划纲要》正式印发实施。嘉兴加快对接上海、杭州步伐,这也为海盐县的发展带来新机遇。此外,海盐县作为环杭州湾经济区、杭州都市区、多条区域通道汇集地,在包括大湾区建设、大花园建设、大通道建设、大都市区建设等浙江"四大"建设背景下迎来新的发展机遇。大湾区建设的总目标是"绿色智慧、和谐美丽的现代化世界级大湾区",具体目标是建设"全国现代化建设先行区、全球数字经济创新高地、区域高质量发展新引擎"。海盐拥有建设大花园的良好自然和人文本底。大通道建设要突出三大通道、四大枢纽、"四港"融合,统筹推进现代综合交通运输体系建设。大都市区是浙江省区域经济和城市化进入新发展阶段的高级功能形态,是大湾区的主引擎、大花园的主支撑、大通道的主枢纽。海盐县成为嘉兴市连接上海都市圈、杭州都市圈和宁波都市圈的重要节点。高铁的建设使海盐县从"末端"变"节点",通苏嘉甬高铁,将极大拉近海盐县与嘉兴城区、宁波市、杭州市、苏州市的时空距离,进一步集聚人气。"嘉盐同城"战略逐步深化,嘉兴南站枢纽功能将进一步强化,由此推动"嘉盐"一体化发展,海盐县的发展未来可期。

从内部基础看,海盐县经济总量稳步提高,主导产业和发展平台基本形成。从经济总量看,规模效益稳步提高,经济快速恢复,2021年全县GDP达到621.6亿元,增速8.3%,人均处于全市前列,GDP增速处于止跌回升的态势。工业发展对于GDP增长起到关键性支撑作用。2021年全县全年工业增加值342.22亿元,比上年增长8.5%,占全县国民生产总值的55.1%。2021年规上工业企业实现总产值1230.53亿元,比上年增长18.3%。新兴产业蓬勃发展,市场主体活力迸发。2020年,全县高新技术产业增加值202.8亿元,战略性新兴产业增加值131.5亿元,占全县规上工业增加值比重分别为79.1%、47.9%,新兴产业占比不断提升。"十三五"期间,新增主板上市企业2家、新三板挂牌企业8家;累计培育工信部单项冠军1家;国家级专精特新"小巨人"4家,数量居全市第一;省级"隐形冠军"5家,数量居全市第一、全省第二。产业结构持续优化,总体态势良好。2021年海盐县一、二、三产业结构比为3.0∶58.8∶38.2,第二产业经济比重较大,目前处于工业化后期阶段。第二产业总体保持下降态势,但与发达地区相比工业占比仍然较高。海盐县第二产业的主导产业为金属制品业,电力、热力生产和供应业,通用设备制造业,基本形成"3+X"特色平台体系,包括海盐经济开发区、浙江百步经济开发区和海盐核电关联省级高新技术产业园区三个省级开发平台,海盐核电小镇、海盐集成家居时尚小镇等省级特色小镇以及各镇产业园区。

相对地,海盐县同样面临转型压力,工业效能有待提升。近年来,海盐县三产增速加快,产业结构持续优化,但第二产业增长乏力,在嘉兴各县市中有下滑趋势。与嘉兴其他县市产业结构相比,海盐县第二产业占比偏高,第三产业占比偏低。2015—2021年,海盐县工业增加值占嘉兴市比重从12.8%下滑至10.9%。2021年,全县第三产业增长10.3%,工业增长8.5%,第三产业增长率连续多年超过工业增长率。海盐县第三产业增加值增长率处于全市最高水平。2021年,海盐县工业增加值增长率仅有8.5%,为全市最低水平。海盐县传统产业面临较大转型压力,且对生态环境有较大负面影响。通过"区位熵"等方式对海盐县具有比较优势的产业门类进行分析,发现金属制品业,电力、热力生产和供应业,造纸和纸制品业等产业在全市层面具有比较优势,但是这些产业多数为传统产业,转型升级压力较大。从资源消耗方面看,电力和造纸等产业对煤炭资源及用水量的需求很大,同时其生产的废水、废气和固体废弃物对生态环境也造成了巨大的压力。海盐县创新竞争能力有所增强,但人才支撑稍显不足。具体来说,2021年海盐县研究与试验发展经费支出30.28亿元,强度为3.17%,略高于全省平均水平的2.94%,主要是成立海盐-上海创新孵化中心,建成"上海大学-海盐紧固件创新平台""中国核电城数字产业园"两大创新中心。而2020年海盐县受过高等教育人员占比约为14.8%(第七次全国人口普查数据),与全省第七次全国人口普查口径平均值(16.99%)仍有一定差距。2021年万人发明专利拥有量41件,和周边地区(嘉善县51.1件)相比尚有一定差距。

5.2.2 规划范围

研究范围:海盐县全域,包括武原街道、望海街道、西塘桥街道、秦山街道、沈荡镇、百步镇、于城镇、通元镇、澉浦镇。

研究对象:工业和仓储用地。

研究时间:2022年11月。

规划期限:2022—2035年,近期2022—2025年,远期至2035年。

5.2.3 规划依据

海盐县工业用地"低散乱污"整治提升专项规划的规划依据如下:
①《中华人民共和国土地管理法》(2019年修正);
②《中华人民共和国城乡规划法》(2019年修正);
③《中华人民共和国土地管理法实施条例》(2021年修订);
④《基本农田保护条例》(2011年修订);
⑤《浙江省基本农田保护条例》(2018年);
⑥《浙江省土地管理条例》(2021年);
⑦《浙江省人民政府关于推进低效利用建设用地二次开发的若干意见》(浙政发〔2012〕35号);
⑧《国土资源部关于印发〈关于深入推进城镇低效用地再开发的指导意见(试行)〉的通知》(国土资发〔2016〕147号);
⑨《浙江省国土资源厅关于印发〈浙江省城镇低效用地再开发调查要点〉和〈浙江省城镇低效用地再开发专项规划编制要点〉的通知》(浙土资厅函〔2014〕127号);

⑩《浙江省人民政府关于全面推进城镇低效用地再开发工作的意见》(浙政发〔2014〕20号);

⑪《国土资源部办公厅关于印发〈城镇低效用地再开发规划编制要点〉的通知》(国土资厅发〔2017〕47号);

⑫《闲置土地处置办法》(中华人民共和国国土资源部令第53号);

⑬《嘉兴市人民政府关于实施嘉兴新制造"555"行动的若干意见》(嘉政发〔2020〕8号);

⑭《关于印发〈开展工业领域"低散乱污"用地全域整治指导意见〉的通知》(嘉自然资规发〔2021〕152号);

⑮《关于印发〈海盐县工业企业"亩均论英雄"绩效综合评价和结果应用办法(试行)〉的通知》(盐政办发〔2022〕32号);

⑯《浙江省人民政府办公厅关于开展低效工业用地整治促进制造业高质量发展的意见》(浙政办发〔2023〕12号);

⑰《海盐县国土空间总体规划(2021—2035年)》(草案);

⑱《海盐县国民经济和社会发展第十四个五年规划和二〇三五年远景目标纲要》;

⑲《海盐县工业经济高质量发展"十四五"规划》。

5.2.4 技术路线

以支持工业高质量发展为导向,在海盐县工业用地数据库成果的基础上,针对拟提升、拟整改和拟腾退企业提出具体且可行的路径举措,进一步科学化推动企业腾退复垦、"留二优二""退二优二"和"退二进三",并提出切实可行的行动计划方案(图5.1)。

其中,腾退复垦、"留二优二""退二优二"和"退二进三"是整治路径。具体如下。

腾退复垦即工业用地复垦,复垦对象为工业平台、开发边界外、能与周边农用地连片、土地利用现状为建设用地的低效工业用地,以及能复垦成耕地的工业地块。

"留二优二"即工业用地延续发展,鼓励利用自有建设用地提升容积率,实施改扩建向空间要地。实施改造提升的宗地面积原则上不少于20亩(1.33公顷)、改造后企业亩均税收达到35万元以上,容积率达到2.0以上。

"退二优二"即工业用地产业更新。在产业结构调整中,逐步淘汰落后产能,指导企业向高科技、高产值发展,实施"退二优二",实现转型升级。引导低效工业企业加快转型或主动退出,引进优势企业实施先进制造业项目,推进工

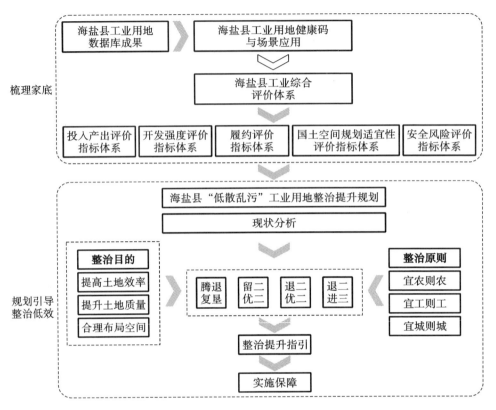

图 5.1 规划研究技术路线图

业经济高质量发展。

"退二进三"即变更工业用地用途。将位于规划实施范围内的工业企业（包括物流仓储用地企业），通过采取征收货币补偿、工业用地置换、临时改变房屋用途、改变用地性质等方式，腾出工业用地空间用于发展第三产业。

5.2.5 规划目标

1. 低效工业用地整治综合目标

结合上海、深圳、南京、湖州等地低效工业用地整治的实践经验，聚焦土地集约高效利用、经济高质量发展，全面开展低效工业用地整治，进一步转变土地资源利用方式，提高企业综合利用效益，不断提升海盐制造综合竞争力，打造具有浙江辨识度的土地集约高效利用标志性成果。具体内容如下。

1) 国土空间布局更加优化

至 2035 年，工业企业入园率达 90% 以上，基本消除不符合相关规划、"低散乱污"问题突出的零星工业集聚点。

2）土地利用效率明显提高

强化工业用地有机更新,坚持内涵式集约发展,推动工业用地节约集约利用水平不断提高。

3）企业竞争实力不断增强

低效企业整治提升得到强化,企业发展活力不断激发,企业发展水平持续提升,市场整合配置资源能力显著增强,大中小微企业全面发展格局加快形成。

4）产业发展层次有效提升

通过空间重构、产业重塑,传统产业改造提升和新兴产业培育壮大取得积极进展,产业"低小散弱"现象得到有效改善。基本清退不符合产业准入清单的企业。

5）景观风貌持续改善

工业区重点展现现代产业特色风貌,重点体现简洁、统一、高效的现代化产业园区特征。

2. 工业用地布局总体目标

海盐县工业用地布局总体目标:建成高质量现代化工业体系,构建产业新生态,制造业综合实力不断提升。精准衔接国土空间规划,落实"三区三线"划定成果,工业空间集聚呈现新格局,有效保障发展用地,不断优化空间布局,大幅提升用地产出效益,实现发展质效的跨越式提升。

至2025年,全县工业用地规模控制在33.5平方千米,确保工业增加值占全市生产总值50%以上的用地需求;全县规上工业增加值年均增长5%左右,工业用地亩均产值提升50%。

至2035年,全县工业用地规模控制在33.6平方千米左右,占城镇建设用地总规模的30%左右;全县工业总体质量进一步提升,工业用地亩均产值在2025年的基础之上力争翻一番。

以上目标基于工业用地规模测算设定,工业用地规模测算方向包括案例比较法和GDP推测法。案例比较法按照《城市用地分类与规划建设用地标准》(GB 50137—2011)要求,将城市工业用地占比控制在15%～30%,将城市建设用地面积与工业用地占比数值相乘得到2035年工业用地面积。现状海盐县工业用地33.44平方千米(2020年),约占城乡建设用地(不含宅基地)面积(109.6平方千米)的30.5%。规划按照城镇开发边界112.6平方千米的30%,则为33.6平方千米,总量略有增加。GDP推测法将GDP与工业增加值占比和地均工业增加值的比值相乘得到2035年工业用地面积。根据"十四五"发展规划,至2025年,海盐县地区生产总值突破900亿元,年均增长8%以上。进一步,在海盐县工业用地"低散乱污"整治提升专项规划中,初步拟定2026—2030年年均增长率降为5%,2031—2035年年均增长率降为3%。最终预测2035年海盐县GDP为1184亿元,并设定工业增加值占比45%(533亿元),地均工业增加值目标为20亿元每平方千米,工业用地规模保障最少26.64平方千米才能实现以上目标。

5.2.6 规划定位

海盐县应落实国家要求、宏观规划指导,培育产业集群,提升平台,有序引导制造业转型升级。在"制造强国"建设背景下,工业区转型升级是支撑实体经济发展的主要方式,国家要求发展实体经济,建成制造强国,浙江省要求培育产业集群、整合提升、集约高效,嘉兴市要求实现制造业立市、平台优化提升。

海盐县应深度参与长三角一体化,接轨大都市,承接产业转移,加强产业合作。2017年嘉兴设立"浙江省全面接轨上海示范区",海盐县可与上海共建产业、创新、人才等合作平台,承接对接上海产业创新转化职能,构建新型产业体系,打造产业转型升级政策的试验田。同时,按照杭州2050战略规划,杭州将打造国家中心城市、国家美丽都市区、创新智慧先导区、东方品质实践区。海盐县应抓住机遇,积极参与杭州大都市区职能分工,呼应创新发展态势,突出创新、休闲、生态等特色职能。

海盐县以新能源、化工新材料、智能家居和氢能源产业为主要特色,应积极融入嘉兴实施打造5大先进制造业集群,培育5大战略性新兴产业,推进5大产业链提升发展的新制造"555"行动;助力嘉兴建设长三角区域先进制造业基地、数字经济高地、高质量外资集聚先行地。其中,5大先进制造业集群包括国家级新能源集群,5大战略性新兴产业包括氢能源产业,5大产业链包括以核电光伏+运维输出为标志的新能源产业链。

《海盐县国土空间总体规划(2021—2035年)》(草案),明确"一带两廊、一城四区"的国土空间总体格局。"一带"即"黄金海岸"复合型蓝带,打造滨海人文生态走廊;"两廊"即接沪联杭、融嘉通苏甬两条发展廊道,依托通苏嘉甬高铁、杭浦高速、嘉南线等,融入沪平盐和杭海城际延伸等铁路网建设,构筑"十"字形发展廊道;"一城"即海盐中心城区,是海盐的核心板块和综合服务中心;"四区"即按照区位特征和主体功能,在全县域形成西北部融嘉片、西南部文旅片、中部农业生态、东部海洋生态片四个片区。规划同时明确"一带一核心、一片一平台、六区多节点"产业空间结构,以及高端紧固件、高端装备制造、智能集成家居、核电关联及核技术应用、新型显示及电子信息、新能源新材料六大产业链。其中,"一带一核心"即黄金海岸经济发展带及以主城区为依托的综合服务核心;"一片一平台"即生态农业片区和"万亩千亿"大平台;"六区多节点"即海盐经济开发区、省级高新技术产业园、百步经济开发区三个二产区块,滨海国际度假区、南北湖未来城、高铁新城三个三产区块,以及各个镇街服务节点。规划以海盐经济开发区为龙头、以特色产业园区为支撑的"万亩千亿"大平台,争创国家级经济技术开发区。

《海盐县工业经济高质量发展"十四五"规划》明确制造产业发展三大战略定位,分别为国家新型工业化产业示范基地、湾北新区高质量产业带主阵地、长三角地区产业特色鲜明的先进制造业基地。打造国家新型工业化产业示范基地,要以"产业大脑＋未来工厂"为核心,坚持走新型工业化道路,进一步深化省级新型工业化产业示范基地建设,努力打造突显块状特色产业优势的新型工业化全国示范区。打造湾北新区高质量产业带主阵地,要实施新一轮制造业"腾笼换鸟、凤凰涅槃"攻坚行动,着力构建滨海"万亩千亿"产业发展大平台,为浙江工业发展提供硬核支撑。打造长三角地区产业特色鲜明的先进制造业基地,要努力成为嘉兴融入长三角一体化的金南翼,抢抓通苏嘉甬高铁和沪平盐轨道交通建设机遇,融入G60科创走廊建设,主动承揽沪杭嘉等城市溢出资源。同时明确构建"三区两带六基地"产业空间格局。高品质打造"三区",即海盐经济开发区、百步经济开发区、海盐核电关联高新技术产业园区,加紧集聚高端要素资源,全力打造省级"万亩千亿"产业平台;高水平建设"两带",即滨海新城产业带和融嘉产业带;高标准构筑"六基地",即高端紧固件产业基地、高端装备制造产业基地、智能集成家居产业基地、核电关联及核技术应用产业基地、新型显示及电子信息产业基地、新能源新材料产业基地。

5.2.7 规划策略

1. 框定总量,科学划定工业用地控制线

2022年5月,浙江省自然资源厅下发《浙江省自然资源厅关于开展工业用地控制线划定书面调研的函》,全面摸排全省各地"工业用地控制线"划定需求,全面掌握工业用地规划布局情况,为下一步研究"工业用地控制线"划定办法提供基础资料。

以进一步保障全市工业用地空间,为优势产业转型集聚提供腾挪空间,为承接产业重点项目落地提供空间载体,衔接国土空间总体规划,保障产业发展空间,优化产业空间布局,引导城市更新方向为目的,按照"总量控制、集中连片、分区优化、提质增效、产城融合"的原则,对工业用地控制线进行划定。划定范围包括:基础好、集中连片、符合城乡规划的产业园区;市、区两级重点产业园区用地;市、区重大产业项目、重要企业的工业用地;其他需要划定的工业用地。

1）划定工业用地保护控制线

海盐县设置一级控制线和二级过渡线，实现两级控制。从城市产业用地保障方面考虑，引导工业用地集聚集群发展，保障产业用地设置一级控制线。为稳定一定时期工业用地总规模，避免工业用地比例下降过快，在工业保护控制线范围外，对于现状仍为工业用地、企业经营状况较好、布局相对集中的用地，未来逐步引导转型的，一般法定规划为其他用地，规划为二级过渡线，近期（3～5年内）保留为工业用途，远期可"退二进三"。

划定原则为总量框定，规模控制，占补平衡。总量框定，即因上位规划变化和公共利益需要，可适当对工业控制线进行局部调整，调整须遵循"规模总量不减少、产业布局更合理"的原则；规模控制，即工业控制线应严格落实占补平衡的要求，补划后工业用地规模不减少；占补平衡，即调出工业用地需要补齐同等规模的工业用地。

依托现状工业基础，围绕构建"万亩千亿"高质量发展大平台的战略要求，在城镇开发边界内，按照"稳规模、优布局、增效益"的原则划定海盐县工业用地控制线面积26.72平方千米，约占海盐县城镇开发边界（面积112.6平方千米）的24%。划定结果符合三大条件：新一轮城镇开发边界、永久基本农田、生态保护红线无冲突；城镇开发边界内符合现有控制性详细规划的工业用地优先划入，城镇开发边界内未编控制性详细规划的现状工业用地择优划入；包括3个省级以上工业园区内的工业用地。

2）分清主次，保障重点产业平台

主要产业基地为3个省级开发平台，即海盐经济开发区、百步经济开发区、海盐核电关联省级高新技术产业园区。海盐经济开发区位于西塘桥街道，主导产业为高端紧固件、高端装备制造、新能源（中国氢谷）、新材料、5G通信信息产业、临港物流；百步经济开发区位于百步镇，主导产业为智能集成家居、创意印刷、高端装备制造；海盐核电关联省级高新技术产业园区位于望海街道、武原街道和秦山街道，主导产业为新型显示技术和新材料研发、核电关联及核技术应用、高端紧固件。应对主要产业基地进行重点保障和发展，对产业用地进行优化提升。

其他产业基地包括：武原工业功能区（金星片），望海工业功能区（元通片），秦山核电、同位素产业园，沈荡工业功能区，于城工业功能区，澉浦工业功能区（六里片、长墙山片），通元工业功能区。武原工业功能区（金星片）的主导产业为新型家居建材、纺织新材料、高端装备制造；望海工业功能区（元通片）的主导产业为高端食品、纺织服装、高端装备制造；秦山核电、同位素产业园的主导产业为核电生产、核技术应用（同位素）、核电设备制造业、核电数字信息产业；沈荡工业功能区的主导产业为高端装备制造、新材料、汽车配件；于城工业功能区的主导产业为高端紧固件、纺织印染、高端装备制造；澉浦工业功能区（六里片、长墙山片）的主导产业为高端紧固件、高端装备制造、纺织服装、新材料、临港物流；通元工业功能区的主导产业为纺织服装、电器电缆、新材料。应在保障重点产业平台的基础上做好其他产业基地的建设与发展。

2. 提升效率，适度提高土地开发强度

1）加快"五未"土地处置

"五未"土地即批而未供、供而未用、用而未尽、建而未投、投而未达标的土地。批而未供的土地指的是土地审批完成后却没有交付的土地；供而未用的土地指的是已办理供地手续或批准使用土地，未按约定时限动工建设的土地；用而未尽的土地指的是项目已动工，其开发建设用地总面积已超过应动工开发建设用地总面积的三分之一且建设工程投资额（不包括取得土地使用权的费用和向国家缴纳的税费）已超过总投资额的25%，但开发建设未完全完工，且未经原用地批准机关批准已停止开发建设1年以上（含1年）的土地；建而未投的土地指的是单个项目在土地使用权出让合同建设期满，固定资产投资强度未达到土地使用权出让合同的约定，且固定资产投资强度超过25%但不足60%，或者厂房属于闲置状态，未按合同约定时间投入生产的用地；投而未达标的土地指的是单个项目在土地出让合同建设期满，实现竣工投产，项目的固定资产投资强度、容积率等控制性指标符合要求，但项目亩均产出、亩均税收等经济指标未达到土地使用权出让合同或产业投资协议约定标准，或亩均税收低于区域平均水平的土地。

针对"五未"土地面临的实际问题，采取合适的处置办法。对于批而未供的土地，采取申请撤销批文、及时调整规划、加快供地、督促预申请业主办理供地、补办供地手续等处置办法。对于供而未用的土地，采取对未动工开发满1年不满2年的，按照土地出让价款的20%依法征缴土地闲置费，闲置满2年的依法予以收回的处置办法。对于用而未尽的土地，采取在符合规划和再次出让条件的前提下，原则上由属地政府协议收回，或进行地块分割后部分协议收回，组织二次出让的处置办法。对于建而未投的土地，采取限期6个月内整改到位或到期后问题仍未消除的，采取属地政府协议收回、引进企业收购重组、创建小微创业园等方式进行盘活的处置办法。对于投而未达标的土地，采取建立分类分档、公开排序、动态管理的企业综合评价机制，完善资源要素差别化配置，实行正向激励和反向倒逼的处置办法。

2）积极探索配置"创新型产业用地（M0）"

2013年以来，以深圳为代表的创新型产业用地（M0）在全国展开了广泛探索。创新型产业用地(M0)是指符合新产业、新业态政策要求,主要用于融合研发、创意、设计、中试、无污染生产等新型产业以及相关配套服务的工业用地。

2021年发布的《嘉兴市创新型产业用地(M0)管理实施意见(试行)》明确了创新型产业用地(M0)的适用范围、规划管理要求、项目准入要求和用地管理要求。

(1)明确适用范围

创新型产业用地(M0)的适用范围为国家级、省级产业园区,高能级产业生态园和经嘉兴市人民政府同意适用的其他产业园区。

(2)加强规划管理

创新型产业用地(M0)布局应科学,应遵循"功能复合、产城融合、职住平衡、生态宜居"理念。创新型产业用地(M0)规模总量原则上不得超过工业用地总规模的10%;高能级产业生态园中的创新型产业用地(M0)比例可适当提高,最高不得超过工业用地总规模的20%。创新型产业用地(M0)的容积率原则上不低于2.0,不高于5.0,有特殊规模要求的,应组织对城市空间品质、公共服务设施、交通设施和市政设施等承载能力进行专门论证。单宗创新型产业用地(M0)的绿地率一般不低于20%,编制完成园林绿化专项规划的园区,在保障绿地总面积不低于园区用地总面积20%的前提下,单宗创新型产业用地(M0)的绿地率由属地政府(管委会)的园林绿化部门统筹平衡、自主确定。除产品生产的厂房、车间、仓库外,其他建筑的停车位配建指标应按商务、商业用地配建标准配置,鼓励地下空间开发,原则上机动车地下停车位配建比例不得低于80%。创新型产业用地(M0)项目的建筑方案应在设计方案图中明确标注产业用房和配套用房。产业用房的计容建筑面积不得低于总计容建筑面积的80%;配套用房的计容建筑面积不得超过总计容建筑面积的20%,用地面积不得超过总用地面积的15%。鼓励多个邻近地块集中统筹设置配套用房。

(3)加强项目准入

创新型产业用地(M0)项目实行产业准入和空间准入。产业准入方面,由市经济和信息化局负责制定创新型产业分类指导目录和创新型产业固定资产投资强度、单位用地产值、单位用地税收、研发经费占主营业务收入比重、研发人员与从业人员比、单位能耗增加值、单位排放增加值等指标,同时制定动态考核指标,作为后续达产验收依据。县(市、区)政府(管委会)经信部门负责项目性质评审、项目准入等工作。空间准入方面,选址位置和容积率等应符合国土空间规划的要求。

(4)加强用地管理

创新型产业用地(M0)的年度供应规模原则上不得超过工业用地年度供应

总规模的20%。新增创新型产业用地（M0）采用招拍挂出让、"先租后让"等方式供地；工改M0（现有工业用地拆除重建或用而未尽部分改为创新型产业用地）在符合产业准入的情况下，可由企业申请，依法办理土地使用条件变更等用地手续。创新型产业用地（M0）鼓励实施弹性年期出让，土地出让年限一般为20年或30年，最高不超过50年，具体由县（市、区）政府确定。以"先租后让"方式供应的创新型产业用地（M0），租赁期不超过5年。租赁期满通过达产验收的，可办理剩余年限土地协议出让手续，出让年限等于土地供应总年限减去已租赁年限。工改M0土地使用年限按照原建设用地剩余出让年限确定。

3）鼓励和支持"工业上楼"

2021年7月21日，国家发展和改革委员会发布了《国家发展改革委关于推广借鉴深圳经济特区创新举措和经验做法的通知》，总结梳理了深圳经济特区已复制推广的创新举措和经验做法。其中，在第十条——划定"区块线"，保障工业发展空间的内容中，明确提出要推广"工业上楼"模式，有效稳定工业用地总规模，为制造业和实体经济高质量发展创造空间。

根据《深圳市光明区"工业上楼"建筑设计指南》，"工业上楼"建筑是具备相近行业高通用性、高集约性的特点，符合国家通用建筑标准及消防、节能、环保等现行规范和政策要求，用地性质为普通工业用地（M1）或新型产业用地（M0）、容积率3.0或以上、高度24米以上、层数5层及以上，配置工业电梯且集生产、研发、试验功能于一体的厂房。

"工业上楼"指让企业在高层楼房中进行工业生产的产业新空间模式。在经济增长目标的驱动下，工业发展往往面临转型升级加速和土地资源紧张的双重压力。一方面，高新技术跨界融合的新兴产业企业对生产研发的空间环境和厂房建设标准要求更高。另一方面，生产技术的进步也使工业有了上楼的可能。随着城市规模不断扩大，土地资源日趋紧张，工业用地供应紧缺，传统厂房发展模式对于企业获取产业生存空间产生的压力越来越大，"工业上楼"由此诞生。于政府而言，"工业上楼"能够提升土地效能，改善城市面貌，促进产业升级，是顺应集约化利用空间和制造业高质量发展趋势的明智之选。于产业园区而言，"工业上楼"是园区转型新方向，具有政策扶持优势，有利于园区拓展新项目，获取新融资。于企业而言，"工业上楼"有利于降低企业综合运营成本，获得更优配套与环境，实现协同发展。

"工业上楼"对于促进高质量发展具有重要意义。一是破解土地难题。"工业上楼"能够有效提升土地利用率和产业承载力，提高亩均产值和税收，有效解决土地空间极度紧缺与工业需求极度旺盛的特殊矛盾。二是导入先进产能。"工业上楼"在垂直空间中形成"楼上楼下创新创业综合体"集成上下游产业链，发挥产业就近协同效应，便于为新型产业发展和未来产业培育提供更多、更好的空间保障。三是实现产城融合。"工业上楼"创新立体式产业空间布局驱动产业集群效能，以空间融合实现城市功能聚集和职住平衡，以垂直化"第六立面"促进生态优化集约，形成生产生活多元一体、富有生机和活力的新型产业结构。

"工业上楼"的特征：在工业类用地上发生的生产空间创新模式；高度超过24米，或者楼层数达到5层及以上的工业厂房；上楼对象为轻型生产、环保型和低能耗类型的高端制造业，如新一代信息技术、生物医药、智能制造、工业互联网、大数据等战略性新兴产业。"工业上楼"主要有高标准工业厂房、工业大厦、堆叠式厂房三种模式。

(1)高标准工业厂房模式

高标准工业厂房是指在规定区域内统一规划，具有通用性、配套性、集约性等特点，主要为中小工业企业集聚发展和外来工业投资项目提供生产经营场所的发展平台。高标准工业厂房在资源配置、产业集聚、布局优化和环境改善方面均具有重要意义：有利于优化资源配置，缓解用地紧张的矛盾；有利于培育产业集群，建设先进制造业基地；有利于优化生产力布局，促进中小企业发展；有利于改善生态环境，实现经济社会和谐协调发展。高标准工业厂房模式下的容积率控制指引包括：中心城区、省级开发区建设的多层标准厂房必须达到5层以上，其他乡镇街道必须达到3层以上；落址在省级开发区的标准厂房容积率2.5以上，标准厂房占地面积占工业用地总面积25%以上；在国土空间规划控制范围内的标准厂房容积率2.0以上，标准厂房占地面积占工业用地总面积的20%以上；其他乡镇、街道标准厂房容积率1.5以上，标准厂房占地面积占工业用地总面积的10%以上。应按照"布局集中、用地集约、产业集聚"的原则在工业集聚区和开发区(园区)高标准、高起点规划多层标准厂房区，积极推广使用多层标准厂房。

(2)工业大厦模式

工业大厦模式萌发于20世纪50年代—80年代的香港，典型案例是香港工业中心和海怡工贸中心。在工业发展需求与土地资源紧缺存在矛盾的背景下，香港以政府或私人为实施主体，将低技术、劳动密集的手工业和轻工业搬上高楼，随着产业不断更新升级，工业大厦主导产业类型逐渐向医药、电子等高技术轻型产业转变。工业大厦以10~24层大厦为代表，地块容积率高，通常可达3.0以上，建筑高度可达百米。参照香港"工业上楼"的成功经验，再结合自身体量、定位、产业等多方面情况，珠三角地区政府出台了一系列土地、"工业上楼"相关政策对"工业上楼"予以大力支持，发展形成较为成熟的工业大厦模式。东莞松湖智谷是应用工业大厦模式的典型园区,园区内工业大厦的层数普遍在10层以上,部分产业大厦高达百米。东莞松湖智谷主要引进电子信息、智能制造装备、大数据、新材料等高新技术领域的企业,引进企业数近200家,目前已成为聚集人才、科技、产业的现代化工业园典型。

(3)堆叠式厂房模式

堆叠式厂房模式起步于20世纪80年代的新加坡,其以产业升级、吸引高附加值的资本与技术密集型产业,解决中小企业因租金、场地等有限而分散运作问题,以提高企业生产效率为发展背景,在政府主导下向无污染的轻加工、研发类产业进行推广,代表性案例是大士生物医药园。堆叠式厂房集研发、中试、制造、仓储和办公等多功能于一体化,多以3层叠3层、最高为12层的形态组成,高度多在24米以下,容积率大多在2.0~2.5。厂房每栋楼有8~16个单元,每个单元由3个楼层组成,包含中试生产制造区、研发办公区和仓储区三个功能区,适用于都市型无污染产业的中小企业。堆叠式厂房具有平面布局集中、物流组织灵活、适配大多数产业等优势,同时能在不改变工业用地性质的前提下,提升楼宇的容积率,降低企业用地成本,把产业相关企业集中在同一个区域内,实现上下楼成"上下游",一栋楼即"一条链"。

4)大力探索"工业上楼"细分产业清单

根据由环保安全、减振隔振、工艺需求、垂直交通和设备载重构成的"五要素模型"判断可"上楼"的工业产业。其中环保安全要素为第一层级要素,其他四要素为第二层级要素。环保安全要素又细分为危化品等级、生产火灾危险等级、环保要求三部分。其中危化品等级规定使用、储存危化品涉及所在地政策禁限控目录中"禁止部分"的禁止上楼;生产火灾危险等级规定生产火灾危险等级大于丙级的产业不建议上楼;环保要求规定对自然环境和人居环境有严重干扰和污染的产业不适宜上楼。减振隔振要素包括减振措施和加工精度两部分,其中减振措施规定需要特殊独立基础要求的不适宜上楼;加工精度规定亚微米级、纳米级加工精度不宜上楼。工艺需求要素规定生产类型不宜为流程式生产。垂直交通要素分为货梯需求和员工密度两个部分,其中货梯需求规定原始材料或成品单件重量不宜超过2吨、尺寸不宜超过2.5米×3米×2.2米($L \times W \times H$);员工密度规定80平方米生产厂房内员工人数不宜超过5人。设备载重要素规定核心生产设备每平方米不宜超过1吨。根据五要素模型筛选条件,对产业生产各个要素进行综合评估,作为判断产业生产工艺是否适宜上楼生产的依据。

部分产业类型的工业企业根据实际条件,将仓储和核心部件生产环节、组装环节、办公展示和会议检测等功能分开设立,形成"下生产、中组装、上服务"。

根据企业生产特征,结合环保安全、减振隔振、工艺需求、垂直交通、设备载重等制定产业"工业上楼"清单,推进工业用地复合多元化使用,形成"一栋楼就是一条生产链"的工业用地新模式。

5)形成低效工业用地治理工具箱

政府形成规范管理和政策倒逼机制。政府规范管理方式分为帮扶提升和政策倒逼两种。帮扶提升,即对具有一定经营规模、品牌价值和市场前景,暂时陷入困难的企业,统筹产业、投资、科技、人才等涉企政策,开展"一企一策"精准帮扶,推动一批低效企业提质增效,如提供信贷融资。政策倒逼,即加大企业正向激励和反向倒逼力度,让低效工业用地企业主动退出。具体包括:制定联合惩戒机制;制定保证金制度;实行差别化水电气价格;实行差别化资金扶持政策;实行差别化土地供应政策。

针对拟提升企业,采取提容增效方式("零增地"方式)和合分转租方式。提容增效方式具体包括三类。一是提高容积率。项目容积率可提高到不超过1.5(加层、翻建、扩建);提高高标准厂房容积率;建筑密度提高到不超过55%;其他产业用途和行政办公、生活配套设施计容建筑面积占总计容建筑面积的比例上限由15%提高到30%。二是降低绿地率。经核准或备案的项目,允许降低绿地率。绿地率达到10%以上的,免征易地绿化费;绿地率不足10%的部分,可以通过征收易地绿化费的办法解决。三是增加资金投入。通过引入资金、设备、技术,增加企业的产能,从而达到土地的集约利用。合分转租方式同样包括三类。一是兼并重组。兼并重组针对企业生产生命周期到期、主营业务停产一年以上、企业濒临倒闭的情形,目的是盘活工业用地。兼并重组需要对产业进行升级转型,同时鼓励有实力的优势企业来开发区兼并重组低效用地企业,通过引进增量来盘活存量。二是分割转让、复合使用、出租。分割转让要求分割后的土地单宗面积原则上不少于10亩、转让企业曾享受土地出让合同地价优惠政策的,转让部分土地应按土地出让合同标定地价补足土地出让金。出租是通过出租租赁闲置厂房的方式引进优质项目进驻,盘活低效闲置资产。三是转让、入股、联营等。单宗低效用地涉及两个以上用地主体的,可以由多个主体联合或共同设立项目公司作为新的主体进行开发改造。相邻多宗地块可以由原国有土地使用权人联合或共同设立项目公司作为新的用地主体进行开发改造。

针对拟整改企业,采取安全风险整改、履约能力整改、规划适宜性整改三类整改方式。具体来说,安全风险整改涉及安全、消防、能耗、环保等方面的整改,包括用地合法性、合规性整改;履约能力整改涉及土地开工、竣工时间履约情况调查,供而未用、用而未尽的情况需补缴相关土地闲置费等罚款;在规划适宜性整改中,因用地空间布局调整需要腾挪,有合法产权且符合嘉兴市产业和政策导向需优先保障的,可通过协议置换方式整合入园。

针对拟腾退企业,采取协议有偿收回、无偿收回、依法拆违、强化二次利用等整改方式。协议有偿收回,即探索"以房换地、以房换房、以地换地"等市场化补偿方式。街镇、经济技术开发区与企业洽谈的收储价格以双方认可的市场评估价为基准,超过市场评估价的,由街镇、经济技术开发区集体决策后实施。无偿收回,即因企业原因超过约定、规定开工日期满两年的,由政府依据出让合同无偿收回国有建设用地使用权,闲置土地设有抵押权的,同时抄送相关土地抵押权人。依法拆违,即对未依法批准、不符合建设规划和土地利用总体规划的地上建筑物或新增违法建筑依法及时处理,对依法应当拆除的,一律予以拆除。强化二次利用,包括"退二优二""留二优二""退二进三"、腾退复垦、转置入园、入园还耕等不同形式。

3. 转型升级,有效提升产业发展层次

1) 重点布局三大产业方向

重点布局数字经济、生命健康、高端装备制造三大产业方向。数字经济包括新一代通信系统集成、5G+创新应用、"互联网+";生命健康包括医疗器械、精准诊疗、数字健养;高端装备制造包括新能源储能装备、智能化自动化、高端生产制造装备。

2) 严格遵守产业准入清单

对照《产业结构调整指导目录(2019年本)》,参考《市场准入负面清单(2022年版)》《环境保护综合名录(2021年版)》《部分工业行业淘汰落后生产工艺装备和产品指导目录(2010年本)》《浙江省淘汰落后生产能力指导目录(2012年本)》《浙江省"三线一单"生态环境分区管控方案》等国家、省、市政策文件和各行业规范文件及地区产业准入条件,在符合主体功能定位的条件下,严格确立产业准入标准。

从生产规模、生产工艺、清洁生产水平、企业入园等方面提出管控要求,对不符合要求的现状产业提出关停并转或升级改造要求。对禁止类产业提出逐渐清退要求,禁止新建、改扩建相关项目,现有产业(企业)应在负面清单施行之日起3年内关停。

3) 谋划编制产业用地标准指南

产业用地指南是我国发达地区针对工业用地标准实行差别化、精准化管理的新方法,上海、广州、宁波等地探索时间较早。编制产业用地标准指南的核心任务是以产业门类为载体,分区域明确各新增工业企业开发利用指标、投入产出指标、创新环境指标等体系。产业用地指南编制工作的重点研究对象是当地工业和服务业的产业门类,标准直接针对企业,并逐年更新。

在海盐县产业用地标准指南中,工业用地标准部分拟采用"4+5"指标体系,其中"4"为4个控制性指标,单独限定;"5"为5个引导性指标,统一设定。4个控制性指标包括固定资产投资强度、容积率、亩均税收和单位产值能耗标准;5个引导性指标包括建筑系数、绿地率、单位产值排放标准、用地指标、研发经费占主营业务收入比重、行政办公及生活服务设施用地所占比重。但对于具体数值是采用广州的一个准入值,还是宁波的一个准入值+一个推荐值,还有待讨论。现代服务业用地标准拟采用"2+1"指标体系,其中"2"为2个控制性指标,分别是固定资产投资强度和容积率,单独限定;"1"为1个引导性指标,为用地指标。由于现代服务业存在多占地倾向,所以需要按其规模控制供地面积,同时由于对税收无考虑,所以要对其用地面积进行合理限制。基础设施用地标准拟按照流量、服务人口等要素确定合理的用地指标。社会事业用地标准拟按照流量、服务人口等要素确定合理的用地指标。

4. 风貌控制,持续改善城市风貌品质

1) 确认工业园区风貌控制总体要求

工业区重点展现现代产业特色风貌,重点体现简洁、统一、高效的现代化产业园区特征。在布局与体量方面,建筑体量应符合生产功能要求,灵活有序变化,形成多样化、具有活力的生产空间体量群;空间中的建筑应相互关联,形成有机统一的整体,既能形成各自的空间,又能通过线性的联系,彼此保持流通、渗透。在空间布局方面,要营造具有活力和创新精神的场所,合理组织界面虚实、空间开合关系,同时在园区内部塑造开放共享的贯通空间。在造型与风格方面,外部形态真实反映内部功能,彰显工业建筑大气美、力量美、秩序美的特点;建筑形体宜简单明了,展示踏实、沉稳的企业形象;建筑要与新技术、新材料和新结构相结合,体现时代感。

做好工业园区界面控制。厂房和产业园建筑街道界面应完整连续体现建筑性格;产业园内界面应丰富灵活,空间和谐;重要道路、水系沿线应形成有序而不失变化的界面韵律。园区主要控制界面包括5条滨河控制界面和4条道路控制界面。5条滨河控制界面具体包括杭平申线(西塘桥段)滨河界面、海塘线滨河界面、杭平申线(望海段)滨河界面、嘉于线(沈荡段)滨河界面、嘉于线(于城段)滨河界面。4条道路界面主要包括滨海大道(西塘桥段)、海湾大道(西塘桥段)、常台高速(百步段)、秦山大道(秦山街道段)。

重视工业园区高度控制。以"平稳变化、节点突出、避免单一"为高度控制总体要求,以形成"簇群+过渡区+基本高度"的三级高度控制梯度为高度控制目标。其中,"簇群"为第一高度梯度控制区,主要位于重要节点处,形成园区的高度节点,提高识别性。根据实际需要,小节点可由1幢或2幢高层建筑组成,大节点可由多幢高层建筑组合形成。"过渡区"为第二高度梯度控制区，主要围绕第一高度梯度控制区高层节点周边形成有序过渡。"基本高度"为第三高度梯度控制区。

兼顾工业园区色彩控制。园区色彩要协调统一，通过控制建筑色彩的手法，使园区不同功能的建筑和谐统一。建筑色彩宜简单、明快，配色舒适，主色调统一采用白色和浅灰色，辅色调宜采用灰蓝色和草绿色。通过色彩的局部变化，使工业建筑的立面形成有节奏、韵律的变化，削弱工业建筑体量庞大的压迫感。在协调统一的基础上，建筑配色可考虑与企业文化的适配度，展现企业特色。

2）探索低效工业用地连片整治机制

针对优企和保留企业，以城市设计为引导，以15公顷为底线，每年打造1个或2个高质量产业发展片区。重点加强拟腾退企业的连片整治，单个区块连片改造面积原则上不小于200亩（或每个街镇的合计整体转型区域一般不小于400亩）。针对容积率低、企业规模小、产出效益差、开发时间早的工业区块，通过对接国土空间规划方案，形成新用地布局方案。倡导集中成片的存量产业用地区域整体转型，鼓励街镇、园区选取成片、相对完整区域的存量产业用地，以道路、河道等为界，划定存量产业用地整体转型区域。

重构区块布局。对实施连片收储的区块，应按照优化空间布局、改善公共配套、提升城市面貌的原则，进行重新规划。二次供地原则上应按工业用地类型供地，如供地类型转变为非工业用地的，要按照"先补后调、占一补1.2"的要求编制工业用地占补平衡方案。做优二次开发。县属国有企业取得连片区块土地使用权，进行统一规划设计，用于招引重大产业项目或开发建设产业综合体。产业综合体建成后由县属国有企业引入优质项目进行整体运营，待入驻产业综合体的企业达到约定的产出标准后允许分割转让。各街镇及其所属公司、经济技术开发区和县属国有公司作为存量产业用地收储转型的实施主体，负责编制转型区域或零星地块的收储、开发和资金平衡方案，实施项目闭环管理。具体可采取企业自行拆除改造、等价置换、"退二优二"、整治腾退、改造建设小微企业园等措施对低效工业用地进行整治。

5. 加强治理，加快推动数字化空间管理

1）建设工业用地健康码

通过建设工业用地健康码，加强实时监管。加强智慧化管理，提升空间治理水平，将全县"低散乱污"园区和工业用地建库建档案，根据用地效益、环保安全和开发强度等情况赋予工业用地健康码，通过一年一体检和五年一评估工作，及时发现问题和开展实时监管。

2)建设土地开发利用管理闭环

结合浙江省"数字国土空间"建设,打造由工业用地健康码、规划条件、供地计划、土地供应、批后监管、不动产登记、土地利用评价构成的土地开发利用管理闭环。具体开发利用管理过程:拟供地地块生成土地码→明确规划条件,包括地块位置、用地性质、开发强度等情况→明确供地计划,包括供应量、供应结构、供应时序等信息→土地供应管理,依据供应方式(划拨、出让),反映实际土地供应情况→批后监管,明确从缴纳土地出让金到最后项目竣工的情况→不动产登记,掌握竣工后确权登记情况→土地利用评价,基于工业用地评价体系的土地利用健康水平评价。

3)构建工业用地健康评价体系

构建包括规划适宜性评价、投入产出评价、开发强度评价、合同履约评价、安全风险评价的"五位一体"工业用地健康综合评价体系。其中,规划适宜性评价包括亩均税收、亩均工业增加值、单位能耗工业增加值、研发经费占主营业务收入比重、全员劳动生产率、单位排污权、绩效评价等要素;投入产出评价包括固定资产投资强度、容积率、是否进行技改投资等要素;开发强度评价包括土地开竣工履约情况、容积率是否达标、亩均投资是否达标、亩均税收是否达标、单位能耗增加值是否达标、单位排放增加值是否达标、约定投资是否达标、约定研发经费占主营业务收入比重是否达标等要素;合同履约评价包括是否符合国土空间总体规划,是否符合详细规划,是否处于国家、省、市批准的开发区范围内,是否处于市政府批准的产业园区范围内,是否符合园区产业生态,是否满足邻避要求等要素;安全风险评价包括是否属于土地违法、是否涉及生产安全等要素。根据不同的评价组合,应确定保留、提升、整治、腾退等不同整治指引。

4)打造工业用地数字治理场景

以土地高效利用、部门协同治理为目标,结合"低散乱污"园区整合提升和低效用地整治,运用数字化改革理念开发建设工业用地数字治理场景和应用。以数字地图为基础,以数字赋能为手段,形成周期管理、土地供应、优企查询、工业用地评价与整治引导四大应用场景。结合工业用地数字化场景智控体系建设,按照"定整治区块、定整治类型、定整治数量"的工作要求,加强智慧化管理,提升空间治理水平。

5.2.8 分区指引

1.总体思路

1)整治路径

以体现产业集聚、产业提升、优化空间布局为目标,对全域范围内的低效工业用地进行整治,通过亩均产出、综合绩效、土地利用强度、空间规划适宜性等分析,制定不同的整治措施与实施路径。

在产业聚集方面,基于各乡镇街道产业园区的定位与主导产业有选择地进行集聚;在产业提升方面,基于产业上下链生产关系、产业特色以及工业用地投入产出的综合效益,对其加以改造提升或者转型升级;在优化空间布局方面,基于城镇发展和规划分区,与城镇生活区有序过渡,实行"退二进三"有序过渡。

整治措施与实施路径主要包括收回复垦、变更用途和整治提升。收回复垦方面的整治措施包括:复垦工业建设用地,优化农用地格局,提高耕地连绵成片程度;效益较好的企业入园还耕,符合园区产业发展方向的企业进园区,不符合园区产业发展方向的企业则进入小微园区。变更用途的措施包括:"退二进一",用途改为农村产业用地,促进农业一、二、三产融合,助力乡村振兴;"退二进三",完善城镇功能,提升城镇形象,改进城镇面貌。整治提升的措施包括:"退二优二",腾退淘汰企业,引进优势型企业或引导企业转型升级;"留二优二",加强产业园区土地集约。

2)评价指标体系构建

构建包括空间规划适宜性、投入产出、开发强度、风险评价的多因素综合评价体系,根据评价结果采取相对应的腾退复垦、整治提升、"退二进三"等措施,同时建立低效工业用地整治数据库,更新整治计划清单以及专项规划图。

在空间规划适宜性评价中,若国土空间规划适宜性、详细规划用地兼容性、专项规划禁止限制建设要求、经信有机更新计划中有多项不满足,则可采取腾退拆除、提升改造等整治措施。在投入产出评价中,若绩效评价为D,亩均税收不足5万元,则采取腾退拆除措施;若绩效评价为C,则采取整改提升措施。在开发强度评价中,若容积率低于0.5,则需整改提升;若为外围独立零散的工业用地,则需腾退复垦。在风险评价中,违法用地应腾退拆除,违法建筑应整改提升。

2. 总体安排

根据评价结果,企业效益差、外围零散以及不符合规划的,面积总计37.51公顷,占比1.12%,应进行腾退复垦;位于城镇功能区及乡村聚居点内的,面积185.81公顷,占比约5.56%,应采取"退二进三"措施(工改其他用地);整治提升用地面积总计1993.18公顷,占比近60%,主要包括各乡镇有机更新计划及各类规划廊道控制的工业区域,有整治清退、改造提升以及搬迁技改等方式。

3. 分区安排

结合工业用地控制线,全县规划新增工业用地684.34公顷,主要分布于百步镇和西塘桥街道(表5.6)。

表 5.6 海盐县新增工业用地统计表

镇、街道名称	地块数量/个	面积/公顷
武原街道	13	38.01
望海街道	20	56.80
西塘桥街道	36	322.94
秦山街道	16	40.10
百步镇	30	122.07
沈荡镇	4	16.43
通元镇	11	23.23
于城镇	13	38.75
澉浦镇	13	26.01
合计	156	684.34

武原街道整治工业用地共 261.71 公顷，新增工业用地 38.01 公顷，以"退二进三"为主。

望海街道整治工业用地共 376.33 公顷，新增工业用地 56.80 公顷，以整治提升为主。

西塘桥街道整治工业用地共 1129.26 公顷，新增工业用地 322.94 公顷，以整治提升为主。

秦山街道整治工业用地共 594.31 公顷，新增工业用地 40.10 公顷，以整治提升、其他工业用地为主。

百步镇整治工业用地共 311.72 公顷，新增工业用地 122.07 公顷，以整治提升为主。

沈荡镇整治工业用地共 189.59 公顷，新增工业用地 16.43 公顷，以整治提升为主。

通元镇整治工业用地共 148.39 公顷，新增工业用地 23.23 公顷，以整治提升为主。

于城镇整治工业用地共 148.90 公顷，新增工业用地 38.75 公顷，以整治提升为主。

澉浦镇整治工业用地共 175.98 公顷，新增工业用地 26.01 公顷，以整治提升为主。

5.2.9 实施保障

1. 落实空间要素保障

在符合国土空间规划的前提下,做好工业用地的提前储备工作,年度土地供应计划优先保障制造业用地,做好工业用地的空间要素保障。

结合总量控制和占补平衡要求,规模不突破,刚性和弹性兼顾。因上位规划变化和公共利益需要,可适当对工业控制线进行局部调整,调整需遵循"规模总量不减少、产业布局更合理"的原则;工业控制线应严格落实占补平衡的要求,补划后工业用地规模不减少;采用动态管控,结合城市更新时序,近3~5年内保留;远期结合未来新增工业用地的投放,逐步引导工业用地向其他用地类型转变。

工业用地控制线调整程序:受理申请,编制方案→意见征集→意见汇总,方案完善→自然资源和规划局、经济和信息化局审查→规划委员会审议→公示27日→政府批准→网站公示。

2. 创新完善土地供应制度

在国土空间规划中划定工业用地控制线,明晰工业用地用途转换负面清单,稳定工业用地总量。对于工业用地内部的调整,或调整为研发设计、产业孵化、产品中试等用地的,各省级自然资源主管部门要研究制定允许、兼容、禁止布局的产业类型转换目录和转换规则,推进工业用地提质增效。

2022年11月16日发布的《自然资源部关于完善工业用地供应政策支持实体经济发展的通知》提出了加强和改进工业用地供应管理的相关建议,包括健全工业用地多元化供应体系、优化土地供应程序、明晰土地使用权权能、实行地价鼓励支持政策、严格用途转换、加强履约监管等建议。

1)健全工业用地多元化供应体系

一是长期租赁,指整宗土地在整个合同期内均以租赁方式使用,并由土地使用权人按合同约定支付年租金的供应方式。长期租赁期限一般不低于5年,不超过20年。二是先租后让,即供地方供地时设定一定期限的租赁期,按照公开程序确定国有建设用地使用权人,先以租赁方式提供用地,承租方投资产业用地项目达到约定条件后再转为出让的供应方式。先租后让租赁期一般不超过5年。三是弹性年期出让,指整宗土地以低于工业用地法定出让最高年限50年出让的供应方式。

2)优化土地供应程序

在确保土地市场公平公正公开的前提下,推进工业用地带条件招标拍卖挂牌出让(租赁),各地可将产业类型、生产技术、节能环保等产业准入要求纳入供地条件。一是采取长期租赁的,实行挂牌方式。在20天公告期结束时只有一个申请人符合竞买资格和竞得条件的,直接确定其为竞得人;申请人多于一个的,通过竞价确定竞得人。二是采取先租后让的,租赁和出让一并进行招标拍卖挂牌。市、县自然资源主管部门应明晰租赁期限、租赁转出让的条件,以及租赁阶段解除合同时地上建筑物和其他附着物的补偿标准,一并向社会公告。参照招标拍卖挂牌出让程序确定竞得人,签订国有建设用地租赁合同。租赁期届满符合转出让条件后,与土地使用者直接签订国有建设用地使用权出让合同。三是采取弹性年期出让的,按照招标拍卖挂牌出让的部门规章和操作规范实施。

3)明晰土地使用权权能

一是以租赁方式供应的,承租人在按规定支付土地租金并完成开发建设后,经市、县自然资源主管部门同意或根据合同约定,可将依法登记的国有建设用地使用权转让、转租或抵押。二是以先租后让方式供应的,租赁期内承租的国有建设用地使用权在完成开发建设前不得转让、转租、抵押。转出让后,享有出让国有建设用地使用权权能。三是以出让方式供应的,除合同另有约定外,国有建设用地使用权可以依法转让、出租和抵押。出让年期届满,符合法定及合同约定续期条件的,国有建设用地使用权人申请续期,应予以批准。

4)实行地价鼓励支持政策

在不同供应方式折算到最高年期土地价格基本均衡的前提下,明确价格(租金)标底。工业用地的价格(租金)不得低于工业用地的成本价(租)。工业用地的成本价(租)可以采取片区内不同用途土地面积或土地价格占比分摊计算。一是采取长期租赁的,租赁期间租金不调整的,可按不低于该宗地50年工业用地出让评估价格的2%确定年租金标底;租金调整的,可按该宗地50年工业用地出让评估价格的2%确定首期年租金标底;租金调整周期不得低于5年,以后各期租金标准应依据届时土地评估价格或土地价格指数确定,但涨幅不得高于上期租金的10%。二是采取先租后让的,租赁期租金标准按照租赁期与最高年期的比值进行年期修正确定。转出让后,已交租金冲抵出让价款。租让年期之和不超过法定最高出让年限。鼓励在出让阶段实行弹性年期。三是采取弹性年期出让的,出让价格标底按不低于弹性年期与最高年期的比值进行年期修正。

5)严格用途转换

在国土空间规划中划定工业用地控制线,明晰工业用地用途转换负面清单,稳定工业用地总量。对于工业用地内部的调整,或调整为研发设计、产业孵化、产品中试等用地的,各省级自然资源主管部门要研究制定允许、兼容、禁止布局的产业类型转换目录和转换规则,推进工业用地提质增效。

6)加强履约监管

市、县自然资源主管部门应将产业准入要求与土地用途、规划条件、节约集约要求等一并纳入供地公告,对后期监管有转让(含分割转让)、转租或股权转让限制要求的,也应一并向社会公开。土地用途、规划条件、节约集约要求等应载入土地有偿使用合同,由市、县自然资源主管部门加强履约监管;产业准入要求等应纳入监管协议,按照"谁提出、谁履责、谁监管"的原则,由相关部门进行监管。要建立监管信息共享机制,推动形成监管合力。

3. 适度提高土地利用效率

以提高产出、土地集约利用为出发点,把控新增项目质量,招引具备"上楼"潜力的高产出、高容积率项目,与"工业上楼"工作结合,实现工业用地高效利用,成倍释放空间价值,促进区域价值提升。最终形成招引优质项目、提升区域整体价值、获取政策与资金支持、建成优质基础设施、吸引产业基金投资的良性循环。

存量更新,可持续发展。按用地性质和产权是否变更,划分成六类更新路径。更新对象为工业用地、物流仓储用地。更新方向为"留二优二""退二优二"(工改工、工改M0)、"退二进三"(工改其他)、腾退复垦。六类更新路径具体包括:自行强度挖潜,用地性质和产权关系均不发生变更,由原权利人自行提高开发强度,具体有加密、加层、扩建地下空间等方法;产权转让或入股,产权转让给第三方市场主体或折价入股,新的市场主体根据新的用地条件进行开发并重新约定产出条件,根据土地性质是否变化决定是否补缴土地价款;土地回购开发,由政府根据评估价格回购土地,整理后重新挂牌出让;土地自行开发,原权利人根据新的用地条件自行开发并和政府重新约定产出条件,根据土地性质是否变化决定是否补缴土地价款;自行功能改变,保持原厂房主体结构不变,经自然资源主管部门批准改变用地性质,引入新功能,土地权利人补缴土地价款;腾退复垦,对外围适合复垦的工业用地予以复垦。

4. 健全土地全流程动态监管机制

1)加强土地在使用期限内的全过程动态监管

通过完善工业用地产业准入、亩产效益评价、土地使用权退出等规则,围绕事前管标准、事中管达标、事后管信用,达到全流程封闭管理。

2)建立联合工作机制,形成工业用地整治工作合力

依据省、市新一轮制造业"腾笼换鸟、凤凰涅槃"攻坚行动的决策部署,按照"条抓块统、市县一体"原则,在各县(市、区)政府与相关部门的统一部署下,全

力推进"低散乱污"用地全域整治工作。建立县域多部门协调联合工作机制,全面掌握工业用地使用情况,在规划委员会的统筹下,协调工业用地管理、整治提升和发展研究。具体分工:自然资源和规划局负责建立工业用地控制线的地理信息数据库,并纳入国土空间一张图系统进行动态跟踪与维护;经济和信息化局负责工业企业亩产效益综合评价工作,负责承担控制线内的产业项目遴选、产业项目准入等工作;市场监督管理局负责承担控制线内项目的监管、资产和股权转让等工作;商务局负责服务业企业亩产效益综合评价工作;其他相关部门根据职责分工配合相关工作。

6 结　　语

整治低效工业用地,提高工业用地配置效率和集约利用水平,是高质量发展背景下推动城市发展与产业优化的关键议题之一。嘉兴市对低效工业用地整治工作的探索主要包括嘉兴市工业园区低效工业用地整治实践、平湖市低效工业用地整治实践以及海盐县低效工业用地整治实践。嘉兴市低效工业用地整治工作,是对习近平总书记关于土地节约集约利用的重要指示精神的全面贯彻,是实现进一步转变土地资源利用方式、提升土地资源利用效益、优化产业空间布局的总体目标的题中应有之义,当前已取得一系列探索成果。本章将基于前文对嘉兴市低效工业用地整治思路与实践的案例梳理,分析其价值意义,总结经验成果,并探讨对未来进一步推进工业用地有机更新、促进经济高质量发展的政策启示。

6.1 嘉兴市低效工业用地整治的价值与意义

嘉兴市对低效工业用地整治的积极探索,是对国家政策导向的积极响应和重大国家战略的创造性落实,同时也是嘉兴市把握发展机遇、承担发展使命以及提升自身发展质量的有效探索,具有重大价值意义。

6.1.1 对国家号召的积极响应

嘉兴市低效工业用地整治实践,在响应中央号召以及落实中央决策部署方面具有重要的意义和价值。

国土资源部在 2015 年 5 月发布的《国土资源部办公厅关于开展低效工业用地调查清理防止企业浪费土地的函》对低效工业用地的界定与管理作出了明确规定;国土资源部于 2016 年 11 月出台的《关于深入推进城镇低效用地再开发的指导意见(试行)》指出要"促进城镇更新改造和产业转型升级,优化土地利用结构,提升城镇建设用地人口、产业承载能力,建设和谐宜居城镇";2019 年 7 月,自然资源部出台修正的《节约集约利用土地规定》,明确"地方自然资源主管部门可以根据本地实际,制定和实施更加节约集约的地方性建设项目用地控制标准";2023 年 5 月自然资源部发布修订后的《工业项目建设用地控制指标》作为新建、改建、扩建工业项目及相关工程项目应严格执行的标准文件,工业用地节约集约利用工作执行力度加强。从以上政策文件可以看出,进入经济发展存量时代,国家日益加强对于土地开发节约集约利用的号召,建立与可持续发展相匹配的工业用地更新模式,推动高质量发展已势在必行。嘉兴市积极探索提高工业用地配置效率和集约利用水平,推进工业用地有机更新的改革措施,贯彻落实习近平总书记关于土地节约集约利用的重要指示精神,有力推动了构建优势互补、高质量发展的区域经济布局和国土空间体系目标的实现。

嘉兴市整治低效工业的实践也是响应国家建设"制造强国"号召、落实国家加快制造业转型升级、全面提高发展质量和核心竞争力发展要求的重要举措。2015年5月,国务院印发《中国制造2025》战略文件,明确了要建成制造强国的战略目标,提出要"加快制造业转型升级、全面提高发展质量和核心竞争力";《中共中央关于制定国民经济和社会发展第十四个五年规划和二〇三五年远景目标的建议》再次强调要"坚持把发展经济着力点放在实体经济上,坚定不移建设制造强国、质量强国、网络强国、数字中国,推进产业基础高级化、产业链现代化,提高经济质量效益和核心竞争力"。而实现产业园区高质量发展,更是培育具备核心竞争力产业集群、建设制造强国的重要抓手。2020年7月国务院发布《关于促进国家高新技术产业开发区高质量发展的若干意见》,提出要"以科技创新为核心着力提升自主创新能力,围绕产业链部署创新链,围绕创新链布局产业链,培育发展新动能,提升产业发展现代化水平"。嘉兴市工业园区存量用地更新、空间质量提升的实践探索,能够为园区构筑强大的空间支撑平台和系统的区域创新网络,对激活产业活力、促进产业转型升级具有重要意义,体现了其对"发展高科技、实现产业化"国家总体发展方向的坚持以及对创新驱动发展战略、人才强国战略的贯彻落实。

6.1.2 对省级部署的贯彻落实

嘉兴市低效工业用地整治实践,在响应浙江省改革号召以及落实省级决策部署方面具有重要的意义和价值。

一方面,嘉兴市整治低效工业用地,提升空间发展质量,是对浙江省"亩产论英雄、集约促转型"发展理念的深入贯彻。浙江省政府在2016年2月发布的《浙江省土地节约集约利用办法》明确要求"严格开发区(园区)、产业集聚区内项目用地准入要求,在符合相关规划的前提下,适度提高工业建设项目用地投资强度、容积率、单位用地投入产出比,优化开发区(园区)、产业集聚区土地资源配置";2018年《浙江省人民政府关于深化"亩均论英雄"改革的指导意见》出台,进一步要求"推进'亩产效益'综合评价和资源要素市场化配置改革""加快'低产田'改造提升""建设综合评价大数据平台";2021年出台的《浙江省新一轮制造业"腾笼换鸟、凤凰涅槃"攻坚行动方案(2021—2023年)》明确要求,"以规上制造业企业、实际用地3亩以上的规下制造业企业为重点开展排查,摸清企业用地、用能等情况,建立高耗低效整治企业清单,实行闭环管理""开展'两高'项目评估检查,对不符合要求的'两高'项目坚决进行处置";浙江省自然资源厅在2021年12月发布的《关于全面推进城镇低效用地再开发工作的若干意见(修改征求意见稿)》对低效用地范围进行了明确界定,包括"布局散乱、用途不合理、基础设施陈旧、房屋质量存在安全隐患的城镇建设用地等"。嘉兴市开展工业领域"低散乱污"用地全域整治工作,响应了浙江省提升工业用地利用效益的号召,有效推进"亩均论英雄"改革,在全面推进城市高质量发展工作中起到先行示范作用。

另一方面,嘉兴市整治低效工业用地的一系列实践,也是对浙江省数字化改革在工业用地治理方面工作的持续深化。2021年3月,浙江省委全面深化改革委员会出台《浙江省数字化改革总体方案》,明确"打造一批跨部门多业务协同应用,为社会空间所有人提供全链条、全周期的多样、均等、便捷的社会服务,为社会治理者提供系统、及时、高效的管理支撑";同年5月,浙江省自然资源厅出台《浙江省"数字国土空间"建设方案》,指出要"为治理端和服务端特定对象解决特定需求提供整体方案,开展特色应用场景建设,合理构建自然资源业务管理与协同应用新生态"。嘉兴市整治实践中对工业用地数字化管理方案的探索,对省域空间治理数字化改革工作的顺利推进有重要参考价值和意义。

浙江省以"亩均论英雄"改革和数字化改革为引领,进一步推进经济稳定提质增效攻坚行动,打造土地利用数字化改革标志性成果,促进经济更高质量发展。于2023年3月15日起施行的《浙江省人民政府办公厅关于开展低效工业用地整治,促进制造业高质量发展的意见》,强调要"以习近平新时代中国特色社会主义思想为指导,深入实施新一轮制造业'腾笼换鸟、凤凰涅槃'攻坚行动和土地综合整治,持续深化'亩均论英雄'改革,坚持规划引领、系统治理、产业引导,全面开展低效工业用地整治,稳住工业经济基本盘,推动空间和生产力布局优化、产业结构调整,实现优地优用,为促进全省经济高质量发展、推进'两个先行'提供坚实保障"。嘉兴市低效工业用地整治实践及其经验成果,为全省落实意见中包括"连片整治一批低效工业用地""提质升级一批产业平台""规范提升一批小微企业园"等重点任务提供了先进经验和可行路径。

6.1.3 对全市发展的有力推动

嘉兴市低效工业用地整治实践,对提升自身工业用地利用水平、优化经济发展质量、把握新时代发展战略机遇也具有重要价值和意义。

嘉兴市结合自身发展实际，于2021年启动"低散乱污"用地全域整治工作，并由嘉兴市自然资源和规划局、嘉兴市经济和信息化局联合发布《关于印发〈开展工业领域"低散乱污"用地全域整治指导意见〉的通知》，明确要"深入贯彻落实省、市新一轮制造业'腾笼换鸟、凤凰涅槃'攻坚行动方案和嘉兴市'低散乱污'园区整合提升攻坚行动方案等部署要求，发挥国土空间规划的牵引作用，推动工业领域'低散乱污'用地整治工作，促进制造业高质量发展"；并提出"到2022年底，在全面摸底的基础上，依据空间规划和产业布局规划，对各类园区产业空间布局全面优化，推进数字化改革场景建设"的整治目标。2022年1月11日，嘉善西塘召开工业领域"低散乱污"整治启动会，要求开展工业用地摸底调查、信息入库、专项规划编制等。

嘉兴市开展低效工业用地整治实践，探索构建与可持续发展相匹配的工业用地更新模式，能够助力嘉兴打响嘉兴制造品牌，重点打造新材料、新一代信息技术新能源、高端装备制造、高端时尚产业等优势产业集群，重点培育人工智能、氢能源、航空航天、生命健康、半导体、时尚消费电子等一批新兴产业，建成长三角核心区全球先进制造业基地；能够加快嘉兴市对接上海、杭州步伐，抓住长三角区域一体化发展上升为国家战略的重大机遇，推进更高起点的深化改革和更高层次的对外开放；能够加快嘉兴融入上海大都市圈重大战略的进程，形成区域联动、市域紧密连接的空间发展格局；能够提升其空间发展质量，为共同富裕发展提供空间保障，从而发挥共同富裕示范区典范城市的责任担当，打造中国式现代化嘉兴样板。此外，基于低效工业用地整治的探索性实践，嘉兴市能够充分把握国家和浙江省的政策支持优势，建成全国城市工业用地更新模式的示范样本，为城市高质量发展、科学制定国土空间规划提供参考。实现工业用地要素的高效利用，构建适应新时代发展要求的低效工业用地规划体系更是嘉兴立足国内大市场和长三角经济发展优势，积极参与和促进国内国际双循环的必要条件，开展低效工业用地整治实践有利于嘉兴市把握新阶段，融入双循环新发展格局。

开展低效工业用地整治工作，嘉兴市实现对"低散乱污"用地的精准定位、精确定量和分类上图，高效完成产业空间的腾挪与优化，通过"以减保增"保障了高质量发展空间需求。此外，嘉兴市探索制定了低效用地再开发布局、升级模式以及改造策略，土地开发效率和强度均实现提升；探索构建了工业项目用地全生命周期管理机制，全市工业用地智慧化管理逐步落实，空间治理水平显著提升；明确了工业园区风貌控制总体要求，形成布局与体量有机统一、造型与风格简洁协调的现代化产业园区特色风貌。通过落实工业用地整治提升规划，嘉兴市产业新生态逐步构建，制造业综合实力不断提升，极大助力了高质量现代化工业体系的建设。同时工业用地整治工作也是对国土空间规划的精准衔接,对"三区三线"划定成果的有效落实,使得工业空间集聚呈现新格局,发展用地得到有效保障,产业空间布局持续优化,用地产出效益显著提升。

6.2 嘉兴市低效工业用地整治的经验总结

6.2.1 城南产业园更新模式经验总结

1. 有机更新规划

在产业规划方面,新兴导入、保留升级、逐步清退三类措施并举,以"退二进三"为发展目标,制定多重政策文件进行监督,并多措并举、多管齐下,突出区域重点,鼓励成片腾退,确保各个项目可以规范有效地实施,构建片区主导产业体系;以商贸、研发功能为主,根据产业方向、生产环节、空间要求及配套需求打造配套生产制造空间;积极融入周边创新产业体系,重点聚焦"研发+商贸+制造"功能;合理配置产业空间功能分区,为产业发展提供空间保障。

在用地布局方面,构建更新潜力评价指标体系,从经济效益、空间品质、产业方向和更新意愿四大维度综合识别更新潜力,根据潜力识别结果划定三类潜力区域,针对性采取拆除、综合整治、现状保留三大整治措施。规划用地结构,以商业服务业设施用地为主,道路交通用地次之,最后为工业用地。

2. 城市规划设计

1)打造蓝绿空间载体

采取多元化策略优化水系格局,保障水动力。结合板块功能,打造生态湿地、科技生产、生活服务、观光体验四大主题水岸线,优化水生态。围绕水系构建分级分类的绿地系统。确定水脉核心,蓝脉绿脉协同融入区域放射型格局。路径成环成网,策划多元活动节点,打造无界城区,建成慢行体系。建设重点蓝绿空间,打造产业服务设施与商业配套设施集聚的活力通廊。

2)提升区域整体形象

选取核心界面与主要节点,打造地标建筑,结合滨水界面形成前低后高的建筑布局与秩序。以现代高效的立面风格打造产业形象大道,建成亲切宜人的步行环境和安静祥和的共享街道。

3)配置公共服务配套集群

重塑和优化片区空间结构,创新产业空间趋向集聚;落实浙江省未来社区人本化、生态化、数字化特征,构建多种工作与生活场景,形成未来园区新范式。

4）绘制未来发展蓝图

近期方案为协议拆迁腾退低效企业,整治沿路、临水区域环境;中期方案为以姚家荡为核心,辐射带动基地汽车等产业中心建成;远期方案为以研发办公、汽贸街区、智能制造为主题的数字创新片区、科技总部集聚高地全面建成。

3. 配套保障措施

道路系统规划,多元策略,优化路网格局,加强通行能力。公共交通规划,落实上位规划,构建便捷可达的公共交通体系。高质配套,对接在编教育专项,对控制性详细规划单元内教育设施布点进行合理调整;落实专项规划,保障社区服务、教育、商业等基础公共服务设施布局要求;加强品质提升,保留(改建)现状设施,新建公共服务设施,构建完善的公共服务配套体系;对接上位规划,打造适度超前高标准的电力、通信、消防、污水等市政系统,衔接周边设施集约共享。

6.2.2　嘉善大云工改工模式经验总结

1. 厘清产业空间和产业配套需求

在产业空间需求方面,厘清产业园区集约化发展、服务目标人群、创新发展、精细化发展需求;衔接国家级和省级规划文件、管控标准、技术规定等;借鉴国际国内先进经验,根据本园区实际情况将经验转化为可落实措施。

在产业配套需求方面,促进产业园区向功能复合的产业社区转变,将配套需求细分为生产性服务配套和生活性服务配套,打造园区级产业服务中心,实现需求落位。

2. 制定产城空间组织方案

生成交通、生态与产业服务方案。落实道路网专项规划,完善路网,提高路网密度;落实城市设计指引,以生态为导向,加强水系贯通;落实"站城一体"战略,以服务为导向,打造产业核心。

确定"一核、一廊、两轴、四组团"的空间结构。明确用地规划,划定更新区域工业用地和商业兼容商务用地,采用政府拆除重建和企业自主改造提升方式完成用地更新。

采取可组合、可生长、可转换的智能制造建筑空间布局策略,"工业上楼"与大型制造结合布局,形成功能混合、集约高效的开发单元。

采取"重点区域征收,保留区域改造"和"连片征收,拆除重建"两大方案,并针对两大方案提供平面布局图、概念设计模型和技术指标管控。

3. 明确风貌控制引导工作

在布局与体量方面，在整体统一的原则下，通过体量的灵活有序变化，形成多样化、具有活力的生产空间体量群。采用与工业生产功能和流线有机结合的布局，体现工业建筑真实的空间组合关系。

在界面与天际线方面，形成以生产技术为主体，兼顾人文办公体验的场所空间；厂房和产业园建筑街道界面完整连续，体现建筑性格；产业园内界面丰富灵活，空间和谐。

在造型与风格方面，形态塑造以满足工艺流程、操作体系、建筑安全等为前提，实现科学、技术、工程和美学的有机结合。园区工业建筑既要满足工业生产功能的需求，又要展现现代建筑的美学特性。

在立面与细部方面，建筑立面反映生产工艺特征，厂房外部形象反映建筑内部空间及功能的组合特点。工业建筑立面主要管控内容为立面比例、立面构图等，体现整体和谐、简约大气的工业特色；加强主入口的企业形象展示。

在色彩与材质方面，使用与嘉善气候、环境相适应的色彩和材料；充分结合当代建筑材料和工艺特点，宜使用新型节能、环保材料。

4. 建立体制机制保障

建立厂房分割出让的体制机制，同时建议工业地产项目的土地使用权试行"先租赁后出让"的弹性供地制度；建立政府力与市场力双重作用下的工业用地转型制度，引导多元主体共同参与存量用地盘活，多方式、多途径推动存量土地利用空间更新，实施工业用地二次开发。采用政府收储工业用地，再通过在土地市场进行招拍挂出让方式实现工业用地转型；创新土地开发管理模式，建立节约集约用地标准体系，进行土地混合开发和复合利用，实现低效建设用地减量化。

6.2.3 嘉善西塘存量更新模式经验总结

1. 落实用地评价工作

开展规模容量测算。根据大舜工业用地特征，构建用地审批合法性、投入产出效益、就业贡献度、国土空间规划适宜性评价、安全生产风险评价五大指标体系。基于指标体系计算工业用地综合效益指数，得出各宗工业用地评价结果。

2. 明确用地布局规划

依据建筑开发规模，进行就业规模和人口规模预测，并基于预测数据测算居住用地（商住）规模与配套用地规模。将水乡客厅产业导向、城镇开发边界约束、水乡客厅控制性详细规划管控、注重生态功能融合、强化功能板块轴线串联、强化水乡客厅势能流动作为用地布局方案重要考虑因素。

规划内容包括：打造蓝绿交织筑本底的生态系统，构建中央绿廊，形成"一心一廊一环多点"的生态景观格局；打造生态舒适的慢行系统，由三级慢行系统串联基地周边；打造开放式交流空间，为"纽连世界"交流提供生态空间载体。实行共享科研湾、纽连交流街、科创数慧岛、品质生活岛四大功能分区。

3. 探索工业园区更新路径

积极引导作坊式低、散、乱纽扣企业抱团腾退，进入工业园区小微园区、两创园区，加快园区产业集聚，促进入园企业孵化，从根本上转变低、小、散产业格局，推动传统低、小、散纽扣产业转型升级和经济高质量发展，践行绿色高效发展。政府主导异地共建纽扣产业园区，引导上规模的纽扣企业抱团突围，异地转型重建，全面推动行业转型升级，盘活优化发展空间。

转变思维方式，搭建自上而下和自下而上相结合的管理体系。统筹部署规划工作，加大土地收储力度，加快推动零散土地归并整合。对经济技术开发区城市更新活动的规模和空间分布进行统筹和计划管理。实行常态化腾退机制，正向引导完成腾退签约，实施更新计划。

4. 城市设计赋能用地更新

在围合院落的基础上形成三种尺度的新型院落空间，满足不同功能的建筑需求。城市营建倡导人文关怀，培育具备人性化生活方式的社区。以现代江南风格为引导，建设具备水乡风情、江南风韵和时代风尚的居住及社区配套类建筑、综合办公类建筑。

引导建筑高度，形成由城市向田园逐步降低的趋势。建立与地块功能、整体形态相适应的开发强度分区，引入混合用地，形成具有混合性的功能组团。结合现状地形条件，依据小镇经典的空间结构及功能定位，划分为"一心、一轴、一湾、两岛"五大功能板块。

建立空中、地面、邻水、沿路等多层次、多样化公共开敞空间。遵循水系，优化现状路网，对接融入示范区或水乡客厅的道路体系，设置连续慢行网络，作为基地流线组织的基础。构建由一个共享服务中心、三个生活服务中心组成的服务体系，建成社区参与、凝聚全员的一站式复合邻里中心。

6.2.4 城北片区产业和空间提升模式经验总结

1. 制定空间更新路径

1) 工业用地细化管控

结合国内外经验，对城北片区工业用地进行分类管控，划定工业和创新型产业用地保障红线,为制造业发展保留空间。对标一线城市,将创新型产业用地占工业用地规模提升至14%。

2) 明确更新方向

构建包括空间效率研判、经济效率研判、部分企业发展水平、外部发展研判、宜居环境研判和公共服务可达性研判等要素的存量更新评价体系,结合评价和未来发展定位,综合评判得出产业用地更新方向。

3) 制定更新路径

以工业用地、仓储物流用地为更新对象,按用地性质和产权是否变更,选择"留二优二""退二优二"(工改工、工改M0)、"退二进三"(工改其他)三类更新方向,总结自行强度挖潜、产权转让或入股、土地回购开发、土地自行开发、自行功能改变五类更新路径。

2. 实施空间更新路径

1) 产业升级

制定分片区更新方案,选择合适的更新方向和更新路径。围绕华之毅时尚艺术中心,汇聚创意设计载体,打造引领嘉兴纺织业升级的时尚产业集聚地;以国潮崛起为契机,以消费需求为导向,促进品牌创新力,塑造品牌影响力,打造嘉兴品牌营销培育基地;聚焦提高科技创新牵引力,引领制造业信息化、数字化、智能化、智慧化变革升级;构建工业互联网、智能装备制造、车联网、灯塔工厂等典型融合应用场景,助推产业结构优化和价值创造力提升。

2) 城市复兴

为方便管理和布局产业配套设施,设置产业单元,其中生产型产业单元6个,科创型产业单元4个。完善教育配套,打造15分钟教育圈;丰富文体娱乐,打造15分钟文体圈;提升消费体验,打造15分钟消费圈;提升幸福指数,配建人才公寓。

3) 环境修复

严控企业名单,细分为环保不达标、无扩建空间、区位敏感、经济效益差(亩均产出低)四类严控型企业;整治生态环境,梳理水网体系,通过高密度水系环境建设,实现水城互融;优化交通环境,塑造门户形象,提升道路风貌,解决区内交通拥堵问题;提升城市风貌,打造多种风貌区,塑造多样化空间形象。

6.2.5 嘉兴科技城产业和空间提升模式经验总结

1. 整体评估,规划赋能

开展全面摸底调查,将嘉兴科技城存量工业用地上图入库。对嘉兴科技城范围内978.91公顷存量工业用地进行全面梳理摸排。通过开展一"地"一梳理、一厂一调研工作,调查工业用地面积、建筑年代、市政设施、开发利用状况、投入产出水平、用途改变、产权登记和环保污染情况。根据土地证所有权、厂房产权、税收效益和企业生产等情况进行定位定量和分类上图。

强化产业发展空间规划,优化新区产城融合。研究新时代产业发展的自身比较优势,重新认识嘉兴科技城,确定新的产业发展目标定位,明确产业发展战略和产业结构体系。加强城市规划引导,高效协调国土空间总体规划,划定工业和创新型产业用地控制线。实施更加精准的空间资源要素配置,有效保障产业发展的用地空间。优化生产、生活空间比例和布局,采用符合空间模式的布局策略,增加区域内新型产业用地和绿地空间数量。加强各类生产服务、公共服务设施建设和配套管理,合理规划满足特定人群需求的城市环境,推进居住和就业空间协调发展,提升空间和用地规模与质量。

科学制定清退、整合、提升的目标、规模与布局。以重大基础设施建设、环境保护、绩效评估、景观品质、空间利用要求为重点评价因素,建立存量更新评价体系。梳理低效产业用地、"五未"土地,结合"拆、治、退、整、转、提"六字诀,将存量用地划分为拆除腾退、保留提升、就近整合等类型,同时制定区块更新方案和分期分区腾退计划。根据产业发展特征和空间布局关系,细化存量用地更新方向和路径,结合产业空间评价和未来发展定位综合评判,明确产业提升、产业转型、城市功能完善三种产业更新方向。

提高开发强度,完善整合提升用地的配套水平和整体风貌环境。探索创新用地和更新用地以及整治区域的用地和规划条件,全面提高容积率和开发强度。对于保留提升、就近整合的产业用地,全面优化其功能布局、结构和开发强度,制定低效用地再开发布局、升级模式以及改造策略。增加生活生产配套设施、市政设施和公共安全设施,保障人才住房需求,打造集健康服务、全龄社区于一体的健康生活示范地。制定生态优化、城市景观控制方案,营造高品质的城市空间,助力高新区构建"空间优化、产业集聚、功能集成"的高质量发展格局。

2. 单元规划,实施管控

强化空间响应,通过控制性详细规划管控,落实空间更新实施路径。通过产业发展方向指引、产业空间落实、负面清单管控,推动产业转型升级,设置产业准入门槛,进行精细化产业管理;通过工业用地刚性管控、开发强度管控、建筑容积率高度引导、分区风貌引导、地下空间管控、近远期弹性管控、城市设计管控,实现产业空间提升;通过混合用地、弹性道路规划、交通环境优化、特色街道改造、市政扩容预留,实现公共配套完善;通过水岸分类管控、水网体系梳理、单元绿地率控制、慢行空间管控,实现生态环境提升。

实施智慧管理,通过建设工业用地健康码,加强实时监管,探索工业项目用地全生命周期管理机制。加强智慧化管理,提升空间治理水平,将嘉兴科技城所有工业用地建库、建档案,并根据用地效益、环保安全和开发强度等情况赋予工业用地健康码,通过一年一体检和五年一评估工作,及时发现问题并进行监管。在腾退整治和转型提升工作过程中,同步建立起"需求库"和"房源库",帮助园区在"腾笼换鸟"过程中对外招商引资,实现园区与企业的高效对接。

以完善组织架构、搭建管理体系、配套核心政策为重点,提升嘉兴科技城存量产业用地更新的体系化与可操作性。成立用地更新职能部门,健全组织架构。转变思维方式,搭建自上而下和自下而上相结合的管理体系。在技术标准、操作指引方面先行、先试,完善政策体系,从激励、管控两个主要方向对现有政策体系进行优化。构建多元主体参与机制,引入第三方评估与运营,有效引导各方力量参与产业空间更新。

6.2.6 平湖市低效工业用地整治实践经验总结

1. 梳理工业用地家底,建立存量工业用地数据

结合第三次全国国土调查及变更调查、不动产中心数据、土地利用科数据,统一工业用地调查底图,结合浙江省自然资源厅和嘉兴市相关标准,数据库建设统计数据143项,形成包含3张表、2大类信息项的数据库。收集工业用地指标信息纳入嘉兴数字化平台,结合平湖市实际情况,重点侧重空间适宜性和土地开发强度,按照空间规划适宜性、投入产出、开发强度、合同履约、安全风险等主要评价要素,构建工业用地健康评价体系。基于工业用地调查形成一套以土地健康码评价等级为基本单元的工业用地管制制度,以数字地图为基础,以数字赋能为手段,建立从土地供应到土地评价的全流程管理体系,形成四大应用场景。

2. 提升工业用地效率,整治提升低效工业用地

划定工业用地保护控制线,从城市产业用地保障考虑,引导工业用地集聚、集群发展,保障产业用地。分类别设定园区容积率指标:制造型工业地块,以强化规模生产、振兴实体经济为目标,容积率要求为1.0～1.5;科创型工业地块,以培育新兴动能、助力技术创新为目标,容积率要求为2.0～5.0。设定产业"工业上楼"指引清单,根据企业生产特征,结合环保安全、减振隔振、工艺需求、垂直交通、设备载重等制定产业"工业上楼"清单,推进工业用地复合多元化使用,形成"一栋楼就是一条生产链"的工业用地新模式。推行数字化工业用地空间治理应用,形成周期管理、土地供应、优企查询、工业用地评价与整治引导四大应用场景。

3. 引导产业空间布局,进一步强化工业规划管控

明确平湖市工业用地空间结构,产业园区布局和主导发展方向,以现代服务业为核心引领,强化三大产业园区,转型五大特色板块,加快产业有机更新。测算满足平湖市未来二产需求的工业用地总量,支撑城市发展,提出总量控制方式。提出各产业园区布局引导和规划用地构成;提出工业用地优化布局措施,体现产业集聚、产业提升;工业用地整治提升,提出拆改留措施,提高土地效益,促进产业转型升级。提出在交通、园区配套等方面的布局需求,支撑平湖市工业发展。针对平湖市工业用地的产业门类提出开发控制要求以及关于景观风貌方面的控制需求,引导园区建设成为高效集约、现代化的新型产业园区。

4. 提高产业区景观风貌,提出相关城市设计引导

以简洁、统一、高效为产业区风貌控制总体要求。工业区重点展现现代产业特色风貌,重点体现简洁、统一、高效的现代化产业园区特征。对产业区建筑高度进行控制,以平稳变化、节点突出、避免单一为总体要求。在城市风貌引导方面,构建创新引领的产城布局、高识别度的城市框架、蓝绿交织的生态网络、集约高效的复合建筑、便捷高效的绿色交通。

6.2.7 海盐县低效工业用地整治实践经验总结

1. 建设县域工业用地数据库

建立工业用地全域调查入库项目组,完成工业用地底图汇交、地企挂接、企业经济数据导入工作,并上传全省统一数据管理平台。基于工业用地数据信息分类成果,并参考相关标准,以空间规划适宜性、投入产出、开发强度、合同履约、安全风险为主要评价要素,构建"五位一体"工业用地健康评价体系,最终形成"浙里有数""浙里有地""浙里优企""浙里要治"四大应用场景。

2. 基于现状评估科学制定规划策略

1)科学划定工业用地控制线

按照"稳规模、优布局、增效益"原则划定工业用地控制线和过渡线,实现两级控制,以总量框定、规模控制、占补平衡为规则进行动态管控;明确主次,将三个省级以上工业园区作为重点产业平台进行保障,强化资源要素精准供给和有机更新。

2)加强节约集约,适度提升土地开发强度

加快处置批而未供、供而未用、用而未尽、建而未投、投而未达标五类土地,提升土地利用效率;积极探索配置创新型产业用地(M0),明确规定规模总量、容积率、绿地率等相关标准;积极推广高标准工业厂房、工业大厦、堆叠式厂房三种"工业上楼"模式,评估形成产业清单,分批、分类落实"工业上楼"工作,优化资源配置,缓解用地紧张问题,同时提供产业集群培育空间;政府建立治理低效工业用地的帮扶提升和政策倒逼机制,形成针对拟提升、拟整改、拟腾退企业的体系化整治措施。

3)优化空间布局,提升产业发展层次

推进产城融合和产业高质量发展,培育战略性新兴产业,重点布局数字经济、生命健康、高端装备制造三大产业方向;严格确立产业准入标准,明确限制类、禁止类产业,促进传统产业转型升级;编制产业用地标准指南,实现工业用地标准的差别化、精确化管理。

4)改善城市风貌品质

明确工业园区风貌控制总体要求,形成有机统一、开放共享、简明时尚的现代化产业园区。探索低效工业用地连片整治机制,以拟腾退企业连片整治为重点,打造高质量产业发展片区。保障空间安全,加强违法建筑管控和安全治理。

5)加快数字化空间管理

以数字地图为基础,以数字赋能为手段,建设从土地供应到土地评价全流程闭环管理体系,形成周期管理、土地供应、优企查询、工业用地评价与整治引导四大应用场景。

3. 因地制宜实施整治措施

1)明确分类整治的总体思路

构建评价指标体系,对全域范围内低效工业用地进行现状分析与分类,制定针对不同低效工业用地的整治措施与实施路径,主要包括收回复垦、变更用途、整治提升三类措施。

2)基于评价结果制定总体安排

将评价结果分为腾退复垦、"退二进三"、整治提升三类,明确对应的面积、数量与比例,并结合工业用地控制线确定适当新增工业用地的总量。

3)分区域落实整治工作

明确县域范围内各街道、镇工业用地具体整治规模与措施,因地制宜地落实整治工作。

4. 配套相关政策保障规划有效落实

1)落实空间要素保障

在符合国土空间规划的前提下,做好工业用地的提前储备工作,完善工业用地控制线调整程序。

2）完善土地供应制度

提供长期租赁、先租后让、弹性年期出让三种供应方式,推进工业用地提质增效,支持实体经济发展。

3）招引优质项目,提高土地利用效率

以提高产出、土地集约利用为出发点,把控新增项目质量,招引高产出、高容积率项目,促进区域价值提升,促进工业用地高效利用。

4）健全土地全流程动态监管机制

完善工业用地产业准入、亩产效益评价、土地使用权退出等规则,实现全流程封闭管理;建立多部门协调联合工作机制,由规划委员会统筹,多部门联办,全面掌握工业用地使用情况。

6.3 嘉兴低效工业用地整治实践的启示

6.3.1 开展土地调查评价工作

1. 制定工业用地调查技术方案

根据国家及浙江省、市相关法律法规和文件要求,结合地区实际制定工业用地调查技术方案。划分适宜工业用地调查区,在县级行政辖区内,以乡镇(街道)为单位进行划分,并以工业宗地为调查单元。统一全域调查技术程序和方法、成果要求及检查验收标准,全面摸清工业用地权属、位置、范围、面积,地上企业类型、承出租关系、实际使用建筑面积、开发利用现状等情况。实行调查一宗、上报一宗、审核一宗、入库一宗的机制,并将最终详细调查结果上传归集到区域统一的信息数据管理平台。

2. 编制统一工业用地调查底图

收集最新国土变更调查成果、合适比例尺地形图、不动产登记数据以及历史工业用地供应数据等,通过数据叠加、融合、去重、空间拓扑处理,结合内业判读、数据比对等方式,确定调查区域内工业用地空间位置分布、基本属性信息,编制形成工业用地调查底图,并且通过数据质检工具、数据汇交工具,实现工业用地底图数据汇交,形成统一调查底图。

3. 同步开展地企对应情况调查

以工业用地地块为单位,通过线上校核、线下走访调查核实等方式,将相关企业在工业用地底图上进行标绘和属性信息录入。对每一宗工业用地上企业的名称、统一社会信用代码、类型、承出租关系、实际使用建筑面积等相关信息进行调查补充。厘清"一地多企""一企多地"等长期累积的问题,形成较为完善和精准的"地企对应"数据库,并将评价结果同步至区域统一的信息数据管理平台。

4. 构建工业用地健康评价体系

创新工业用地开发利用评价方法,以宗地为评价单元,结合区域实际情况,以空间适宜性和土地开发强度为侧重点,从投入产出、开发强度、空间规划适宜性、合同履约和安全风险五个角度,构建工业用地健康评价体系,保证空间规划引领作用的充分发挥和土地经济效益水平、土地节约集约程度、企业投产履约情况、土地可能存在的"两违"现象的全面反映。此外,可考虑在指标评价中引入"一票否决"方式,即将部分定性指标作为首要判断因素,其余定量指标为二级指标,在实施工业用地评价过程中,采用"是否逻辑运算"对存量工业用地进行等级评价,强化评价体系效能。结合工业用地调查成果数据库及评价体系,通过对比工业用地健康等级评价结果与实际调查成果,确定工业用地初步清单和处置途径。

6.3.2 完善工业用地规划机制

1. 编制低效工业用地整治专项规划

结合国土空间规划编制成果,编制工业低效用地整治专项规划,基于工业用地调查评价结果划定低效工业用地整治类型,可参考嘉兴做法将区域内"低散乱污"园区、地块划分为转型提升、就近整合、拆除腾退等类型。根据产业发展特征和城镇布局关系,以及交通、安全、能源等基础设施布局情况,按照宜农则农、宜工则工、宜城则城的原则,科学制定工业用地清退、整合、提升方案,破解指标困境,满足城市发展用地需求,提高土地开发利用效率与质量,实现空间重构。

2. 做好上位规划衔接和相关规划协调

以国家层面出台的相关政策法规为依据,遵循上位规划的框架性规定,明确地方层面低效工业用地整治工作的实施办法、指导意见及相关配套政策。通过国土空间总体规划编制,落实主体功能区战略,在各县(区)、产业园区之间明确产业与空间的发展定位和方向,有效发挥空间和资源的最大化效益,强化国土空间规划对区域产业发展的调控。编制区域协调发展规划,从区域协同关系入手,将规划、地理、经济等关系纳入更大尺度的范围中。制定城市绿地系统规划、水系规划、综合交通规划、产业发展规划等相关规划。因地制宜制定区域控制性详细规划,强化规划统筹实施,形成规划控制体系。

6.3.3 形成工业用地整治体系

1. 明确工业用地治理流程

开展工业用地调查及评价工作,结合调查数据与评价结果拟订工业用地整治初步清单,由地区进行核实后明确低效工业用地最终清单。一对一建立工业用地档案,形成工业用地数据库,利用信息数据管理平台开展数字化监管。编制工业用地整治提升总体方案,指导企业制定整治提升"一地一方案",明确可落实的整治路径和计划。通过"发现问题—触发场景—任务清单/企业自查—辅助决策/引导自纠—反馈结果",实现政府端和企业端的"双循环"驱动,推动工业用地高效治理。对工业用地整治情况实行动态管理:对已完成整治提升的工业用地开展绩效评估;对已提升到位的工业用地,将其从低效工业用地数据库中移出;对未达到整治提升标准的工业用地,要继续加大力度,从严对标整治。

2. 成立用地更新职能部门,健全组织架构

设定专门的低效工业用地整治职能部门,形成三级决策与执行机构。一是成立存量用地更新领导小组,负责统筹决策、工作指导、计划安排、政策制定和创新办法研究。二是成立由建设局、企业服务中心组成的主管部门,负责城市更新项目的计划、受理、组织、审批审议等工作。三是设立城市更新办公室,承担城市更新的日常工作。此外,构建多元协作的工作平台,由城市更新各相关利益者、行政主管单位和法律顾问形成部门协作平台,定期召开协商会议,进行具体协作。

3. 搭建自上而下和自下而上相结合的管理体系

基于全生命周期,在工业用地供给、监管、退出、更新过程中转变思维,搭建自上而下和自下而上相结合的工业用地管理体系。在常规整合零散土地的基础上,加大城市工业用地更新活动的规模和空间分布,进行统筹和计划管理,并与近期建设年度实施计划、土地供应年度计划协调推进。可考虑实行常态化申报机制,符合条件可随时进行申报,经相关部门决策同意后及时纳入区域用地更新计划,不受总量限制和年度批次限制。

4. 搭建产业及土地信息联动平台

组织发展和改革委员会、自然资源和规划局、经济和信息化局、统计局、生态环境局、科技局等相关部门开展数据整合工作,实现产业空间层面的数据共享与交换,建立关联并实时更新宗地企业经济数据、工业用地开发利用数据及空间数据的大数据管理平台,打破"数据孤岛"。依托数字化平台实现数据要素互联互通,厘清工业用地治理的现实需求,引导并落实工业用地与产业提升的高效治理,推进城市治理体系和治理能力现代化。

5. 建设工业用地数字治理场景

以土地高效利用、部门协同治理为目标,结合"低散乱污"园区整合提升和低效用地整治,运用数字化改革理念开发建设工业用地数字治理场景和应用。参考嘉兴市做法,建设"可供可用""计划执行""供后监管""优地查询""低效整治""安全整治"六大场景。在空间维度,建立"市域—市本级—县(市、区)—街道(镇)—园区—宗地"六级联动的管理模式,实现"一级政府、一级事权、一级场景",满足不同层级管理主体的管理需求;在时间维度,以工业用地健康码为依托,构建从土地码生成,到规划条件、供地计划、土地供应、供后监管,最后到土地利用评价的全流程土地开发利用闭环管理机制,及时发现问题和开展实时监管,提升土地利用管理效能和空间治理水平。

6.3.4 落实工业用地更新工作

1. 划定合理工业用地保护控制线

按照"总量控制、集中连片、分区优化、提质增效、产城融合"的原则,对工业用地控制线进行划定。划定引导工业用地集聚发展的工业用地控制线,进行工业用地刚性管控、开发强度管控、近远期弹性管控。根据产业用地规划布局的功能定位、规模结构、空间形态等进行综合评估后划定产业用地控制线,根据产业用地更新意愿、需求等划定创新型产业用地(M0)的特定更新区域。因上位规划变化和公共利益需要调整控制线时,应遵循"规模总量不减少、产业布局更合理"的原则,对工业控制线进行局部调整,严格落实占补平衡的要求,保证补划后工业用地规模不减少。

2. 明确工业用地更新方向

综合存量工业用地评价结果和产业用地未来发展定位,明确低效工业用地更新方向,促进转型升级和高质量发展。参考嘉兴市经验,可采用的更新方向包括:腾退复垦(工业用地复垦为耕地)、"留二优二"(保留已有产业,以提升容积率、实施改扩建等方式提高工业用地开发利用效率和质量)、"退二优二"(更新工业用地产业,优化产业结构,淘汰低端产业,引进优势新兴产业)、"退二进三"(变更工业用地用途,腾出工业用地用于第三产业发展)。

3. 明确工业用地更新路径

可采取自行强度挖潜、产权转让或入股、土地回购开发、土地自行开发、自行功能改变五种更新路径完成低效工业用地整治更新。其中土地回购开发由政府根据评估价格回购土地,由政府整理改造提升后重新挂牌出让,根据地区产业发展战略、年度招商引资工作计划和年度土地供应计划重新供地,实现低效用地盘活和产业转型升级。自行强度挖潜、土地自行开发以及自行功能改变均属于企业通过内部改造来提升工业用地开发利用水平。自行强度挖潜,即在企业对土地开发建设强度较低、配套设施及绿地数量过剩、预留用地较多的情况下,可基于相关用地规划要求,在用地性质和产权关系均不发生变更的前提下,由土地原权利人自行提高土地开发强度,实现用地结构的优化,具体包括加密、加层、新建、改建、扩建空间等方法。土地自行开发,即土地原权利人可根据新的用地条件自行开发并和政府重新约定产出条件,根据土地性质是否变化决定是否补缴土地价款。自行功能改变,即保持原厂房主体结构不变,经自然资源主管部门批准改变用地性质,引入新功能,土地权利人补缴土地价款。产权转让或入股属于经济效益改造方式,即建议发展潜力小且经济效益低的用地企业通过产权转让的形式实现存量盘活,鼓励有发展前景的用地企业通过股份注资等方式实现提档升级,提升用地效益。

4. 提升工业用地开发强度

推广"工业上楼"模式,充分考虑环保安全、减振隔振、工艺需求、垂直交通、设备载重等要素,制定旨在促进工业用地复合多元化使用的产业"工业上楼"清单,形成"一栋楼就是一条生产链"的工业用地新模式。提升创新型产业用地规模,拟定明确的产业分类指导文件,设置高标准高要求的产业准入门槛,严格控制引进产业质量,提升创新型产业用地(M0)的开发利用效益。

6.3.5 建立整治工作保障机制

1. 建立分工合作机制

建立低效工业用地整治部门合作分工机制,明确发展和改革委员会、经济和信息化局、自然资源和规划局等部门的职责分工,规范工作流程,实现部门协同治理、整治行动提速增效,倒逼相关主体加快问题处置并引导企业及时对问题进行自我纠正。

2. 建立监督考评机制

建立和完善全市工业全域治理和低效用地整治的考评机制,可考虑建立"一年一检""五年一评估"的监督评估机制,以目标任务清单化、工作举措具体化、攻坚销号节点化为目标推进整治工作,保障治理手段的法治化、市场化水平。进一步压实地方的主体责任,将低效工业用地整治工作落实质量作为责任个人和单位绩效考核指标之一,严格问责不作为、乱作为者。建立统一的产业发展协议模板,对安全、环保、节能、违约责任统一提出要求,探索推行针对企业的履约保证金分期退还机制,提升企业失信成本。

3. 完善财政金融机制

增强工业用地整治更新工作的财政支持力度,可考虑成立专项资金,实现财力统筹;对发展前景良好的新兴企业、自主改造提升的创新企业给予适当财税、金融政策优惠和奖励,例如免增收主动提升工业用地容积率企业的各类价款;对整改不及时、不达标及采取整改措施不积极、落实整改措施不到位的低效用地企业采取惩戒性措施,实现倒逼企业转型升级、提升土地利用效益的目标,具体可采取提升水、电及其他资源收取价格,取消企业享受财税、金融等优惠政策资格等措施;积极争取银行等金融机构对产业转型、产业更新的金融支持,例如在信贷、融资、债务处置等方面适当降低门槛、减轻负担;建立激励和倒逼机制。

4. 配套城市更新规划,制定城市设计指引

编制城市更新规划,从开发强度、景观风貌、公共空间、建筑形态、生态保护等方面进行编制,优化交通环境,完善服务配套,促进产业结构更新。优化城市生产、生活、生态空间的比例和布局,加强各类生产服务、公共服务设施的建设和配套管理,通过混合用地、弹性道路规划、市政扩容预留实现公共配套完善。推进居住和就业空间协调发展,打造15分钟消费圈、教育圈、文体圈,提升空间和用地规模与质量。通过对水岸分类管控、单元绿地率控制、慢行空间管控,实现生态环境提升,合理规划满足可持续发展需求的城市环境。

5. 建立工业用地占补平衡工作机制

根据各地资源禀赋、产业基础,结合新一轮国土空间规划编制工作,按照"以减保增、增减挂钩、进出平衡"原则,腾挪优化工业用地空间布局。强化实施工业用地控制线管理,控制线内盘活存量工业用地原则上用于工业发展,确需改变用途的,应"改一补一",确保占补平衡。制定工业用地总量管控机制,保障工业用地空间规模需求。

6. 营造良好氛围

调动多元主体参与,构建多元主体参与机制,引入第三方评估与运营,有效引导各方力量参与更新。充分利用传统传媒和新媒体,大力宣传先行地区在规划推进低效工业用地整治工作方面的成功经验,发挥典型引领作用,营造积极舆论氛围,提升企业和民众配合度。在落实整治工作的过程中应注重挖掘典型案例,总结先进经验,探索创新举措,形成一批可复制、可推广、可借鉴的有效做法。